Manfred Scheuer

Selig, die keine Gewalt anwenden

Manfred Scheuer

SELIG DIE KEINE GEWALT ANWENDEN

DAS ZEUGNIS DES FRANZ JÄGERSTÄTTER

Mit Beiträgen von Józef Niewiadomski,
Wolfgang Palaver und Roman A. Siebenrock

Tyrolia-Verlag · Innsbruck-Wien

Mitglied der Verlagsgruppe „engagement“

Bibliografische Information Der Deutschen Nationalbibliothek
Die Deutsche Nationalbibliothek verzeichnet diese Publikation in der Deutschen Nationalbibliografie; detaillierte bibliografische Daten sind im Internet über http://dnb.d-nb.de abrufbar.

2007

Umschlaggestaltung: stadthaus 38, Innsbruck
Layout und digitale Gestaltung: Tyrolia-Verlag
Druck und Bindung: Moravia Books, (CZ)
ISBN 978-3-7022-2863-7
E-Mail: buchverlag@tyrolia.at
Internet: www.tyrolia.at

Inhalt

III.
In der Kraft des Gedächtnisses – Erinnerung wird Leben

ANHANG
Vorträge zum 9. August – Das Jägerstätter-Gedenken

Vorwort

Franz Jägerstätter ist mir vertraut durch viele Begegnungen mit Menschen, die ihm wichtig waren und für die er bedeutsam ist, durch die Lektüre seiner Briefe und Aufzeichnungen, durch Besuche der Orte, an denen er gelebt hat und gestorben ist. Er ist mir aber auch fremd, weil ich ihn nicht auf den Begriff bringe, weil er sich gegen Vereinnahmung sperrt und sich einem vereinnahmenden „Wir" entzieht. Ich bin dankbar für seine Nähe und berührt durch den Stachel, der die Erinnerung an ihn auch ist. Franz Jägerstätter hat unter den vielen Stimmen der Propaganda, unter den Rufern der Angst und unter den Worten der Abwägung den Heiligen Geist heraus gehört. Er ist einer, in dem das erste Gebot Leben geworden ist. Dabei war er dem Evangelium mit den Seligpreisungen und mit dem Liebesgebot näher als die meisten seiner Zeitgenossen. So ist er für mich wie Johannes der Täufer ein Zeigefinger, der auf Jesus verweist.

Auf ihn gestoßen hat mich der Linzer Bischof Maximilian Aichern OSB, der mir 1994 den Auftrag gab, bei der Historisch-Theologischen Kommission in der Causa Seligsprechung Franz Jägerstätter mitzuarbeiten. 1997 wurde der Seligsprechungsprozess auf diözesaner Ebene eröffnet. Nach dem Tod des Dompfarrers Johann Bergsmann 1998 übernahm ich dessen Aufgabe als Vizepostulator im Seligsprechungsprozess. 2001 wurde der diözesane Informativprozess abgeschlossen. Im Februar 2007 hat die Vollversammlung der Kardinäle und Bischöfe an der Kongregation für die Selig- und Heiligsprechungsprozesse dafür votiert, dass das

Zeugnis Franz Jägerstätters als Martyrium zu qualifizieren ist. Das Dekret über das Martyrium selbst ist mit 1. Juni 2007 datiert. Am 26. Oktober 2007 wird Franz Jägerstätter in Linz selig gesprochen. Der vorliegende Band geht aus Arbeiten und Gutachten in der Historisch-Theologischen Kommission, aus Ansprachen und Referaten sowie aus Predigten und Impulsen hervor. Die Beiträge von Józef Niewiadomski, Wolfgang Palaver und Roman Siebenrock gehen auf die Referate beim Jägerstätter-Gedenken in den Jahren 2005–2007 zurück.

Seligsprechung bedeutet, dass das Leben und Sterben eines Menschen geglückt ist. Eine Seligsprechung ist nicht in der Logik von Neid und Konkurrenz, von Sieg und Niederlage, von Aufwertung und Abwertung zu verstehen. Es geht um kein triumphalistisches Siegesgeheul, nicht um das Vergessen der anderen, um die Auslöschung der Erinnerung an jene, die einen anderen Weg gegangen sind. Selige und Heilige verabschieden sich nicht einfach aus dieser Welt. Sie gehen gerade auf jene zu, die sich in der eigenen Vergangenheit verstricken, die nicht von der eigenen Selbstrechtfertigung oder auch von ihrer Schuld loskommen. Sie nehmen an der Hand und wollen einen Weg der Versöhnung, der Entgiftung und Entfeindung weisen. – Ich hoffe, dass die Erinnerung an den seligen Franz Jägerstätter und seine Verehrung heute zu denken und zu glauben geben. Ich erbitte, dass der Blick auf ihn bei vielen die eigene Gottebenbildlichkeit und Berufung wachruft. Ich widme dieses Buch in dankbarer Verbundenheit Franziska Jägerstätter und Erna Putz.

9. August 2007
Manfred Scheuer

Franz Jägerstätter (1907–1943)

Franz Jägerstätter[1] wird am 20. Mai 1907 in St. Radegund, Oberösterreich (Diözese Linz), als Kind der ledigen Bauernmagd Rosalia Huber geboren. Sie und der Vater, Franz Bachmeier, konnten als Magd bzw. Knecht nicht heiraten. Die Erziehung des Kindes übernimmt die Großmutter, Elisabeth Huber, eine liebevolle, fromme und vielseitig interessierte Frau. Die materielle Not während des Ersten Weltkrieges ist in der Region groß. In der Schule erfährt sich das Kind Franz wegen seiner Armut als benachteiligt. Die Mutter heiratet 1917 den Bauern Heinrich Jägerstätter, der bei der Hochzeit das Kind seiner Frau adoptiert. Inspiriert durch den (Adoptiv-) Großvater interessiert sich Franz als Heranwachsender für Bücher, darunter auch für religiöse Literatur. Von seinem Adoptivvater erbt er den Bauernhof.

Von 1927 bis 1930 arbeitet Franz Jägerstätter im Erzabbau in Eisenerz (Steiermark). Dort erlebt er sich als geistig und religiös entwurzelt und macht eine Glaubens- und Sinnkrise durch. 1933 wird er Vater einer unehelichen Tochter, Hildegard.

1935 lernt er Franziska Schwaninger kennen, sie heiraten am Gründonnerstag 1936. Die Ehe wird zum Wendepunkt im Leben Franz Jägerstätters. In der Folge sei er ein anderer geworden, bezeugen die Nachbarn. Franz und Franziska beten miteinander und die Bibel wird zum Lebensbuch des Alltags. Franziska über diese Zeit: „Wir haben einer dem anderen weitergeholfen im Glauben.“ Aus der Ehe gehen drei Töchter hervor, Rosalia (*1937), Maria (*1938) und Aloisia (*1940).

Den Nationalsozialisten, die in Österreich 1938 die Macht übernehmen, verweigert Jägerstätter von Anfang an jede Zusammenarbeit oder Unterstützung. 1940 wird er zum Militärdienst einberufen, auf Betreiben der Heimatgemeinde aber zweimal als unabkömmlich gestellt. Es kommt zur weiteren Einberufung. Franz ist entschlossen, den Wehrdienst mit der Waffe in Hitlers Armee zu verweigern. Die Mutter, Verwandte und auch befreundete Priester versuchen, ihn umzustimmen. Seine Frau Franziska hofft zwar auch auf einen Ausweg, steht aber zu ihm in seiner Entscheidung: „Wenn ich nicht zu ihm gehalten hätte, hätte er gar niemanden gehabt." Am 1. März 1943 meldet sich Franz Jägerstätter bei seiner Stammkompanie in Enns, erklärt aber sofort, „daß er auf Grund seiner religiösen Einstellung den Wehrdienst mit der Waffe ablehne, ... daß er gegen sein religiöses Gewissen handeln würde, wenn er für den nationalsozialistischen Staat kämpfen würde; ... er könne nicht gleichzeitig Nationalsozialist und Katholik sein; ... es gebe Dinge, wo man Gott mehr gehorchen müsse als den Menschen; auf Grund des Gebotes ‚Du sollst Deinen Nächsten lieben wie Dich selbst' dürfe er nicht mit der Waffe kämpfen. Er sei jedoch bereit, als Sanitätssoldat Dienst zu leisten" (aus der Begründung des Reichskriegsgerichtsurteils vom 6. Juli 1943). Franz Jägerstätter wird wegen „Wehrkraftzersetzung" zum Tod verurteilt und am 9. August 1943 in Brandenburg/Havel enthauptet.

I.

WENN GLAUBE ZUM MARTYRIUM FÜHRT

Die Grundlagen

Der Glaube des Franz Jägerstätter

Die Kommentatoren sprechen vom „tiefgläubigen Katholiken", vom „aufrechten Christen", vom „besonderen Freund Gottes", vom „Zeugen des Glaubens", vom „Märtyrer". Andere befürchten durch seine Seligsprechung die Verherrlichung einer erzkonservativen, aus heutiger Sicht verschrobenen Religiosität. An Franz Jägerstätter scheiden sich die Geister. Im unmittelbaren Umfeld seiner Heimatgemeinde ebenso wie auf der großen Bühne der philosophischen Debatte um Selbstbestimmtheit, Verantwortung und Friedensstrategien, für die der Wehrdienstverweigerer aus dem oberösterreichischen St. Radegund längst zur Symbolgestalt geworden ist. Der Glaube des Glaubenszeugen Jägerstätter stand und steht auf dem Prüfstand.

Was „glaubte dieser Franz Jägerstätter eigentlich", so können und müssen wir fragen, was glaubte dieser Franz Jägerstätter eigentlich, als er sehend seine Hinrichtung wählte, als er den Dienst im Krieg des Unrechts verweigerte, auch gegen den Rat seiner Geistlichen, und dabei Frau und Kinder zurückließ?[2] Ist dies heute etwa keine Provokation mehr? Leichtfertig gesetzt, könnte ein solcher Entschluss schwerlich als vorbildlich bezeichnet werden. Sinnvoll wird dieser radikale Schritt nur im Horizont eines tiefen Glaubens an die Macht Gottes, die den Tod überwindet, erträglich wird er nur durch die Kraft der Hoffnung, dass Gott durch das Dunkel ins Leben führt, gerechtfertigt allein durch die vertrauensvolle Liebe, die im Ernstfall auch das eigene Leben aus der Hand und Gott die Vollendung der Welt anheim geben kann. Geschieht der lebens-wendende

Schritt eines Menschen aus diesem Glauben, in dieser Hoffnung und als diese Liebe, so bleibt er nicht auf den einzelnen Menschen beschränkt, sondern lässt in die Welt als Ganzes ein Stück Sinn, ein Stück Erträglichkeit, ein Stück von der Heiligkeit Gottes hereinbrechen. Nicht als „Werk" dieses Menschen, sondern als Geschenk und Gabe Gottes, als Gnade, die dieser Mensch bezeugt. Wenn wir also nach dem Glauben Franz Jägerstätters fragen, so fragen wir danach, was Jägerstätter durch sein Leben und Sterben für uns bezeugt hat.

Eng verbunden damit ist die Frage nach dem Martyrium im Allgemeinen. Der gewaltsame Tod, den ein Mensch auf sich nimmt, kann Glaubenszeugnis sein; er kann aber auch die Botschaft vom liebenden, lebensbejahenden Gott verdunkeln. Deshalb hat die christliche Tradition Kriterien herausgearbeitet, unter welchen Umständen ein gewaltsamer Tod als Martyrium, als Sichtbarmachen der liebenden Hingabe Jesu, gedeutet werden kann – und in welchen Fällen eben kein authentisches Martyrium vorliegt. Dies ist nicht zuletzt für die Kanonisation, für die Selig- und Heiligsprechung von Bedeutung.

In diesem Kapitel wollen wir also einen Blick auf das persönliche Glaubensverständnis und die persönliche Glaubenspraxis Jägerstätters werfen, bevor wir im nächsten Kapitel untersuchen, was seine radikale Lebensentscheidung zum Martyrium macht.

Katechismusglaube oder Von der Pflicht des Christenmenschen

Jägerstätter gilt als Märtyrer der freien Gewissensentscheidung gegenüber staatlichem und auch kirchlichem Zwang. Im totalitären, alle gleichschaltenden Nazi-Regime wird er zum Blutspropheten einer „Freiheit des Christenmenschen". Angesichts einer Zeit unheilvoller Verblendung erscheint er als Prototyp einer Art „politischen Reformation", ein Luther, der aus der Kraft des Individuums der Macht des Staates trotzt.

Betrachten wir aber Person und Glaube Jägerstätters selbst, so ergibt sich ein ganz anderes, geradezu menschlich-ernüchterndes Bild: Grundlage seiner heroischen Lebensentscheidung bilden die Sätze des damaligen Katechismus. Und die Freiheit des Gewissens wird für Jägerstätter ganz einfach und unspektakulär im Gehorsam gegenüber Gott erfüllt.

Der Umgang mit den Frömmigkeitsformen der 30er Jahre des 20. Jahrhunderts ist heute von einer gewissen Unbeholfenheit gekennzeichnet. Demokratisch geschulten Menschen könne der von Gottesfurcht und Sündenangst geprägte Mann nicht als Ideal hingestellt werden, so räumen denn auch Bewunderer Jägerstätters bisweilen fast entschuldigend ein. Häufiger wird vom religiösen Bezug überhaupt abstrahiert. Als harter unumgänglicher Kern der gegenwärtigen Bedeutung Jägerstätters wird etwa herausgestellt, „daß wir in jedem Augenblick unseres Lebens mit uns selber übereinstimmen müssen."[3] Man möchte in Jägerstätter einen wichtigen Beitrag zu Themen wie Gewissen, Obrigkeit, Gehorsam und Gerechtigkeit sehen und alles andere auf sich beruhen lassen. Und doch kann der Zeitdiagnostiker, der Widerstandskämpfer, der Gewissensheilige nicht vom Beter Jägerstätter losgelöst werden. Dieser konkrete Glaube in seinen Frömmigkeitsformen und keine abstrakten Formeln, auch nicht bloße Moral waren der Hintergrund und der Wurzelboden für seine Entscheidungen.

„Es ist nicht bloß freie Sache eines Katholiken alles zu glauben, was Gott uns durch die katholische Lehre zu glauben vorstellt, sondern Pflicht. Es ist aber auch Pflicht, alle Gebote Gottes und der Kirche zu halten." (GBA 66)[4] So also dachte Jägerstätter und hielt dies auch schriftlich fest, etwa in einem Brief aus der Zeit schon nach seiner Verurteilung zum Tod. Aus diesen Zeilen spricht ein durchaus traditionelles Verständnis des Glaubens. Katechismusformulierungen oder katechismusähnliche Inhalte des Glaubens finden sich wiederholt in seinen Briefen und Aufzeichnungen. Die Inhalte seines Glaubens entnahm er dem Katechismus und der Heiligen Schrift. Sie setzen an beim Bekenntnis zum einen und trinitarischen Gott. Das Ziel des Geschaffenseins formuliert er mit dem Katechismus des Petrus Canisius und mit dem Ersten Vatikanischen Konzil: „Wozu hat Gott uns erschaffen? Daß wir Gott dienen, ihn lieben, ihn anbeten, um ewig glückselig zu werden." (GBA 174) Dieser Tradition entnimmt er das Verständnis von Sünde als einer Beleidigung Gottes (GBA 66f.) wie auch die Bedingungen für eine Todsünde. Von entscheidender Bedeutung ist dabei der freie Wille des Menschen. Bei aller Sorge um den Verlust des ewigen Heils wie auch bei der Angst vor möglichen Strafen ist aber die Überzeugung vom Heilswillen Gottes dominant: „Gott will nicht, daß wir verloren gehen, sondern daß wir ewig mit Ihm glücklich werden." (GBA 48)

Man könnte Franz Jägerstätter im Sinne der „zwei Glaubensweisen" von Martin Buber[5] ein instruktionstheoretisches Modell von Offenbarung unterstellen, ein Verständnis des Glaubens im Sinne des bloßen Für-wahr-Haltens von Wahrheiten, ein autoritätsorientiertes Verständnis von Gottes Geboten. Das trifft es allerdings nicht. Jägerstätter kennt auch ein intimes Freundschaftsverhältnis zu Gott, der sich in seiner Schöpfung selbst mitteilt. Glaube ist bei Jägerstätter immer auch mit Seligkeit, Heil, Sinn und Glück verbunden. Es gibt keinen garstigen Graben zwischen der Beziehungs- und der Inhaltsdimension des Glaubens. Sicher ist eine gewisse Spannung festzustellen zwischen eher formal klingenden Katechismusformeln und einer Gebetssprache, die aus Vertrautheit und Freundschaft kommt. Zudem ist bei der Beurteilung einer heute fremd anmutenden Glaubenssprache zu bedenken, dass sich ein Glaube, der keine Inhalte, kein Bekenntnis, keine sprachliche Auslegung kennt, in der Beliebigkeit verläuft und damit auch jede kritische, öffentliche und politische Relevanz verliert.

„Wir sollen nie sagen, wir müssen beten, sondern wir dürfen und können beten, denn zwingen tut uns Gott zu gar nichts.“ (GBA 93) Franz Jägerstätter wurde in eine Welt hineingeboren, in der Gebet und Frömmigkeit zu den alltäglichen Vollzügen gehörten. Die Traditionen waren Orte der Glaubensvermittlung, sie schenkten Freude an der Schöpfung und am Leben, Beheimatung, Zugehörigkeit und auch Trost. Das Brauchtum des Kirchenjahres hatte dabei eine stützende Funktion. Gerade in der Haft denkt Jägerstätter an Freuden wie das Palmbuschenbinden, das Ostereierscheiben, an Maiandachten oder an das Blumenstreuen zu Fronleichnam. Er bringt die damalige Gebetserziehung mit: Zu dieser gehört als Ausdruck des Glaubens und des unerschütterlichen Gottvertrauens die „gute Meinung“ am Beginn eines Tages. Er verbindet diese gute Meinung mit den Worten: „Alles meinem Gott zu Ehren“, oder: „Mein Jesus, alles dir zuliebe“, oder ganz einfach: „In Gottes Namen“ (GBA 105).

Zur Gebetserziehung zählt auch die Gewissenserforschung: „Das Gewissen erforschen und fest nachdenken, was hab ich in den heutigen Prüfungen wieder falsch und schlecht gemacht; haben wir gefehlt, so bereuen wir unsre Sünden und Fehler und nehmen uns fest vor, den nächsten Tag und bei den nächsten Prüfungen alles besser zu machen.“ (GBA 107) Er kennt Kurzgebete aus Liedern wie: „O Jesus, dir leb ich – o Jesus, dir sterb ich …“ Gebet ist für Franz Jägerstätter Kindsein vor Gott: „Gott ist unser Vater und wir sind seine Kinder ob klein oder schon erwachsen, … unser ganzes Leben sollte ein immerwährendes Bitten und Danken sein, denn nichts können wir aus uns selbst.“ (GBA 114)

Die inneren Voraussetzungen für das rechte Beten entnimmt er der Bergpredigt: „Es ist viel besser für alle zu beten, als über andere zu richten.“ (GBA 64) Wer mit Menschen in Feindschaft lebt, kann nicht mit Gott in Freundschaft sein. So unterstreicht Jägerstätter die Bereitschaft zu Versöhnung und Verzeihung für das rechte Beten. Zudem soll jedes Gebet vom „Zuerst" des Reiches Gottes getragen sein und nicht durch die Sorge um irdische Güter überlagert werden. Das schönste Gebet ist in diesem Sinn das Vaterunser: „Überschauen wir noch einmal das Vaterunser, wir haben eigentlich nur zwei große und eine kleine Bitte: Hinein ins Gottesreich, heraus aus dem Reich der Sünde; zwischen diesen zwei Hauptsorgen liegt das kleine Anliegen um das tägliche Brot." (GBA 97) Der „Inbegriff aller Gebete", das wichtigste Gebet, das bei allen Bitten nicht zu vergessen ist, und das auch dem Bittgebet das Maß gibt, ist die Erfüllung des Willens Gottes (GBA 26 und 95). Diese Erfüllung ist kein moralischer Kraftakt, sondern ein Antwortgeschehen auf die vorausgehende, zuvorkommende Liebe Gottes. Gebet ist für Jägerstätter die Betrachtung der Liebe Gottes zu uns Menschen in Jesus Christus und der dankbare Mitvollzug dieser Liebe.[6] Dabei gibt es keinen Graben zwischen Gottes- und Nächstenliebe: „Beide Gebote sind gleich, zwei Seiten des einen Gebotes, weil die Nächstenliebe sichtbar gewordene Gottesliebe ist (Mt 22,34–39)." (GBA187)

Jägerstätter wusste wohl um Glaubensproben, er kannte Anfechtungen und Nächte des Glaubens, das Klagegebet ist ihm aber dennoch eher fremd. Vielmehr ist ihm in den Erfahrungen der Anfechtung und der Isolation das Gebet eine Hilfe gegen die Schwachheit. „Gebetsgemeinschaft ist die beste Kampfgemeinschaft für die Sache Christi." (GBA 193) Gebet ist letztlich die Ausrichtung des gesamten Lebens auf Gott und sein Reich: „Der Gebetsgeist muß in uns leben, auch wenn wir wegen der Arbeit keine besonderen Gebete verrichten können. Dann wird die Arbeit als Gottesdienst zum Gebet." (GBA 200) So ist Gebet für Jägerstätter kein Alibi für Tat und Entscheidung, seine Frömmigkeit steht nicht in Schizophrenie gegenüber seinen Analysen der damaligen Situation. Gebet, Buße und auch Askese sind Vorentwurf der Tat, sie sind Kraftquelle im Widerstand.[7] „Die Religion muß auch nach außen sich bekunden und das ganze Leben erfassen" (GBA 189), widersteht Jägerstätter der privatistischen Reduktion des Glaubens auf die bloße Innerlichkeit. So ist christlicher Glaube nicht weltflüchtig. Er ist die geschenkte, erlittene, erbetene, erkämpfte Spannungseinheit von Gottes- und Weltverantwortung, von Gebet und Tat, von Entscheidung und Kontemplation.

Schriftstudium oder Von der unbestechlichen Kraft des Evangeliums

Die Bibellektüre ist für Franz Jägerstätter seit der Eheschließung wichtig. Vom Ortspfarrer hatte er zur Hochzeit eine Bibel bekommen. Mit eine Ursache für das starke Interesse an der Bibel dürften Diskussionen innerhalb der Familie mit Zeugen Jehovas gewesen sein. Seine Tante Maria und sein Cousin Johann waren 1927 zu den Zeugen Jehovas übergetreten. Jägerstätter verweist selbst auf die Bedeutung der Bibelbewegung für sich in einer Situation zunehmender geistiger Isolation: „War nicht die Kirche in letzter Zeit stark bemüht, auch die Laien mit der Hl. Schrift ... zu versehen, damit man sich auch, wenn uns schon die persönlichen Führer weggenommen oder stumm gemacht würden, ohne sie zurechtfindet." (GBA 120) Die Heilige Schrift wird für ihn Norm und Kriterium seines Lebens und seiner Entscheidungen, letztlich weil sie Gottes Wort ist: „In der Bibel spricht Gott selber zu uns und gibt unsrer Hoffnung eine unerschütterliche Grundlage ... Am Gotteswort vermag sich unsre Seele immer wieder aufzurichten." (GBA 193) Die Hl. Schrift bietet ihm in den Auseinandersetzungen um seine Verweigerungen die Argumente gegenüber Familie und Pfarrer. Pfarrer Karobath schreibt 1945 in der Pfarrchronik: „Wir haben ihn abhalten wollen, aber er hat uns immer geschlagen mit der

Schrift."[8] Gerade in seiner Berliner Haftzeit setzt er sich intensiv mit dem Evangelium auseinander. Einen besonderen Stellenwert haben dabei die Bergpredigt Mt 5–7 (Heft IV 1–15), die Nachfolgeworte Jesu wie Mt 8,18 und Mt 10,34–39; Mk 3,31–35 (IV 16) und Worte von der Scheidung und Unterscheidung (Mt 13). Der geforderte Bekennermut in der Zugehörigkeit zu Christus (Mt 10,17ff.), Wachsamkeit (Mt 25,1–12), das Mittun mit der Gnade in der Versuchung (Lk 4,1–13), im Leiden und in der Kreuzesnachfolge (Mk 8,31 ff.; Rom 8,14–25) sind das biblische Raster seines Entscheidungsweges. Der Wille Gottes ist ihm mit dem zwölfjährigen Jesus die oberste Norm (Lk 2,42–50). Glaube und Taufe (Röm 6) nehmen in Tod und Auferstehung Jesu hinein. Trost in seinen Ängsten und im Leiden findet er in den paulinischen Briefen (2 Kor und Eph). Ausführlich schreibt er Schriftstellen zur Gottes- und Nächstenliebe ab (1 Kor 13; 1 Joh; Jak; 1 Petr).

Herz-Jesu-Frömmigkeit oder
Vom außerordentlichen Heilmittel in außerordentlichen Nöten

Pius XI. gibt in seiner Enzyklika „Miserentissimus Redemptor" 1928 eine kurze Summa der Herz-Jesu-Theologie. In der Enzyklika „Caritate Christi compulsi" vom 3. Mai 1932 nennt er die Herz-Jesu-Verehrung das außerordentliche Heilmittel in den außerordentlichen Nöten der Zeit und bezeichnet „das Herz des Herrn als Zeichen des Heiles über einer heillosen Zeit der erkalteten Liebe und des großen Abfalls von Gott"[9]. Die Herz-Jesu-Frömmigkeit förderte gegenüber einer abstrakten Reduktion des Glaubens auf Moral, gegenüber Kälte und Distanz die Dimension personaler Christusbeziehung und gab vielen Menschen Trost und Halt, nicht zuletzt Franz Jägerstätter.

Seine Aufzeichnungen in Heft I („Vom Glauben") beginnen mit den Worten: „Herz Jesu, reich für alle, die dich anrufen, verleihe uns lebendigen Glauben und wahrhaft guten Willen." (GBA 89) In „Von der Demut" empfiehlt er als Stoßgebet: „Jesus, sanftmütig und demütig von Herzen, bilde unser Herz nach deinem Herzen." (GBA 93) Motiviert durch seine Frau Franziska, die häufig zur Kommunion ging und die Herz-Jesu-Freitage hielt, kam Franz Jägerstätter zu einem täglichen Messbesuch und häufigen Kommunionempfang, was ihn in Gegensatz zu den ortsüblichen Normen brachte (GBA 43 und 106). Die Eucharistie wird zum Vermächtnis, „das uns unser bester Freund Jesus Christus hinterlassen hat." (GBA 109)

Die tägliche Christusverbindung in der Messe hat für ihn durchaus politische Konsequenzen. Er bezeichnet es als falsches Spiel, regelmäßig die Messe zu besuchen und zugleich einer nationalsozialistischen Gruppierung anzugehören.[10] Häufiger Kommunionempfang ist ihm Stärkungsmittel im Kampf (GBA 122). Die Herz-Jesu-Sonntage sind für ihn das Zeitmaß in der Haft in Linz (GBA 35 und 44). Im Schmerz um die Seinen ist ihm der leidende Christus am Ölberg nahe: „Herr, nicht mein Wille geschehe, sondern der Deine." Er weiß um die Verheißung einer glücklichen Sterbestunde für den, der durch neun Herz-Jesu-Freitage die Sakramente empfängt (GBA 22). Und schließlich versteht er mit Margareta Maria Alacoque seinen Tod als Sühne. Im Abschiedsbrief vom 9. August 1943 heißt es: „Ich verzeihe allen von Herzen. Möge Gott mein Leben hinnehmen als Sühn-Opfer nicht bloß für meine Sünden, sondern auch für andere." (GBA 59) Er schließt seinen letzten Brief mit den Worten: „Jesu Herz, Maria Herz und mein Herz seien ein Herz verbunden für Zeit und Ewigkeit." (GBA 60)

„Sind denn nicht die Heiligen im Himmel unsre Fürbitter bei Gott, insbesondere die Allerseligste Jungfrau Maria?" (GBA 110) Schon 1927 führt Jägerstätter an drei Sonntagen nacheinander eine Wallfahrt nach Altötting. So hat er die Maiandachten gern, so ist ihm der Rosenkranz ein Begleiter in schweren Stunden. Seine Kinder empfiehlt er im Angesicht des Todes dem Schutz der Gottesmutter an. Für ihn selbst ist das Ave-Maria mit der Bitte um Beistand in der Sterbestunde Trost und Stärkung. Die Heiligen spielen in seiner Glaubensbiografie eine wichtige Rolle. Außer der Bibel waren es die Schriften und Biografien der Heiligen, aus denen sich seine Frömmigkeit nährte. In seinem Brief an den Patensohn Franz Huber aus dem Jahre 1935 nennt er als Glaubwürdigkeitsmotive für den katholischen Glauben die Wunder und die Heiligen, bei diesen wiederum besonders die Märtyrer (GBA 81–88).[11] In der nationalsozialistischen Zeit und den damit verbundenen Entscheidungen werden ihm Heilige immer mehr zur Orientierungshilfe, gerade weil die Seelenführer, d. h. die Priester und die Bischöfe schweigen. Die Heiligen sind ihm Vorbild: Sie strahlen Glück und Freude aus, gerade wenn Gott ihnen auch manchmal schwere Leiden schickte (GBA 157).[12]

Am 8. Dezember 1940 wurde Franz Jägerstätter feierlich in den Dritten Orden des hl. Franziskus eingekleidet. An Franziskus erinnert bei Jägerstätter seine Liebe zur Natur sowie die Spiritualität der Seligpreisungen und der Bergpredigt insgesamt. Gerade auch der Spannungsbogen zwischen Freude und Kreuz, zwischen Glück und Leiden, den Franziskus so eindrucksvoll vorgelebt hat, findet sich bei ihm sehr deutlich wieder. In den Jahren 1941–42 tauscht sich Jägerstätter mit seinem Drittordensbruder Rudolf Mayer über religiöse Lektüre, besonders über Heiligenbiografien aus.[13] Wir finden Hinweise auf Franziskus, Bruder Konrad, Klaus von der Flüe, Therèse von Lisieux und Thomas Morus. Klaus von der Flüe dürfte in der Zeit wichtig geworden sein, in der der Abschied von der Familie als Konsequenz seiner Verweigerung deutlich wurde. Nachfolgeworte, die das Zurücklassen der Lieben um Jesu willen fordern, verbinden Jägerstätter mit diesem Heiligen. Mit Therèse von Lisieux und der Tradition des Karmel hat er die enge Beziehung zu Jesus als Freund und die Liebe zur Eucharistie gemeinsam. Aber auch die Erfahrung der Nacht des Glaubens ist ihm nicht fremd. Beide, Therèse und Jägerstätter, kennen zudem die Dimension der Stellvertretung und der Sühne für jene, die verblendet sind und nicht glauben können. Mit Thomas Morus, der sich aus Gewissensgründen geweigert hatte den Suprematseid zu leisten und dafür hingerichtet wurde, verbindet Jägerstätter der Widerstand gegen die Mächtigen mit der Konsequenz des Todes. Thomas Morus war – durchaus ideologiekritisch gegen die Staatsideologien des Faschismus – von Pius XI. 1935 heiliggesprochen worden.

Kirchlichkeit oder Von der konkreten Nachfolge

Franz Jägerstätter ist kirchlich sozialisiert wie wohl die meisten seiner Zeitgenossen. In die kirchliche Gemeinschaft eingebunden war er in besonderer Weise durch seine Ehe und seine Familie, die Pfarre, seine Beziehungen zu Priestern und nicht zuletzt durch die Mitgliedschaft im Dritten Orden des hl. Franziskus. Mehrfach ist belegt, dass Jägerstätter auch Exerzitien gemacht hat.[14] Für Jägerstätter stand außer Zweifel, dass der Glaube mit Kirche zu tun hat. Eindrücklich spricht er von „Christus und seiner Kirche." (GBA 179) Ganz unverkrampft hält er es für seine Pflicht, alles zu glauben, was die Kirche zu glauben vorschreibt. Das gilt auch für das ordentliche Lehramt, auf das er sich in seiner Ablehnung des Nationalsozialismus bezieht.

Die tiefe Verbundenheit mit der Kirche war nach Franziska Jägerstätter denn auch für die Entscheidung ihres Mannes ausschlaggebend: Er sei nicht in den Krieg gezogen, weil die Nationalsozialisten „die Kirche und die Pfarrer so verfolgt haben“[15]. Jägerstätter hat also den Wehrdienst nicht verweigert, obwohl er Katholik war, sondern weil er es war und weil er es in der Kirche war. Er konsultierte auch Priester und den damaligen Kapitelvikar Fließer in seinen Entscheidungen. Ihr Schweigen und ihre Zurückhaltung entlasteten sein Gewissen nicht, sondern forderten es auf neue Weise heraus.

Jägerstätter sieht die Kirche vom Reich Gottes, von der Nachfolge Jesu und vom Bekenntnis zu Jesus her. In seinen Betrachtungen zum Vaterunser schreibt er: „In der zweiten Bitte flehen wir das Reich Gottes zu uns herab, daß es wachse in der Kirche, aber auch in uns selber soll es immer mehr wachsen und gedeihen.“ (GBA 95) Im Kontext seiner Überlegungen zum gerechten oder ungerechten Krieg heißt es: „Sollten wir Christen denn nicht wahre Nachfolger Christi werden?“ (GBA 161)[16] Die Nachfolge Christi wird für ihn zum Kriterium seiner Haltung gegenüber der konkreten Kirche.

Er weiß, dass die Kirche eine höchst gemischte Gesellschaft, d. h. auch eine Kirche der Sünder ist: „Jesus selber hat also gelehrt, daß es in seiner Kirche auf Erden nicht nur gute Christen geben wird. Die große Scheidung kommt am Ende.“ (GBA 186) Die nominelle Zugehörigkeit zur Kirche allein ist noch kein Persilschein. Angesichts des politischen Terrors fragt er mit Blick auf das russische Volk: „Oder sollten wir vielleicht deswegen strafloser aus unserer Lage wieder herauskommen, weil wir Österreicher noch fast durchwegs katholisch waren?“ (GBA 132) Die Kirche muss durch Leiden und Tod hindurch: „Auch für uns gibt es kein glückliches Auferstehen, bis wir nicht bereit sind, für Christus und unseren Glauben zu leiden und, wenn es sein muß, auch zu sterben." (GBA 133)[17] Stillschweigende Kompromisse der Kirche mit den Nationalsozialisten, die erreichen, dass das kirchliche Leben weitergeht, sind schlechter als die Zerstörung oder Schließung der Kirchengebäude. Das listige Zerstörungswerk der Seelen ist schlimmer als das Abreißen der Kirchengebäude (GBA 70). Die schweigenden Priester vergleicht Jägerstätter mit Ärzten, die zwar zu Verwundeten geholt werden, aber nicht helfen dürfen. Wie Bonhoeffer und die „Bekennende Kirche" sieht Jägerstätter im Zeugen und im Märtyrer das Vorbild, an dem sich die Kirche zu messen hat: „Trotz alldem ist es nicht gut, wenn unsre Seelenführer immer schweigen. Worte, heißt es zwar, belehren, Beispiele aber reißen hin. Man will eben Christen sehen, die es noch fertig bringen, dazustehen inmitten allen Dunkels, in überlegener Klarheit, Gefaßtheit und Sicherheit, ... die nicht sind wie ein wankendes Schilfrohr, das von jedem leichten Wind hin und her getrieben wird. Die nicht bloß schauen, was machen meine Kameraden oder Freunde, sondern sich nur fragen, was lehrt zu diesem oder jenem Christus und die Kirche, oder was sagt mein Gewissen." (GBA 147) An diesen Zeugen könnten sich dann andere aufrichten und gegen den Strom schwimmen. Wohl wird das Zeugnis, das Martyrium auch zur Krisis im Hinblick auf das Verhalten der Kirche, wie das Kreuz zur Krisis und zur Demütigung für die Jünger wurde.

Gottesfurcht oder Vom Vertrauen, das vor Menschenfurcht bewahrt

Franz Jägerstätter vermittelt in seinen Aufzeichnungen und Briefen nicht den Eindruck eines Angsthasen oder eines religiösen Skrupulanten. Furcht ist nicht das Leitmotiv seiner Entscheidungen und seines Handelns. Wiederholt greift er die Thematik der Menschenfurcht mit Hinweis auf biblische Stellen auf. Diese „elende" Menschenfurcht ist ein schlechter Ratgeber, sie führt zur Preisgabe des

Gewissens, zur Spaltung der Seele (Brief an den Patensohn vom 30. August 1942; GBA 21).

Eine andere Stoßrichtung der Furcht ist die Angst vor der Hölle. „Nur das eine wissen wir, wenn wir in einer Todsünde sterben, dann sind wir auf ewig verloren ... Bemühen wir uns recht, daß wir den ewigen Richter niemals zu fürchten brauchen." (GBA 99) Im Anschluss daran stellt Jägerstätter eine Betrachtung des Todes und der Ewigkeit an: „Was würde es schon für ein Schrecken sein für einen Menschen, wenn er von einem irdischen Richter zu lebenslänglichem Kerker verurteilt wird; was würde es erst für ein Schrecken sein, wenn wir einmal vom ewigen Richter hören müßten: für ewig verdammt. Und noch dazu sollten die Verdammten in der Hölle eine so große Pein zu leiden haben, daß die geringste Pein, die sie leiden müssen, schon so groß ist, daß wir sie mit unsrem irdischen Leib keine Sekunde aushalten würden." (GBA 100) Jägerstätter warnt eindringlich vor der Hölle. Er weiß um ihre Schmerzen und nimmt sie ernst. Er bleibt jedoch nicht in der Angst vor der Hölle stecken, sondern steigt in seinen Betrachtungen weiter zum Himmel auf. Dabei lässt er sich von Paulus (1 Kor 2,9) und Augustinus inspirieren: „Es dürfte einem freilich fast schwindlig werden, wenn man an die ewigen Freuden des Himmels denkt ... Was sind aber auch schon die kurzen Freuden dieser Welt gegen jene, die Jesus uns in seinem Reich versprochen hat. Kein Auge hat es gesehen, kein Ohr hat es gehört und in keines Menschen Herz ist es gedrungen, was Gott denen bereitet hat, die ihn lieben." (GBA 77)

So ist die Angst vor der Höllenstrafe nicht das Motiv seiner Entscheidungen und seines Handelns. Mit dem 1. Johannesbrief unterscheidet er zwischen der knechtischen Furcht, die bloß aus Angst vor der Strafe das Böse nicht tut, und der kindlichen Furcht, die der Liebe entspringt. In der kindlichen Furcht lebt das Vertrauen, dass Gott es immer wieder recht macht: „Ich leg halt meine ganze

Zukunft in Gottes Hand. Er wird ja doch alles so lenken, wie es für uns am besten ist", schreibt er am 19. März 1943 an Franziska (GBA 32). Und an seine Schwiegereltern schreibt er Ende Februar 1943: „Freilich hätte ich mir schon längst die Hölle verdient, aber durch die unendliche Barmherzigkeit Gottes hoffe ich Verzeihung aller meiner Sünden" (GBA 22). Im Angesicht des Todes lebt Jägerstätter aus der paulinischen Hoffnung und Heilsgewissheit: „Daß mich mein lieber Heiland auch in den letzten Stunden nicht verlassen wird, der mich bisher nicht verlassen hat, das könnt ihr mir glauben." (Brief an Franziska am 8. August 1943; in: GBA 57) Mit Anklängen an Röm 8,31–39 weiß er sich in der Liebe Gottes geborgen: „Nicht Kerker, nicht Fesseln, auch nicht der Tod sind es imstande, einen von der Liebe Gottes zu trennen und ihm seinen freien Willen zu rauben. Gottes Macht ist unbesiegbar." (GBA 74)

Leiden oder Vom Tor zur Seligkeit

Für Franz Jägerstätter ist die Religion Jesu eine Religion des Kreuzes. Alles andere wäre eine Versuchung des Satans (GBA 189). Jägerstätter ist dabei nicht auf das Leid fixiert oder masochistisch in den Tod verbohrt. Er vergötzt nicht Mühsal und Widerlichkeit. Er ist nicht in die Sühne oder in die Verbitterung verliebt. Es ist die Nachfolge Jesu, die höher steht als die Furcht vor Schmerz und Tod. Und diesem Leiden will er nicht aus dem Wege gehen. Dieses Leiden und diesen Kampf sieht er als innere Voraussetzung für Freude und Sieg. Es ist eine im Unglück und in der Verfolgung durchgehaltene Treue, Wahrhaftigkeit und Liebe. Es ist die Dynamik und die Spannung der Seligpreisungen, die im Leiden, in der Verfolgung die Freude aufleuchten lassen: „Alle äußeren Leiden und Verfolgungen können den inneren Widerstand dessen nicht brechen, in dem Christus lebt und wirkt. Wenn der Blick aufs Ewige gerichtet ist, verlieren zeitliche Drangsale ihre Schrecken."

(GBA 196) Das Mitsein mit Christus ist schon Freude, auch und gerade wenn es in das Leiden führt: „Christi Freude ist die aus der Wurzel der Gnade sprossende Blüte. Für Christus leiden zu dürfen, ist dem Apostel Paulus Gnade und Freude zugleich." (GBA 199)

Jägerstätter sieht dabei nicht ausschließlich auf den leidenden Christus: „Zum ganzen Christus gehört nicht nur die ‚zerbrochene Knechtsgestalt' des Karfreitags, sondern auch der Todesüberwinder des Ostermorgens." (GBA 197) Am Ostersonntag des Jahres 1943 kann er aus dem Gefängnis an seine Frau schreiben: „Christus ist auferstanden, Alleluja ... Wenn wir jetzt auch harte Zeiten zu verkosten haben, so müssen und können wir uns doch auch mit der Kirche mitfreuen, denn was gibt es Freudigeres, als daß Christus wieder auferstanden ist und als Sieger über Tod und Hölle hervorgegangen ist, was kann es für uns Christen Trostvolleres geben, als daß wir den Tod nicht mehr zu fürchten haben." (GBA 42) Aus der Verbundenheit mit dem Gekreuzigten und Auferstandenen kann er den eigenen Tod annehmen. Weil er Christus gleichförmig werden will und sich als Glied am mystischen Leib Christi versteht, nimmt er seinen Tod als Sühne für andere an: „Christus hat am Kreuze genug gelitten, um die ganze Menschheit zu erlösen. Aber weil jeder Christ ein Glied am mystischen Christusleib ist, hat Gott auch ihm ein bestimmtes Maß von Leiden zugedacht ... Aus dieser tiefen Leidensmystik erwächst Freude am Leiden für andere." (GBA 199; vgl. Kol 1,15ff.)

Stellvertretung und Sühne sind, so gesehen und gelebt, Vollzüge der Hoffnung und nicht der Destruktion. Sie sind Konsequenz des Glaubens und der Berufung in einer Situation der Verblendung. Sie sind Ausdruck der Liebe unter den Bedingungen der Lieblosigkeit und der Vergiftung. Sie kommen aus dem Stehen in der Wahrheit unter dem Vorzeichen der Lüge. An stellvertretenden Zeugen wie Franz Jägerstätter leuchtet Hoffnung auf, die auch

Täter und Verführte mit einschließt. Freilich wird den Tätern und den Verführten diese Hoffnung nicht durch die Bestätigung ihrer Verblendung und ihrer Ideologie geschenkt. Diese ihre Hoffnung muss durch die Krisis der Umkehr hindurch. Eine Hoffnung ohne Gerechtigkeit und Solidarität würde letztlich im Unrecht der Starken verkommen.

Gestorben für den Glauben und für die Gerechtigkeit

Es gibt nur ein wirklich ernstes Problem ...

„Es gibt nur ein wirklich ernstes philosophisches Problem: den Selbstmord. Die Entscheidung, ob das Leben sich lohne oder nicht, beantwortet die Grundfrage der Philosophie. Alles andere – ob die Welt drei Dimensionen und der Geist neun oder zwölf Kategorien habe – kommt erst später. Das sind Spielereien; zunächst heißt es Antwort geben ... Ich kenne niemanden, der für den ontologischen Beweis gestorben wäre. Galilei, der eine schwerwiegende wissenschaftliche Wahrheit besaß, leugnete sie mit der größten Leichtigkeit ab, als sie sein Leben gefährdete. ... Diese Wahrheit war den Scheiterhaufen nicht wert. Ob die Erde sich um die Sonne dreht oder die Sonne um die Erde – das ist im Grunde gleichgültig. Um es genau zu sagen: das ist eine nichtige Frage. Dagegen sehe ich viele Leute sterben, weil sie das Leben nicht für lebenswert halten. Andere wieder lassen sich paradoxerweise für die Ideen oder Illusionen umbringen, die ihnen einen Grund zum Leben bedeuten (was man einen Grund zum Leben nennt, das ist gleichzeitig ein ausgezeichneter Grund zum Sterben). Also schließe ich, daß die Frage nach dem Sinn des Lebens die dringlichste aller Fragen ist."[18] Soweit Albert Camus (1913–1960) in seinem „Mythos des Sisyphus".

Abraham Joschua Heschel (1907–1973), der jüdische Philosoph und Rabbiner, 1938 von den Nazis in einen Viehwaggon gesteckt und nach Polen deportiert, schlägt hingegen vor: „Es gibt nur ein wirkliches, ernsthaftes Problem, und das ist das Martyrium. Es geht um die Frage: Ist etwas von solchem Wert, wofür es sich zu leben lohnt, groß genug, um dafür auch zu sterben? Wir können die Wahrheit nur leben, wenn wir auch die Kraft besitzen, dafür zu sterben."[19] Selbstmord ist für Heschel Flucht vor dem Bösen, Resignation in die Absurdität, die Negation der transzendenten Bedeutung des Menschen. Ein Märtyrer hingegen ist Zeuge für das Heilige trotz des Bösen, er ist Zeuge für die Transzendenz und die transzendente Orientierung des Menschseins. In der jüdischen Tradition gibt es „Kiddusch ha-Schem", d. h. die Bereitschaft um Gottes wegen, um seines heiligen Namens willen, zu sterben. Kiddusch ha-Schem ist Ausdruck der Größe des Menschseins, höchste Realisierung seiner transzendenten Ausrichtung.[20]

Damit stoßen wir zur Kernfrage an das Zeugnis des Franz Jägerstätter vor: Was war das Motiv für Jägerstätters Entscheidung? Waren es Verzweiflung, der Mangel an Sinn, Überdruss, die ihn zur Beendigung seines Lebens im Sinne Sartres veranlassten (er schritt seiner Verurteilung schließlich nicht blauäugig entgegen)? War es der paradox-trotzige, selbstzerstörerische Einsatz für seine persönlichen Ideale, die er politisch darniederliegen sah? War er einfach ein Feigling, ein Drückeberger, dem seine Familie, seine Kameraden, sein Volk Verantwortung und Einsatz nicht mehr wert waren? War der schmähliche Tod für ihn der leichtere Weg? – Oder ist Jägerstätter ein Märtyrer? Starb er nicht aus Leere, sondern wegen und für die Fülle, nicht aus tragischer Selbstverfangenheit, sondern in gelebter Verantwortung für andere, nicht aus unterschwelligem Hass, sondern aus geläuterter Liebe? Nicht aus innerer Schwäche, sondern weil ihm – um mit Heschel zu formulieren – „die Kraft" gegeben war, „die Wahrheit" nicht nur zu leben, sondern auch „dafür zu sterben"? Dann ist Jägerstätter an den folgenden Kriterien zu messen:

Die kirchliche Tradition sah mit Augustinus – gegen die Donatisten – nicht schon im Getötetwerden das Martyrium. Es ist nicht die Strafe oder der Tod an sich, sondern der innere Grund, die Ursache bzw. Gesinnung, die den Märtyrer Christi ausmacht.[21] Seit dieser Zeit wird im Christentum der religiöse Selbstmord explizit geächtet. Jede Todessehnsucht bei einem potentiellen Märtyrer gilt seitdem als Infragestellung des Martyriums. Zu Recht steht gegenwärtig die Rede von Verfolgung und Martyrium unter Ideologieverdacht, wenn Gewalt, Weltfeindlichkeit, Selbsthass, Todestrieb, Verfolgungswahn, Verschwörungsdenken, Feindbildbedürfnis oder Sündenbockmechanismen im Spiel sind. Jede zwanghafte, fanatische oder hysterische Identitätssicherung ist eine Zerrform des Glaubens.

Christliches Martyrium bezeugt den Glauben an Gott als den Herrn und Freund des Lebens, der die Toten lebendig macht. Von da her ist Martyrium von einer schöpfungstheologischen Option für das Leben und von der Ehrfurcht vor dem Leben geprägt. Diese Option für das Reich Gottes ist im Sinne des Taufbekenntnisses mit dem Widersagen gegen das Böse in der psychischen, metaphysischen, intellektuellen und politischen Ordnung verbunden. Der Glaube ist keine Leidensideologie, aber er schärft gegenüber Gleichgültigkeit und Neutralität den Blick für die Unvermeidlichkeit des Leidens als Folge sittlicher und christlicher Konsequenz.

Jesus hat die Dunkelheit und auch die Bosheit der Menschen in seinem Leiden durchquert. Die Leidensbereitschaft ist Bedingung und Voraussetzung für die Nachfolge Jesu (Mt 16,24). Dieses Leiden ist kein Ausdruck von Resignation und Passivität. Aus der Einwurzelung in Gott durchbricht Jesus die unheilvolle Kette von Gewalt und Gegengewalt. Am Kreuz, dem Gipfel der Feindesliebe, der Bereitschaft zu Vergebung und Versöhnung, ist Jesus bereit, die Aggressionen der anderen auf sich zu ziehen und sie an sich auslaufen zu lassen. Am Kreuz leidet Jesus Christus den äußersten Widerspruch von Liebe und Hass, Gnade und Sünde, Gott und Welt aus. So überwindet er das Böse durch das Gute (Röm 12,21). Die Logik des Bösen wird von innen her aufgebrochen und überwunden. So verstandene Erlösung durch das Leiden ist Vollzug der Hoffnung und nicht der Destruktion.[22]

Martyrium ist Konsequenz des Glaubens in einer Situation der Verblendung. Es ist Ausdruck der Liebe unter den Bedingungen der Lieblosigkeit und der Vergiftung. Es zeigt, dass christliches Leben zutiefst in Jesu Kreuz und Auferstehung gründet. Der christliche Märtyrer stirbt nicht für eine bloße Idee, er stirbt mit jemandem, der schon vorweg für ihn gestorben ist. Martyrium ist von Jesus Christus her qualifiziert: Neutestamentliche Motive wie Nachfolge, Nachahmung (mimesis), Gleichgestaltung mit Christus, christliches Leben als Wettkampf und die Vollendung in der Lebensgemeinschaft mit Christus sind hier aufzunehmen. Mitte christlichen Verständnisses von Martyrium ist die Proexistenz Jesu, der sich angesichts des Neins der Menschen zu der sich offenbarenden Liebe Gottes restlos in die Verfügung Gottes übereignet. So ist die Liebe das Kriterium für alle Formen des Martyriums.[23] Die gelebte Einheit von Gottes- und Nächstenliebe, der Geist der Seligpreisungen, machen Verfolgte zu Zeugen des Reiches Gottes, zu Märtyrern.

Wider die Flucht in gnostische und esoterische Refugien und gegen die Metamorphosen des Glaubens in bloße Theorie klagen die Märtyrer die Inkarnation, die Einfleischung in geschichtlicher Stunde und die Kreuzestheologie ein, denn christliche Hoffnung darf nicht leidensimmun, abstrakt und geschichtslos sein. Hoffnung hat sich öffentlich im Angesicht der Gewalt, der konkreten Unversöhntheit und des Todes zu bewähren. Die Märtyrer sind in Situationen der Resignation vor der Unausweichlichkeit der Gewalt Zeugen der Hoffnung, dass Gewalt auch innergeschichtlich nicht das letzte Wort hat.

Zum Märtyrerbegriff der Tradition und im Kontext des 20. Jahrhunderts

Martyrium ist „die freie, duldende Annahme des Todes um des Glaubens willen (dessen Sittenlehre eingeschlossen) im ganzen oder hinsichtlich einzelner Lehren (diese immer im Ganzen des Glaubens gesehen). Ein Tod ‚in odium fidei', der nicht bewußt angenommen wird (z. B. Tötung unmündiger Kinder aus Glaubenshaß), kann nur in analoger Weise Martyrium genannt werden."[24] In der Tradition gibt es Ansätze zur Erweiterung des Märtyrerbegriffs in dem Sinn, dass das authentische Glaubenszeugnis nicht unbedingt den gewaltsamen Tod nach sich ziehen muss; der Bezug auf die aktive Bezeugung der Glaubenslehre bleibt aber bestehen.[25] So heißt es bei Origenes: „Wer, sei es durch Worte, sei es durch Taten, Zeugnis für die Wahrheit ablegt, hat Recht darauf, Märtyrer genannt zu werden. Unter den Brüdern aber setzte sich aus Zuneigung zu denjenigen, die bis zum Tod kämpften, die Gewohnheit durch, diejenigen Märtyrer zu nennen, die durch ihr Blutvergießen für das Geheimnis des Erbarmens Zeugnis abgelegt haben."[26] Schon die Kirchenväter verstanden in diesem Sinn Askese, Jungfräulichkeit und die Pflege von Pestkranken als unblutiges Martyrium.

Eine weitere Differenzierung erfährt der Märtyriumsbegriff bei Thomas von Aquin. Thomas behandelt das Martyrium im Kontext der Tugenden[27]. Er stellt zunächst die Frage, ob denn nur der ausdrückliche Glaube an Gott auf Seiten der Verfolgten und Glaubenshass auf Seiten der Täter Ursache des christlichen Martyriums sein können. Entscheidend für seine eigene Position ist dann Mt 5,10: „Selig, die um der Gerechtigkeit willen verfolgt werden." Auf die Gerechtigkeit, so Thomas, bezieht sich nämlich nicht nur der Glaube, sondern auch die Tugenden, sofern sie auf Gott bezogen sind. „Als Christ leidet somit nicht bloß, wer für das Bekenntnis des Glaubens leidet, das durch Worte geschieht, sondern auch jeglicher, der für irgendein gutes Werk leidet, das von ihm geschehen soll, oder für irgendwelche Sündenvermeidung um Christi willen: denn alles das fällt in den Bereich der öffentlichen Glaubensbekennung." Unter Glaubenszeugnis werden also auch „die Werke aller Tugenden, sofern sie auf Gott bezogen werden", subsumiert.[28] Märtyrer ist nicht nur jener, der ausdrücklich für den Glauben oder einen bestimmten Glaubensinhalt stirbt, sondern explizit auch der, der für Wahrheit und Gerechtigkeit Zeugnis ablegt.

Gerade im 20. Jahrhundert bestanden immer wieder Mechanismen der Herrschaft und der Lüge, welche die Leugnung Gottes einschlossen. In solchen Situationen waren der Glaube an Gott, das Stehen in der Wahrheit und die Suche nach Gerechtigkeit nicht selten mit Verfolgung sanktioniert. Die Märtyrer des 20. Jahrhunderts schärfen den Blick, um die Zeichen der Zeit recht zu deuten; sie lassen in Zeiten des Hasses, der Barbarei und der Menschenverachtung die Wahrheit Gottes und die Würde des Menschen aufleuchten. In ihrer Diagnose der Gesellschaft und von deren Ideologien waren sie nicht fanatisiert oder verblendet, sondern sahen klarer als viele ihrer Zeitgenossen. Für sie war der Glaube an Gott mit einer radikalen Ideologie- und Götzenkritik verbunden. Sie realisierten die Widerstandskraft des Glaubens. Das Bekenntnis zum Gott Jesu Christi, die Treue zum Evangelium und zum Gewissen wurde in unterschiedlicher Weise vor die Alternative Gott oder Götze gestellt. Um Gottes willen galt es, totalitäre Systeme der Nation, der Herrenrasse, des Geldes, des Konsums, der Erfolgs- und Siegergesellschaft zu unterbrechen, die Unwahrheit und Verblendung bestehender Verhältnisse aufzuzeigen und lebendige Alternativen vorzuleben. Dazu gehörten auch der Einsatz für Menschenwürde, Solidarität, Gerechtigkeit oder auch die Option für die Armen, die in Widerspruch zu herrschenden Interessen stand.

Motive und Grundlagen des Martyriums sind moralische Wertvorstellungen, Selbstständigkeit des Denkens, Urteilens und Handelns, aber auch das Mitfühlen und -leiden mit Bedrängten und nicht zuletzt das Standhalten gegenüber jeder Gewalt in außergewöhnlich hohem Maß. Letzter Grund des Zeugnisses ist aber die Hoffnung auf Auferstehung, die Erfahrung der Liebe Gottes und das Stehen zu Wert und Würde des Lebens. Es geht im Martyrium letztlich um die Bezeugung des Heils von Gott her als Zukunft der ganzen Welt und der Menschheit.

So bedeuten die Märtyrer des 20. Jahrhunderts Prüfung und Krisis nicht zuletzt für die Kirche selbst, insofern sie den unbedingten Anspruch des Reiches Gottes bezeugen und die Trennlinie zwischen Heiligkeit und Sünde ziehen. Zudem stellen sie die Frage nach der Geschichte kirchlicher Aggression, wenn Juden durch Christen bzw. Christen durch Christen zu Märtyrern geworden sind.

Jägerstätter – ein Märtyrer des Glaubens und der Gerechtigkeit

Nach dieser allgemeinen Klärung des Martyriumbegriffs kann nun die Frage behandelt werden, ob und warum der gewaltsame Tod Jägerstätters als Martyrium zu werten sei. Motive und Umstände seiner Entscheidung, den Wehrdienst zu verweigern, sind also kritisch zu untersuchen. Franz Jägerstätter bezieht seine Widerstandkraft gegen die Nazis aus der zu seiner Zeit gängigen moraltheologischen Tradition: „Die Gebote Gottes lehren uns zwar, daß wir auch den weltlichen Oberen Gehorsam zu leisten haben, auch wenn sie nicht christlich sind, aber nur soweit sie uns nichts Schlechtes befehlen.“ (GBA 135) Weil es das Bestreben der NSDAP war, das Christentum auszurotten, sieht er es als sündhaft an, dieser Partei beizutreten. „Wie wir, glaub ich, alle wissen, die wir in der katholischen Religion erzogen wurden, sei es uns nämlich nicht erlaubt, einer kirchenfeindlichen Partei beizutreten, auch nicht für eine solche zu opfern, damit sie sich immer mehr ausbreiten könne." (GBA 159)[29] Jägerstätters Entscheidung, nicht an Hitlers Krieg mitzuwirken, ist von seiner persönlichen Überzeugung her eindeutig eine Glaubensentscheidung bzw. eine Konsequenz seines Glaubens und seiner Verbundenheit mit der Kirche. Er hat den Wehrdienst wegen seines Glaubens verweigert. Der Tod ist die Konsequenz seiner Entscheidung für Gott bzw. Christus den König. Für ihn ist der Glaube an Gott mit einer radikalen Ideologie- und Götzenkritik verbunden. Franz Jägerstätter realisierte die Widerstandskraft des Glaubens gegenüber barbarischen Systemen der Menschenverachtung und der Gottlosigkeit. Insofern ist im Sinne der Tradition von einem Martyrium zu sprechen.

Wendet man ein, er sei formal ja nicht wegen des Glaubens oder um eines Glaubensartikels willen, sondern wegen der Wehrdienstverweigerung hingerichtet worden, so würde zwischen Glaubens- und Sittenlehre ein garstiger Graben gezogen. Diese Spaltung zwischen Glaube und Sittenlehre ist ein Produkt der Neuzeit und entspricht nicht der Tradition z. B. des Thomas von Aquin, wie STh II-II,124,5 zeigte. Franz Jägerstätter war davon überzeugt, dass der Angriffskrieg Hitlers ungerecht war und dass er deshalb nicht mitmachen könne. Das hat er wiederholt anderen gegenüber geäußert. So sagt ein Mitgefangener im Linzer Wehrmachtsuntersuchungsgefängnis aus: „Er [Franz Jägerstätter] hat einfach gesagt, es ist ein ungerechter Krieg, da kämpft er nicht mit."[30] Zur Ungerechtigkeit des Angriffskrieges äußert er sich auch wiederholt in seinen schriftlichen Aufzeichnungen. „Welcher Katholik getraut sich, diese Raubzüge, die Deutschland schon in mehreren Ländern unternommen hat, für einen gerechten und heiligen Krieg zu erklären?" (GBA 177)[31]

Bei der Beurteilung des Krieges geht er nicht von Siegesmeldungen, sondern von der Frage nach der Schuld an den Opfern aus: „Wir brauchen ja nur ein wenig nach Rußland zu schauen, was haben die zu leiden und wann werden sie wieder aus ihrer Not befreit werden?" (GBA 129) Franz Jägerstätter benennt das gewalttätige Subjekt: „Gibt es denn noch viel Schlechteres, als wenn ich Menschen morden und berauben muß, die ihr Vaterland verteidigen, nur um einer antireligiösen Macht zum Siege zu verhelfen, damit sie ein gottgläubiges oder besser gesagt, ein gottloses Weltreich gründen können." (GBA 169) Er nennt die Gier beim Namen, die an der Wurzel von Krieg und Mord steht: „Kämpft man gegen das russische Volk, so wird man sich auch aus diesem Land so manches holen, was man bei uns gut gebrauchen kann, denn kämpfte man bloß gegen den Bolschewismus, so dürften doch diese andren Sachen wie Erze, Ölquellen oder ein guter Getreideboden doch gar nicht so stark in Frage kommen?" (GBA 138 und 150) Jägerstätter war zunächst kein absoluter Pazifist. Er denkt aber immer mehr vom biblischen Prinzip der Gewaltlosigkeit und der Seligpreisung der Friedensstifter her. Und er will lieber die Militärpflicht verweigern als andere morden.

Jägerstätter hat so auch objektiv Zeugnis für die Wahrheit und für die Gerechtigkeit, insofern sie auf Gott bezogen sind, abgelegt. Ansonsten würde man das nationalsozialistische System und den von ihm ausgelösten Krieg als gerecht und wahr hinstellen.[32] Jägerstätter war in seiner Diagnose nicht geblendet, sondern klarer und weitsichtiger als viele seiner Zeitgenossen. In dieser Hinsicht ist die Aufhebung des Todesurteils gegen ihn durch das Berliner Landgericht am 7. Mai 1997 von großer Bedeutung. Diese Rehabilitierung erweist das Todesurteil juristisch als Unrecht und seine Exekution somit als eine rechtswidrige vorsätzliche Tötung. Das Landgericht geht davon aus, dass der Zweite Weltkrieg Unrecht war, dass er nicht dem deutschen Volke, sondern nationalsozialistischem Machtstreben sowie der Durchsetzung nationalsozialistischen Gedankengutes gedient hat.[33]

Wenn man also anerkennt, dass die Nationalsozialisten barbarisch waren, dass sie einen Absolutheitsanspruch hatten und so Gegner des Christentums und der Kirche waren, wenn der von Hitler ausgelöste Krieg eindeutig als ungerecht zu qualifizieren ist, dann ist Franz Jägerstätter ein Märtyrer. Sein prophetisches Zeugnis für die christliche Wahrheit beruhte auf einer klaren, radikalen und weitsichtigen Analyse der Barbarei dieses Menschen und Gott verachtenden Systems sowie dessen Rassenwahns, Kriegsideologie, Staatsvergottung und erklärten Vernichtungswillens gegenüber Christentum und Kirche. Er ist der Märtyrer, der vor die Alternative Gott oder Götze, Christus oder der Führer, gestellt war. Aus einem gebildeten und reifen Gewissen heraus hat er ein entschiedenes Nein zum Nationalsozialismus gesagt und ist wegen seiner konsequenten Weigerung, in Hitlers Krieg als Soldat zu kämpfen, hingerichtet worden.

Ein Leben vom Ostermorgen her

Die Heiligen und im Besonderen die Märtyrer gelten in der Tradition als „Fürsten" des Glaubens, der Hoffnung und der Liebe. Das Martyrium bezeugt den Glauben an Gott als den Herrn des Lebens und ist von einer schöpfungstheologischen Option für das Leben geprägt. Es ist nicht nekrophil oder in das Leiden verliebt, es kommt nicht aus einem Ressentiment dem Leben gegenüber. Wenn innergeschichtlich Systeme oder Mechanismen des Todes die Macht haben, wird im Martyrium als Widerstand dagegen Gott als Gott des Lebens bezeugt. Franz Jägerstätter hat sich nicht für den Tod entschieden, sondern für ein Leben im Glauben.

Dabei ist noch einmal zu unterstreichen, dass das Martyrium nicht neben Jesus steht und nicht primär von heroischen oder extremen Haltungen und Leistungen her zu verstehen ist. Das Martyrium stellt das innerste Gegründetsein des christlichen Lebens in Jesu Kreuz und Auferstehung dar. Der Märtyrer stirbt nicht für eine Idee, er stirbt mit Christus, der schon vorweg für ihn gestorben ist. Die Bereitschaft zum Martyrium und die konkrete Fähigkeit, es auf sich zu nehmen, ist nicht eigenes Verdienst oder eigene Leistung. Franz Jägerstätter hat den Charakter der Gnade des Martyriums unterstrichen: „Hätte mir Gott nicht die Gnade und Kraft verliehen, für meinen Glauben auch zu sterben, wenn es verlangt wird, so würde ich halt vielleicht dasselbe tun, wie es die Mehrzahl tut." (GBA 75)

Das Martyrium ist ein Zeichen der Hoffnung auf die ewige Heimat bei Gott, jenseits dieser Zeit mit ihrer Gewalt und ihren Zwängen. Das Martyrium lebt vom Ostermorgen, der Licht in das sinnlos anmutende Dunkel der Hinrichtung bringt. Ostern erhellt die Finsternis des Karfreitags. Am Ostersonntag des Jahres 1943 schreibt Franz Jägerstätter – wie schon erwähnt – an seine Frau: „Christus ist auferstanden, Alleluja ... Wenn wir jetzt auch harte Zeiten zu verkosten haben, so müssen und können wir uns doch auch mit der Kirche mitfreuen, denn was gibt es Freudigeres, als daß Christus wieder auferstanden ist und als Sieger über Tod und Hölle hervorgegangen ist, was kann es für uns Christen Trostvolleres geben, als daß wir den Tod nicht mehr zu fürchten haben." (GBA 42)

Gegen den Tod und gegen tödliche Mächte wird der schöpferische Ursprung des Lebens bezeugt. Im Lichte von Tod und Auferstehung Jesu setzt das Martyrium die Hoffnung frei, dass uns am Ende nicht das Nichts erwartet, sondern die schöpferische Liebe dessen, der uns erschaffen hat. Das Martyrium verweist mit dem Tod und der Auferstehung Jesu auf ein Geheimnis, das größer und bedeutsamer ist als staatliche Systeme, als Philosophien, Weltanschauungen, als Macht und auch größer als Religion und Kirche.

Die Evangelien setzen darauf, dass Tod und Auferstehung Jesu den Menschen mithineinnehmen in ein neues Leben. Die Märtyrer sind Hoffnungsträger für dieses Mitgenommen-Werden in das neue Leben, wie es sich in den Seligpreisungen konkretisiert.

Gegen die Verbürgerlichung des Christentums und seine Auflösung in weltlichen Aktionismus ist die Verehrung der Märtyrer eine selbstkritische Besinnung der Kirche auf ihr eigenes Wesen, das sich von Leben, Tod und Auferstehung Jesu her zu verstehen hat. Das Gedächtnis des Leidens ist Widerstand gegen Vergesslichkeit, Unempfindlichkeit und Gleichgültigkeit gegenüber Elend und Leid. Heiligsprechungen sind nicht als Beruhigungsmittel gedacht oder als Streicheln eines Kindes, das ertrotzen will, was es wünscht. Sie sind keine narzisstische Versöhnung auf der Ebene reiner Selbstbestätigung, kein Alibi, das es uns erlauben würde, den Blick von den vielen anderen Opfern abzuwenden, von der Not der namenlosen Menschen abzusehen. Die Kirche kann sich die Märtyrer nicht einfach auf ihre Fahnen heften. Es bleibt ja auch deren einsamer und unvertretbarer Glaube. Zudem müsste ein Blick in die Geschichte der christlichen Aggression und Gewalt genügen, um mit dem Kult der Märtyrer und Bekenner nicht triumphalistisch umzugehen. Man sollte sich nicht mit fremden, nämlich mit Gottes eigenen Federn schmücken.[34] Es wäre sicher eine Funktionalisierung Jägerstätters, wenn spätere Generationen sich ohne Preis auf seine Seite schlagen und mit dem Pathos der Verachtung als Ankläger und Richter gegenüber der Generation ihrer Väter auftreten würden. Es geht nicht um Rechthaberei, auch nicht um Bewunderung oder Beifall. Gestalten wie Jägerstätter provozieren uns, dass wir uns selbst als Verheißung Gottes, als Gottes Ebenbilder ernst nehmen.

Besser die Hände gefesselt als der Wille

„Das muss jeder mit seinem Gewissen ausmachen." So hört man immer wieder in privaten oder öffentlichen Debatten über ethische Konfliktthemen. Darin schwingt ein resignativer Unterton mit, d. h. ein Konsens über ethische Werte und Verbindlichkeit ist nicht mehr zu erwarten. Was gut ist und was böse, liegt jenseits vernünftiger Verständigung. Die Bezugnahme auf das Gewissen bedeutet dann eher subjektive Willkür: In meinen Entscheidungen lasse ich mir nicht dreinreden, nicht von der Gesellschaft, nicht vom Staat, auch nicht von der Kirche; ich möchte mich auch nicht rechtfertigen müssen für das, was ich entscheide, was ich tue oder lasse. Mit der Berufung auf das Gewissen wird oft das Ziel verfolgt, die individuellen Kosten einer Gewissensentscheidung niedrig zu halten. Gewissen ist da die Instanz der Selbstrechtfertigung.

Dem gegenüber haben die Gewissenstäter der Vergangenheit wie Sokrates, Thomas Morus oder Franz Jägerstätter einen hohen Preis für die Treue zu ihrem Gewissen bezahlt, einen Preis, der das Opfer des eigenen Lebens einschloss. Das Gewissen war für sie verbindliche Instanz, für die sie den Kopf hingehalten haben.

Im Zeugnis von Franz Jägerstätter strahlt die Würde der menschlichen Person auf, die Würde des menschlichen Gewissens. Das Gewissen war für Jägerstätter der Ort des Gehorsams Gott gegenüber. „Er könne nicht gleichzeitig Nationalsozialist und Katholik sein; ... es gebe Dinge, wo man Gott mehr gehorchen müsse als den Menschen", wird ihm in der Begründung des Reichskriegsgerichtsurteils vom 6. Juli 1943 vorgehalten. Jägerstätter war keiner, der der Mehrheit nach dem Mund geredet hat. Er wollte sich nicht auf allgemeine Vorschriften und Regeln herausreden. Er ist ein „einsamer Zeuge" des Gewissens. Das Gewissen lässt sich für ihn nicht durch die Autorität der Obrigkeit suspendieren, sein absolutes und letztes Kriterium ist der Wille Gottes: „Keiner irdischen Macht steht es zu, die Gewissen zu knechten. Gottes Recht bricht Menschenrecht." (GBA 191)

„Das Festhalten des Willens des Vaters ist für Jesus die oberste Norm." (GBA 190) An diesem Jesus liest Jägerstätter den Willen des Vaters ab: „Wenn uns der ‚Sinn Christi' abgeht, werden wir nie den Standpunkt wahrhaft religiöser Menschen verstehen." (GBA 193f.) In seiner Betrachtung zum Vaterunser schreibt er: „Das Gottesreich zieht ein auf Erden und in meine Seele, nur dann, wenn der Wille Gottes erfüllt wird. Das ist kurz gesagt, der Inbegriff aller Gebete. Was will Gott von uns? Daß wir seinen Willen tun. Sein Wille wird erkannt, nicht bloß in seinen Geboten, auch in unsrem Leben, in unsrem Beruf und Stand." (GBA 95f.)

Jägerstätter spricht sehr deutlich von Verantwortung und Verantwortungslosigkeit, von Sünde und Schuld, auch im Hinblick auf den Krieg und die damit verbundenen Verbrechen: „An der Diebsbeute wollen wir uns zwar fast alle ergötzen, die Verantwortung über das ganze Geschehen wollen wir nur einem in die Schuhe schieben!" (GBA 140) „Und noch immer sind viele der Ansicht, daß über das ganze Toben des Krieges, das schon bald die ganze Welt erfaßt hat, nur einige die Schuld und Verantwortung tragen. Wie sehr ist man dafür aber gleich beängstigt, es könnte einem an zeitlichen Gütern irgendein Schaden entstehen, das kommt eben daher, weil man sich am ganzen Weltgeschehen für schuldlos hält." (GBA 156)

Ärzte, die nicht heilen können

Alle Priester hatten Franz Jägerstätter davon abgeraten, den Wehrdienst zu verweigern. Pfarrer Karobath, der aufgrund seiner Gegnerschaft dem Nationalsozialismus gegenüber St. Radegund verlassen musste, riet Jägerstätter, „Hitler mehr zu pflanzen" als unmittelbar in den Widerstand zu gehen. „Wir haben ihn abhalten wollen, aber er hat uns immer geschlagen mit der Schrift." Zuletzt: „Ich rede Dir nimmer drein!"[35]

Mit Karobaths Vertreter, dem Vicarius Substitutus von St. Radegund, Franz Fürthbauer, hatte Jägerstätter 1941 eine Aussprache. Dabei ging es auch um die Frage, ob die geplante Wehrdienstverweigerung Selbstmord sei. Der genaue Gesprächsverlauf ist nicht mehr zu rekonstruieren. In dieser Frage gehen die Aussagen von Ferdinand Fürthbauer und die Darstellung bei Erna Putz, die sich auf Franziska Jägerstätter stützt, auseinander. Bei Putz steht: „Der Priester bezeichnete Franz Jägerstätter wegen dessen geplanter Wehrdienstverweigerung als Selbstmörder."[36] Nach diesem Gespräch war Jägerstätter jedenfalls tief beunruhigt und wagte nicht, zur Kommunion zu gehen. In dieser entscheidenden Situation verstand ihn seine Frau und verhalf ihm zu innerem Frieden.

In der Zeugenaussage von Pfarrer Ferdinand Fürthbauer in der Causa Franz Jägerstätter am 20. November 1989 in Klam/OÖ heißt es hingegen: „Ich habe ihm eigentlich zugeredet, er soll einrücken, damit er sein Leben erhält. Er aber hat auf die Märtyrer hingewiesen, die auch ihr Leben hingegeben haben und nicht getan haben, was die irdischen Kaiser befohlen haben. Er wollte sein Leben auch als Sühne hingeben für die Sünden des Kriegsgeschehens. Er hat mich direkt gefragt, ob die Verweigerung ein Selbstmord ist. Ich habe ihm gesagt, nein, du nimmst dir ja nicht selbst das Leben, es wird dir ja genommen. Ich habe ihn nie als Selbstmörder bezeichnet. Ich kann mich auch nicht erinnern, dass er deswegen nicht zur Kommunion gegangen wäre."[37]

Enttäuscht und betrübt war Jägerstätter nach dem Gespräch mit dem Linzer Kapitelvikar, Weihbischof Fließer. Franziska Jägerstätter, die ihren Mann nach Linz begleitet hatte, erinnert sich an diese Enttäuschung: „Er war sehr traurig und sagte zu mir: ‚Sie trauen sich selber nicht, sonst kommen's selber dran.' Der Haupteindruck von Franz war, dass der Bischof nicht wagte, offen zu sprechen, weil er ihn nicht gekannt hatte; er hätte ja auch ein Spion sein können."[38] Von Franz Jägerstätter selbst wissen wir wenig über den Verlauf des Gesprächs.

Von Fließer erfahren wir nach dem Krieg indirekt von diesem Gespräch. Als nämlich Pfarrer Karobath das Zeugnis von Franz Jägerstätter publik machen wollte, schrieb Fließer ihm: „Übrigens habe ich bei meiner Unterredung mit Jägerstätter ebenso (wenig?)[39] wie seine Seelsorger und Angehörigen seine Haltung gebilligt."[40] Und seine Ablehnung eines Beitrages von Pfarrer Leopold Arthofer (Kronsdorf) über ‚Heldenhafte Konsequenz' begründet er am 27. Februar 1946: „Ich kenne Jägerstätter persönlich, da er vor seinem Einrücken über eine Stunde bei mir war. Ich habe umsonst ihm die Grundsätze der Moral über den Grad der Verantwortlichkeit des Bürgers und Privatmannes für Taten der Obrigkeit auseinandergesetzt und ihn an seine viel höhere Verantwortung für seinen privaten Lebenskreis, besonders für seine Familie erinnert. Ich kenne seine ‚Konsequenz' und achte sie, besonders die Motive. Ich sah, daß der Mann nach dem Martyrium und nach dem Sühneleiden dürstet und sagte ihm, er darf diesen Weg nur gehen, wenn er sich durch eine außerordentliche Einsprechung von oben, nicht aus sich selbst dazu berufen wisse. Er bejahte es. Darum ist Jägerstätter ein ganz besonderer Fall, der mehr zu bewundern als nachzuahmen ist und darum nur in der entsprechenden, eindeutigen Darstellung dem Volk bekannt zu machen ist."

Jägerstätter bleibt seinem Gewissen treu, selbst als ihn alle priesterlichen Begleiter, alle staatlichen und kirchlichen Autoritäten an die gebotene Sorge gegenüber seiner Familie und an seine Pflichten gegenüber Volk und Vaterland erinnern. Er ist davon überzeugt, dass ihm niemand seine Entscheidung abnehmen kann. „Da mir aber niemand Dispens geben kann, über was ich mir bei diesem Verein an Seelenheilgefahr zuziehen würde, so kann ich halt meinen Entschluß, wie Sie ja wissen, nicht ändern", schreibt er am 22. Februar 1943 an seinen Heimatpfarrer. Er bedauert das Schweigen der geistlichen Führer in der Zeit des nationalsozialistischen Unrechts. Dabei urteilt er nicht plakativ oder einseitig. Die Verfolgung der Priester im Innviertel war für ihn durchaus ein Kriterium zur Beurteilung des nationalsozialistischen Staates, dem er sich verweigerte. Bei seinen Fragen und mit seiner Entscheidung stellt er sich ausdrücklich unter das kirchliche Lehramt: „Wann hat das kirchliche Lehramt die Entscheidung und Gutheißung gegeben, dass man jetzt alles tun und befolgen darf, was die Nationale Partei oder Regierung uns befiehlt oder von uns wünscht?" (GBA 176) Er vergleicht aber die Priester, die schweigen (müssen), wo sie reden sollten, mit Ärzten, die zwar zu einem Patienten gerufen werden, ihm aber nicht helfen bzw. ihn nicht heilen können (GBA 70). Er will sich in die schwierige Entscheidung, vor der Bischöfe und Priester im März 1938 standen, hineindenken: „Es würde freilich nicht mehr viele gute Priester in Österreich in Freiheit oder in ihrem Berufe wirkend geben, wenn sich gleich bei der Wahl am 10. April der kath. Klerus Österreichs stramm entgegengestellt hätte." (GBA 126) Er weiß wohl darum, dass Priester, die ihm in seiner Entscheidung recht geben, in Gefahr kommen: „Denket doch einmal ein wenig darüber nach, würden denn heute solche Priester noch in Freiheit sein unter dieser Regierung, die mir in diesem Fall recht geben würden oder mir gar noch zureden?" (GBA 73)

Und doch hält es Jägerstätter für „nicht gut, wenn unsre Seelenführer Jahre hindurch schweigen." (GBA 147)[41] Stillschweigendes Zusehen ist in seinen Augen ein Irrtum mit der Folge, dass es um den Zustand eines echt christlichen Glaubens schlimm steht (GBA 126). Er vergleicht das Ja der österreichischen Bischöfe zum Anschluss an Hitlerdeutschland 1938 mit einer Gefangennahme. Solange das Ja nicht mit einem radikalen Nein beantwortet wird, liegt die Kirche Österreichs in Fesseln (GBA 133).

Gewissen – Ort der Gotteserfahrung

Bei der Entscheidung Jägerstätters geht es um sittliche Urteilskraft, um ein Gewissensurteil, das sich nicht nach dem Geschrei der Massen ausrichtet. Der damalige Kontext waren Krieg und Frieden, Gerechtigkeit und Terror, Leben und Tod. Beim Gewissenszeugnis Jägerstätters geht es also ganz und gar nicht um Moral zum billigeren Tarif, nicht um Willkür oder Unverbindlichkeit, auch nicht um eine Skepsis gegenüber Ethik und Moral. Im Gegenteil: Es geht um nichts weniger als die Frage, ob Gut und Böse absolut gelten oder vom Menschen nach Belieben uminterpretiert werden können. Heute sind die Kontexte vielleicht anders, aber es geht auch um Fragen des Rechts auf Leben, um Menschenwürde, um Gerechtigkeit, um die Gottesfrage.

Sicher geht seine Treue gegenüber dem eigenen Gewissen über die allgemeine Erwartung der gesellschaftlichen Moral hinaus. Sicher lässt sich eine ethische Pflicht zum Widerstand bis hin zum Opfer des eigenen Lebens nicht allgemein begründen. Von den Grundsätzen der allgemeinen Moral hätte ihm auch der leichtere Weg offen gestanden. Jägerstätter verlangt von sich selbst mehr, als in dieser vergleichbaren Situation allen anderen zugemutet werden könnte.

Jägerstätter war der Wahrheit näher als eine vordergründige Kasuistik, die auch im Nachhinein nicht von den Opfern her denkt. Er hat prophetisch um Jahrzehnte voraus das gelebt, wozu die Kirche noch eine Weile brauchen würde. Zu stark war zunächst noch die Verklärung der Tugenden der Soldaten im Krieg, zu zurückhaltend die Verurteilung und Ächtung des Krieges. Moraltheologisch blieben die meisten Seelsorger, z. B. Bischof Fließer, auf einer sekundären Ebene stehen. Sie stellen nicht die Frage nach der Legitimität des Krieges, sie fragen nicht nach dem zentralen Tötungsverbot. Im Hinblick auf die Autorität des Staates bleiben sie an Röm 13,1 kleben („Jeder leiste den Trägern der staatlichen Macht den schuldigen Gehorsam"). Jägerstätter hingegen interpretiert gerade diese Stelle, wie übrigens auch Thomas von Aquin, von Apg 5,29 her („Man muss Gott mehr gehorchen als den Menschen").

„In der Begriffsprache der gegenwärtigen Moralphilosophie stellt sein Märtyrertod ein supererogatorisches Tun, eine verdienstliche Mehrleistung oder eine symbolische Ausdruckshandlung dar, die über das von Recht und Moral geforderte oder der Gemeinschaft geschuldete Maß hinausgehen ... Aus der Rückschau erinnert sein Gewissensprotest gegen das nationalsozialistische Unrechtsregime daran, dass die Maßstäbe von Gut und Böse unverrückbar bleiben, auch wenn sie in der vom damaligen Zeitgeist pervertierten öffentlichen Moral kaum Widerhall fanden"[42], fasst Eberhard Schockenhoff die Sachlage zusammen. Das Gewissen, auf das sich Jägerstätter beruft, sei so gerade kein „Handlanger der Eigeninteressen". Das Gewissen gibt nicht die Erlaubnis für alles und jedes, es ist nicht die Instanz der Beliebigkeit oder der Auflösung der Normen. Es ist auch nicht der Ort für ein Christentum zu ermäßigten Preisen. Das Gewissen ist der Ort der Erfahrung des Unbedingten, das uns in Anspruch nimmt und von uns Gehorsam einfordert. Es ist der Ort der Begegnung zwischen Gott und Mensch, der Ort der Nachfolge Christi.

Das Zweite Vatikanische Konzil sieht im Gewissen nicht nur eine ethische Instanz im engeren Sinn; es sieht in ihm einen privilegierten Ort der Gottesbegegnung. Der Mensch erkennt seine eigene Größe und Würde, das vollendete Bild seiner Freiheit und Vernunft, wenn er nicht in sich gefangen bleibt, sondern sich dem öffnet, der ihm in Jesus Christus nahe kommt. Im Zweiten Vatikanum wurde das Grundrecht auf Wehrdienstverweigerung aus Gewissensgründen anerkannt. Nach und nach durchgesetzt hat sich in der Folge auch – bei den Päpsten mehr als in der Politik – die Skepsis gegenüber der Möglichkeit gerechter Kriege überhaupt. „Darum widerstrebt es in unserem Zeitalter, das sich rühmt, Atomzeitalter zu sein, der Vernunft, den Krieg noch als das geeignete Mittel zur Wiederherstellung verletzter Rechte zu betrachten."[43] Das gibt Anlass zur Hoffnung, dass dort, wo Einzelne sich radikal ihrem Gewissen öffnen, ihr Zeugnis auch zunehmend politisch wirksam werden kann.

Rettungsanker im Strom der Vergleichgültigung

Die Nazi-Barbarei mit dem Krieg, den Konzentrationslagern, der Vernichtung der Gegner war ein Extrembeispiel für die Vernichtung des Individuums. Individualität und Individuum galten als eine Gattung, die wie bestimmte Tierarten, z. B. die Dinosaurier, aussterben sollten. Die menschliche Person hatte keinen Wert in sich selbst. Der Einzelne galt im Nationalsozialismus als Nichts, das Volksganze als (dämonisches) Alles, als „göttlich". In faschistischen und kommunistischen Systemen wurde die einzelne Person der „Vorsehung", dem Moloch des Volkes und der Gesellschaft geopfert. Ein Großteil der Nazi-Verbrecher, z. B. Adolf Eichmann, verstand sich als Werkzeug der Vorsehung und verteidigte sich mit dem Hinweis auf Pflicht und Gehorsam und wies so eine persönliche Schuld von sich.[44] Millionen wurden im Namen der Vorsehung und des Gehorsams in den Tod geschickt. Das Hakenkreuz hatte sich verschworen, das Individuum zu annullieren, die Individualität zu entmachten, Verantwortung und Kreativität abzuschaffen.

Diese Zeiten des Kollektivismus sind vorbei. Und doch: Auch wenn seit Jahrzehnten von Überwindung der Entfremdung, von Selbstfindung, Subjektivität, Identitätsbildung und auch von Selbstverwirklichung gesprochen wird, haben viele Menschen eine große Angst vor dem Ich. Sie gehen auf im ‚Man', in der Rolle, sie schwimmen in der Masse mit. Als ‚Man' lebe ich aber immer schon unter der unauffälligen Herrschaft der anderen. „Jeder ist der andere und keiner er selbst. Das Man ist das Niemand."[45] Jürgen Habermas spricht hier von der Kolonisierung der Lebenswelt durch systemische Intervention.[46] Nicht wenige haben ihr Identitätsbewusstsein vollständig an die verführerischen Sinnangebote und dramatischen Rollenspiele der Fernseh-Welt delegiert. Die Kolonisierung der Lebenswelt durch die modernen Kommunikationsmedien ist zur universellen Wirklichkeit geworden. Wenn etwas die Lebensgefühle der Figuren steuert, dann sind es die täglichen Maskenspiele in Talkshows und die Reichtumsverheißungen in den beliebten Quiz-Formaten. Man müsste in den Spiegel der medialen Wunschbilder blicken und darin die Fratze einer verkrüppelten Identität erkennen.

Franz Jägerstätter kann uns zum Wegbegleiter und zur Orientierungshilfe in schwieriger Zeit werden. Insofern nimmt er eine Aufgabe des Propheten, die des Wächteramtes wahr (Jer 6,17; Ez 3,17–19; 33,7–9). Von ihm können wir lernen, die geschichtliche Stunde biblisch zu deuten. Prophet, Wächter und Mahner ist Franz Jägerstätter gerade in einer Zeit, in der ethische Werte auf den Kopf gestellt werden, in der nicht die ethische Existenz und die Verantwortung entscheidend sind, sondern die ästhetische Lebensform. Er steht wie ein Leuchtturm gegen die Resignation in das Schicksal, er bezeugt, dass der Einzelne nicht einfach machtlos naturalen Prozessen ausgeliefert ist.

Wie für Jägerstätter kann auch heute für jeden Einzelnen der christliche Glaube zum Lebensgrund werden, wenn er sich mit seinem Gewissen dort verankert. Der Glaubende widersetzt sich so dem enormen Anpassungsdruck der Moden mit ihren Strömungen und Wellen. Nicht von der Mehrheit, nicht von der Masse lässt er sich tragen, sondern durch eine persönliche Glaubensbeziehung, für die er sich in seinem Gewissen öffnet und entscheidet. Glaube und Menschsein sind beide nur persönlich zu verwirklichen.

In der Stunde der Entscheidung

Mit der Enzyklika „Quas primas“ vom 11. Dezember 1925 führte Pius XI. das Christkönigsfest ein. Er versteht die Königsherrschaft Jesu auf eine vorzügliche Weise geistlich (DH 3678), will sie aber nicht auf Geistliches reduziert wissen: „Im übrigen wird schmählich irren, wer dem Menschen Christus die Herrschaft über irgendwelche bürgerlichen Angelegenheiten abspricht, da er vom Vater die völlig uneingeschränkte Rechtsbefugnis gegenüber den geschaffenen Dingen so innehat, daß alles in seine Entscheidung gelegt ist ... Deshalb umfaßt die Herrschaft unseres Erlösers alle Menschen.“[47]

Franz Jägerstätter steht in dieser Christkönigsfrömmigkeit. „Der im Himmel thronende Christkönig lebt und wirkt auf Erden weiter in seiner Kirche. Die Taufe gliedert uns in die Lebensgemeinschaft mit ihm.“ (GBA 190) Jesus als Herr, Führer und König verlangt eine eindeutige Entscheidung für ihn: „Denn mit jedem neuen Sieg, den Deutschland erringt, wird das Schuldbewußtsein für uns Deutsche immer größer, warum sollte es denn härter sein, das Leben für einen König einzusetzen, der nicht bloß Pflichten auferlegt, sondern uns auch Rechte gibt, dessen Endsieg uns gewiß ist und dessen Reich, das wir uns dadurch erkämpfen, ewig bestehen wird ... Christus verlangt aber auch von uns ein öffentliches Bekenntnis unseres Glaubens, genauso wie auch der Führer Adolf Hitler selber von seinen Volksgenossen.“ (GBA 134f.)

Eine Entscheidung für Christus, „genauso wie auch der Führer Adolf Hitler selber“ sie verlangt? Eine Entscheidung, die gerade nicht nur rein „geistliche“ (oder intellektuell-ideologische) Konsequenzen haben soll, eine Entscheidung, deren Ernst dem inzwischen verpönten „Ja für Volk und Vaterland" um nichts nachsteht, die von einem „Endsieg" redet und von einem Reich, das das „Reich Gottes" ist? Und deren Qualität doch ganz anders sein soll als das, was in der Geschichte immer wieder geschah und geschieht und was wir durch viel Leid erst langsam lernen vermeiden zu wollen?

Die Möglichkeit einer solchen Entscheidung gilt es hier kritisch zu prüfen, um Jägerstätter nicht nur zu verstehen, sondern die mit seinem Zeugnis verbundene Provokation auch ein Stück weit in das Lebensgefühl des 21. Jahrhunderts zu übersetzen und so auch für uns Heutige heilsam werden zu lassen.

Vom Ja und vom Nein

„Die Szenerie der kritischen Intelligenz ist darum bevölkert von aggressiven und depressiven Moralisten, Problematikern, Problemoholikern und sanften Rigoristen, deren vorherrschende existentielle Regung das Nein ist. Von dieser Seite ist für die Korrektur des vital falschen Kurses wenig zu erhoffen ... Bezeichnend für den demoralisierten Zustand kritischer Intelligenz mag sein, daß sie für das gesamte Spektrum der Biophilie und der Selbstbejahung kaum ein anderes Wort kennt als das vom ‚Narzißmus'."[48] So analysierte Peter Sloterdijk in seiner „Kritik der zynischen Vernunft" schon im Jahre 1983 die Lage der Nation. In der Tat: Ein Nein, das nur ein Kind des Moralismus[49] ist, liefert an eine überernste und depressive Stimmung aus. Viele Nein-Sager haben keinen Humor, sie können nicht über sich selbst lachen, sie sind kampfwütig verbissen. Das Nein ist nekrophil, wenn es aus dem Hass oder aus einer hochmütigen Abwehrreaktion kommt. Vermutlich wird es immer genug Gründe geben, etwas Konkretes, Geplantes, Bestehendes oder Gewachsenes abzulehnen. Vom „Prinzip Nein", vom grundsätzlichen Verdacht, geht jedoch keine Solidarität mit den Leidenden aus. Ein Nein ohne Ja treibt in die Bitterkeit, in den Hochmut, in die Isolation, in den Rigorismus.

Dann kann man im Hinblick auf Ja und Nein von einer neuen Wendigkeit und Windigkeit sprechen. Zurzeit gibt es durchaus Stars, Heroen oder Genies, denen unterschiedslos Beifall geklatscht wird. Im Zeitalter des kulturellen Pluralismus neigt der Mensch dazu – so der Wiener Kulturphilosoph Günther Anders –, die widersprüchlichsten Auffassungen, z. B. auch in der Religion, gelten zu lassen. So kommt es zu einer weltanschaulichen Promiskuität: Man verehrt gleichzeitig Giotto und Klee, Franz von Assisi und Friedrich Nietzsche, Bach und die Beatles, Mutter Teresa und C. G. Jung. „Wer in einer Welt lebt, in der alle Religionen und Weltanschauungen als gleichermaßen berechtigt gelten, der lebt in keiner eindeutigen ‚Welt'; vielmehr in einem Zustande, in dem der merkwürdige Plural ‚Welten' unanstößig zu werden beginnt. Toleranz zieht mithin Polytheismus, genauer: Polykosmismus, nach sich ... Wer an dieser kulturellen Promiskuität Anstoß nimmt, der gilt als kulturell prüde, stur, provinziell, unaufgeschlossen, intolerant, undemokratisch, unkultiviert – und eng sogar in moralischer Hinsicht ... Das nahezu sakrale Schlüsselwort des Zeitalters lautet ‚und'." Aus einer solchen Liberalität jedoch, „aus der unterschiedslosen Güte gegen alles droht denn auch stets Kälte und Fremdheit gegen jedes."[50]

Man kann weder klar Nein sagen noch ein entschiedenes Ja. Die Wendehälse sind überall dabei, die Widersprüche gehören zum System. Ja oder Nein verkommt zu einer Frage des Geschmacks und der Laune, Leben oder Tod wird zur Frage des besseren Durchsetzungsvermögens, Wahrheit oder Lüge eine Frage der besseren Taktik, Liebe oder Hass eine Frage der Hormone, Friede oder Krieg eine Frage der Konjunktur. Gilt aber alles als gleichwertig, wird das Schicksal, z. B. auch der Armen und Schwachen, dem evolutionären Recht des Stärkeren überlassen.

Schließlich fällt wieder anderen das Neinsagen schwer. Sie wollen es sich mit keinem vertun, haben Angst vor Liebes- und Sympathieentzug, sie getrauen sich nicht, jemandem zu widersprechen. In ihrer Suche nach Harmonie vermeiden sie jeden eigenen Standpunkt. Sie gehen ständig Symbiosen ein, sind jedoch unfähig zu Beziehungen unter freien und erwachsenen Menschen.

Ein Ja ohne Nein bleibt kontur- und profillos, verwaschen und ohne Spannung. Wer nicht Nein sagen kann, sagt implizit Nein zu vielem. Kirchlich gar nicht so selten sind depressive Grundhaltungen: Aus Angst vor dem Subjektsein resignieren die Betroffenen zu früh. Im Alltag äußert sich das im Nicht-fragen-, -fordern-, -zugreifen-Können und im Nicht-nein-sagen-Können. Oft ohne dass es ihnen bewusst ist, sind diese Menschen auch in Gefahr, sich ständig überfordern zu lassen.[51]

Euer Ja sei ein Ja

Die voll entwickelte Fähigkeit zum Neinsagen ist der einzig gültige Hintergrund des Ja, und beide geben realer Freiheit erst ihr Profil. Im Glauben nimmt der Christ teil an der Vorliebe Gottes für Mensch und Welt (Weish 11,23–26; Dtn 30,15–20; Joh 10,10; 2 Kor 1,20; 2 Kor 8,9). Glauben ist Hören und Annehmen des endgültigen Ja-Wortes, der irreversiblen Zusage.[52]

Die christliche Botschaft ist biophil, sie ist eine Chiffre für schöpferische Lebensfreundlichkeit. Glaube als freies Antwortgeschehen auf die Selbstmitteilung Gottes ist der Mitvollzug dieser Option Gottes für Mensch und Welt. Er schließt eine Option und eine Lebenswahl ein. Das bedeutet – um des Ja willen – auch Abschied und Absage. Man kann nicht zwei Herren dienen, Gott und dem Mammon (Mt 6,24).

Die Kraft der Entscheidung für das Reich Gottes zeigt sich im Mut zum Nein gegenüber Götzen, dem Mammon (Mt 6,19–21), gegenüber kollektiven Egoismen, zerstörenden Mächten, Ungerechtigkeit und Unterdrückung. Unersetzlich ist dabei die Unterscheidung der Geister (1 Thess 5,21; 1 Joh 4,1), d. h. ein sowohl geschultes als auch gnadenhaft inspiriertes Urteilsvermögen für die Unterscheidung fanatischer und zerstörerischer von erlösenden und befreienden Gottesbildern, für die Unterscheidung und Entscheidung zwischen Jesus Christus und Verführern, zwischen dem Geist und dem Ungeist, zwischen einer feigen oder auch dämonischen Selbstlosigkeit und der Liebe, zwischen Verweigerung der Selbstwerdung und Narzissmus, zwischen abgöttischer Selbst- und Nächstenliebe und gottvergessener Selbstabwertung.

Beim Nein zu Götzen, Mammon und Sorgen, beim Verzicht in der Nachfolge, bei der Absage an die ‚Welt' geht es positiv um die schlichte Bereitschaft für Gottes Forderung. Dieses Nein ist kein Anschwärzen oder Anklagen, es kommt nicht aus der Lust an der Destruktion, es will auch keine Leiche sezieren. Das biblische Nein lässt sich leiten vom Gebot der Feindesliebe (Mt 6,43–48), es vollzieht die Proexistenz Jesu in Fürbitte und Stellvertretung mit. Am schlimmsten ist biblisch gesehen die lauwarme Unentschiedenheit: „Wärest du doch kalt oder heiß! Weil du aber lau bist, weder heiß noch kalt, will ich dich aus meinem Mund ausspeien" (Offb 3,15f.), mahnt uns der Christus der Apokalypse. Matthäus sagt es unverschlüsselt (5,37): „Euer Ja sei ein Ja, euer Nein ein Nein."

Katholik – oder Nationalsozialist

„Über das Thema der jetzigen Zeit: Katholik – oder Nationalsozialist" schreibt Franz Jägerstätter in Heft II seiner Aufzeichnungen: „Will nun gleich zu Beginn ein kurzes Erlebnis schildern, was ich in einer Jännernacht 1938 erlebte. ‚Erst lag ich fast bis Mitternacht im

Bett ohne zu schlafen, obwohl ich nicht krank war, muß aber dann doch ein wenig eingeschlafen sein, auf einmal wurde mir ein schöner Eisenbahnzug gezeigt, der um einen Berg fuhr, abgesehen von den Erwachsenen strömten sogar die Kinder diesem Zug zu und waren fast nicht zurückzuhalten, wie wenige Erwachsene es waren, welche in selbiger Umgebung nicht mitfuhren, will ich am liebsten nicht sagen und schreiben. Dann sagte mir auf einmal eine Stimme: ‚Dieser Zug fährt in die Hölle.' Gleich darauf kam es mir vor, als nähme mich jemand bei der Hand. ‚Jetzt gehen wir ins Fegefeuer', sagte dieselbe Stimme zu mir. Was ich da für ein Leiden geschaut und verspürte war furchtbar, hätte mir diese Stimme nicht gesagt, daß wir ins Fegefeuer gehen, so hätt ich nicht anders geglaubt, als ich würde mich in der Hölle befinden. Es waren wahrscheinlich nur Sekunden vergangen, während ich dies alles geschaut. Dann hörte ich noch ein Sausen, sah ein Licht und alles war weg. Weckte dann gleich meine Frau und erzählte ihr alles, was sich zugetragen hatte. Bis zu jener Nacht konnte ich natürlich nie recht glauben, daß die Leiden im Fegefeuer so groß sein könnten. Anfangs war mir dieser fahrende Zug ziemlich rätselhaft, aber je länger die ganze Sache ist, desto entschleierter wird mir auch dieser fahrende Zug. Und mir kommt es heute vor, als stellte dieses Bild nicht anderes dar als den damals hereinbrechenden oder schleichenden Nationalsozialismus mit all seinen verschiedenartigen Gliederungen wie z. B. N.S.D.A.P. – N.S.W. – N.S.F. – H.J. u. s. w. Kurz gesagt, einfach die ganze Nationalsozialistische Volksgemeinschaft, alles, was für sie opfert und kämpft...

Es gibt ja nur beides – entweder ist die *Zugehörigkeit* zur Nationalsozialistischen Volksgemeinschaft sowie auch die Opfer in die rote Büchse uns Katholiken zur Seligkeit nützlich oder hinderlich? ... Sie schreiben es eigentlich ohnedies ganz deutlich, was das W.H.W. eigentlich ist. In Mautern sah ich ein Plakat angeschlagen, darauf zu lesen war: ‚Dein Opfer im W.H.W. sei dein Bekenntnis zum Führer.' Der Führer will also ständig sein Volk prüfen, wer für ihn ist, oder gegen ihn ... Haben sie denn heute, wo man schon mehr als zwei Jahre ein grauenhaftes Menschenmorden betreibt, ein andres Programm, daß dies alles jetzt für erlaubt oder für nichts sagend gelten würde. Oder hat denn das kirchliche Lehramt schon die Entscheidung oder Gutheißung gegeben, daß es jetzt auch erlaubt sei einer kirchenfeindlichen Partei beizutreten? ... Ich möchte eben jedem zurufen, der sich in diesem Zuge befindet: ‚Springet aus, ehe dieser Zug in deine Endstation einfährt, wenn es dabei auch das Leben kostet!' Somit glaub ich, hat mir Gott es durch diesen Traum oder Erscheinung klar genug gezeigt und ins Herz gelegt, mich zu entscheiden, ob Nationalsozialist – oder Katholik!" (GBA 124–127)[53]

Franz Jägerstätter hält es für unvereinbar, Nationalsozialist und Katholik, unvereinbar Soldat Christi und zu gleicher Zeit Soldat für den Nationalsozialismus zu sein, unvereinbar, für den Sieg Christi und seiner Kirche und zur selben Zeit auch für die nationalsozialistische Idee und für deren Endsieg zu kämpfen (GBA 178f.). Jägerstätter weiß sich vor die Alternative gestellt: Gott oder Götze, Christus oder Führer bzw. Christus oder Satan (GBA 135, 155 u. 185). Jägerstätter bezeugt den biblischen Gott gegen die Götzen Hitlers. So war er ein Dolmetscher Gottes in einer Zeit der gott- und menschenverachtenden Barbarei und verleiblichte das „Ich widersage" des Taufbekenntnisses gegenüber den Verlockungen und Verführungen des Bösen, gegen Vergötzungen von Nation und Rasse.

In Jägerstätter bricht die Krisis, das Gericht auch über gegenwärtige Lebens- und Glaubensstile herein. Wo wäre heute ein Ja gefordert, Entschiedenheit auch gegen die scheinbar überwältigende Plausibilität der neuen Leitbegriffe, eine klare, „visionäre"

Sprache, die zwischen dem Gefährlichen zu unterscheiden vermag und dem, der das Leben trägt?

„Religion und Spiritualität, ja – Gott, (eher) nein." So bilanziert Johann Baptist Metz für die gegenwärtige Gesellschaft aus theologischer Perspektive. Das zeitgenössische kulturelle Klima huldige einer religionsfreundlichen Gottlosigkeit bzw. einer Mythenfreudigkeit; Religion als kompensatorischer Freizeitmythos hat Konjunktur in unserer noch- oder nachmodernen Welt. Religion ist höchst willkommen als dionysische Glücksgewinnung durch Leid- und Trauervermeidung und als Beruhigung vagabundierender Ängste, als psychologisch-ästhetische Unschuldsvermutung. Religion ja! „Aber Gott? Aber der Gott Abrahams, Isaaks und Jakobs, der auch der Gott Jesu ist? Wir leben in einem Zeitalter der Religion ohne Gott."[54]

Der Gottesbegriff wird leer, die christliche Religion verliert ihr Fundament. Ein personaler Gott gilt als höchst anfechtbar, strittig, ja verwechselbar und austauschbar. – Wie können wir von Gott reden angesichts und mit der abgründigen Leidensgeschichte der Welt? Wie sollen wir Gott suchen ohne Verrat an der Wirklichkeit, ohne Gott weltlos und damit die Welt gottlos zu denken?

Franz Jägerstätter bezeugt den personalen Gott als Herrn und Freund des Lebens. Er bringt den Gott der Bibel existentiell zur Sprache. Er weiß sich vom Unbedingten in einer Welt des Beliebigen in Anspruch genommen.

Unterscheidung der Geister

Franz Jägerstätter realisierte die Widerstandskraft des Glaubens gegenüber barbarischen Systemen der Menschenverachtung und der Gottlosigkeit. Er war dabei alles andere als ein notorischer Neinsager, ein Lebensverächter, ein bloßer Kritiker, ein Wirklichkeitsflüchtling. Die Krisis des Glaubens hat bei ihm nichts zu tun mit Aggressivität oder abstrakter Lust am Widerstand. Er hatte die Gabe der „Unterscheidung der Geister".

Ein erstes Zeugnis ist in diesem Kontext die Erfahrung 1927 in Eisenerz. Jägerstätter hatte vorübergehend in einem atheistischen, materialistischen Milieu seine Glaubenspraxis aufgegeben. Die Gründe für eine Rückkehr werden in einem Gedicht aus dem Jahre 1932 verbalisiert (GBA 79). Es ist eine „meditatio mortis": Stolz, Reichtum, Klassenkampf, Schönheit, Geld, Gesundheit und Klugheit werden vom Sterbenmüssen her gesehen und so relativiert.

Es ist eine alte spirituelle Übung, Entscheidung und Lebenseinstellung im Angesicht des Todes zu treffen. Der Tod führt vor die Wahrheit des Lebens. Die positiven Güter sind Glück, Frieden und Liebe. Kriterien sind bei diesen die Beständigkeit, die Dauer, die Tragfähigkeit. Jägerstätter erkennt sie jedoch als vordergründig, kurzfristig und oberflächlich, sofern sie nicht vom Glauben an Gottes Ewigkeit getragen werden. Letztlich hat das Gedicht indirekt die Struktur der klassischen Postulatenlehre Kants: Glückseligkeit ist ohne Gott auf Dauer nicht zu denken.

Für seinen 14-jährigen Patensohn verfasste Jägerstätter auch Lebensregeln in Form eines Patenbriefes. Dabei geht er auf mögliche Sinn- und Lebenskrisen ein. Die geistige und religiöse Entwurzelung, die er vermutlich selbst in Eisenerz als lebensbedrohend erfahren hat, ist der eigentliche Grund für den Verlust des Lebenssinnes wie für manche Selbstmorde von jungen Menschen. Nach seiner Verurteilung schreibt er: „Ich kann das aus eigener Erfahrung sagen, wie peinlich oft das Leben ist, wenn man so als halber Christ dahin lebt, es ist schon mehr ein Vegetieren als Leben." (GBA 64) Es ist also die positive Suche nach Glück, Sinn und Heil, die ihn im Glauben verwurzelt. Dieses Glück bindet er an Jesus Christus: „So glücklich ist kein Glücklicher, als der, welcher Christus im Herzen trägt." (GBA 155)

Franz Jägerstätter war ein „wacher" Mensch. Die biblische Wachsamkeit ist für ihn eine Grundhaltung. Er verweist dafür auf die Gleichnisse von den klugen und törichten Jungfrauen (Mt 25,1–12) und auf das Gleichnis von den Talenten (Mt 25,14–30) (GBA 188)[55]. Wachsamkeit fordert er zum einen sich selbst gegenüber, damit das klare moralische Urteil nicht verloren geht (GBA 206), zum anderen aber auch und besonders gegenüber gesellschaftlichen und politischen Vorgängen.

Wachsamkeit ist gekoppelt mit der Unterscheidungsgabe. Bei der Fähigkeit zur Unterscheidung der Geister[56] geht es um ein Sensorium, Entwicklungen, die im Ansatz schon da sind, aber noch durch vielerlei überlagert werden, vorauszufühlen. Unterscheidung der Geister blickt hinter die Masken der Propaganda, hinter die Rhetorik der Verführung, sie schaut auf den Schwanz von Entwicklungen, z. B. des Versprechens von „Arbeit und Brot", des „nationalen Selbstbewusstseins" nach Demütigungen, der Verheißungen „großer Siege" u. ä. Bei der Unterscheidung der Geister geht es um ein Zu-Ende-Denken und Zu-Ende-Fühlen von Antrieben, Motiven, Kräften, Strömungen, Tendenzen und möglichen Entscheidungen im individuellen, aber auch im politischen Bereich. Was steht an der Wurzel, wie ist der Verlauf und welche Konsequenzen kommen heraus? Entscheidend ist positiv die Frage, was auf Dauer zu mehr Trost, d. h. zu einem Zuwachs an Glaube, Hoffnung und Liebe führt. Negativ ist entscheidend die Destruktivität des Bösen, das vordergründig unter dem Schein des Guten und des Faszinierenden antritt.

Unterscheidung der Geister ist so gesehen ein Frühwarnsystem, eine Stärkung des Immunsystems gegenüber tödlichen Viren. „Treiben wir nicht gerade in der jetzigen Zeit fast alle mehr oder weniger ein falsches Spiel? Wissen wir denn nicht, daß wir als gute und edle Früchte befunden werden müssen, um ins Himmelreich eingehen zu können? Es ist daher unmöglich, daß Falschheit zur Vollkommenheit führen kann." (GBA 140)[57]

Franz Jägerstätter ist ein Prophet mit einem Weitblick und Durchblick, wie ihn damals die wenigsten seiner Zeitgenossen hatten, er ist Vorbild in der Treue zum Gewissensanspruch, Anwalt der Gewaltlosigkeit und des Friedens, Warner vor Ideologien, er ist ein gläubiger Mensch, dem Gott wirklich Mitte und Zentrum des Lebens war.

Weh den Seelenfängern und Verführern

„So spricht Gott, der Herr: Weh den törichten Propheten, die nur ihrem eigenen Geist folgen ... Ihr seid nicht in die Bresche gesprungen. Ihr habt keine Mauer für das Haus Israel errichtet, damit es am Tag des Herrn im Kampf standhalten kann. Sie haben nichtige Visionen, verkünden falsche Orakel und sagen: Spruch des Herrn – obwohl der Herr sie nicht gesandt hat ... Sie führen mein Volk in die Irre und verkünden Heil, wo es kein Heil gibt ... Ihr habt mein Volk belogen, das so gern auf Lügen hört." (Ez 13,3.5.6.10.19b)

Ezechiel hatte sich mit falschen Propheten auseinanderzusetzen, die Heil verkündeten, wo es kein Heil gab, die das Volk belogen und in die Irre, in den Abgrund führten. Falsche Propheten, Seelenfänger und Verführer haben vor 60 bis 70 Jahren in fataler Weise Stärke und Heil versprochen. Franz Jägerstätter hat sie erkannt und durchschaut: „Natürlich werden sich einmal vor dem ewigen Richterstuhl Gottes die Hauptschuldigen mehr zu verantworten haben als die Verführten, aber die Folgen der Verführung haben gewöhnlich auch die Verführten zu tragen, auf dieser Welt oft sogar mehr als die Verführer." (GBA 123)

Adolf Hitler schreibt in ‚Mein Kampf': „In der organisierten Masse des Marxismus hat er (der Jude) die Waffe gefunden, die ihn die Demokratie entbehren läßt und ihm anstelle dessen gestattet, die Völker diktatorisch mit brutaler Faust zu unterjochen und zu regieren. Planmäßig arbeitet er auf die Revolutionierung in doppelter Hinsicht hin, in wirtschaftlicher und politischer." Dann kommt, was der Jude alles verwüstet: Wirtschaft, Politik, Finanz, die Grundlagen der natürlichen Selbstbehauptung, der Verteidigung, den Glauben an die Führung, an das Große der Geschichte, die Kultur, die Kunst, ... die Schönheit, Erhabenheit, Religion, Sitte und Moral, all das wird „durch den Juden zersetzt". Die nationalsozialistische Bewegung ... muß dem Volk die Augen öffnen ... und den bösen Feind der Menschheit als den wirklichen Urheber allen Leides dem allgemeinen Zorn weihen. Sorgen aber muß sie dafür, daß wenigstens in unserem Land der tödlichste Gegner erkannt und der Kampf gegen ihn als leuchtendes Zeichen einer lichteren Zeit auch den anderen Völkern den Weg weisen möge zum Heil einer ringenden, arischen Menschheit."

Wie Hitler „den Juden" definiert, so würde man sonst den Teufel beschreiben. Auf ihm liegt alles Verderben und weil dieses Tier so beladen ist, muss es auch unbedingt und restlos vernichtet werden. Hitler verachtete auch das Christentum. Das Christentum, so Hitler, würde konsequent angewandt zur Züchtung des Minderwertigen führen. Es missachte mit Milde, Versöhnung und Barmherzigkeit das gottgegebene und wissenschaftlich bestätigte Grundgesetz vom Kampf als dem Vater aller Dinge.[58] 1941 plädierte Hitler für ein langsames Absterben der Kirche, ein Jahr später phantasierte er davon, dass sie abfaulen sollte wie ein brandiges Glied. Pfarrer bezeichnete er als „schwarze Minderwertigkeit", „Dreckwanzen" und „Krebsschaden"; die Kirche galt ihm als „Kulturschande"[59].

Falsche Propheten, Seelenfänger und Verführer hatten schnell Sündenböcke für Krisen und Schwierigkeiten bei der Hand. Es gab jede Menge Ausreden und Entschuldigungsarrangements; man war nicht selbst böse und ließ es andere sein.[60] Diese wurden als Verhinderer, Blockierer und Durcheinanderbringer gebrandmarkt. Falsche Propheten, Seelenfänger und Verführer verdrehten die Werte von Gut und Böse. Humane Tugend und christliche Moral galten als Weisen der Repression durch die zu kurz Gekommenen, durch die Verächter des Lebens.

Worin liegt die Verführung? Das Böse hat ja zunächst viel für sich. Viele nennen das Böse faszinierend und attraktiv. So soll durch Endlösungen, durch die Vernichtung der Feinde eine bessere, heilere, gerechtere Welt geschaffen werden. Von der Demütigung und Erniedrigung der Feinde verspricht man sich Lust. Die Macht, anderen Leiden zuzufügen, gibt zunächst ein Gefühl von Hoheit, Stärke und Macht, Kraft und Mut. Grausamkeit kann bei einem gewissen Sadismus zum Lustgewinn werden. Das Böse verspricht die Gottähnlichkeit, endet aber in der totalen Zerstörung. Am Ende des Krieges standen nicht Glück oder wirtschaftlicher Wohlstand, nicht das Ende der Arbeitslosigkeit, sondern 60 Millionen Tote. – Franz Jägerstätter hat den Abgrund der Dämonie vorausgeahnt und ihr widerstanden.

Den Namen Gottes – befleckt und zerfetzt – vom Boden erheben

Im Leben und in der Entscheidung Franz Jägerstätters wird das erste Gebot existentiell deutlich: Du sollst an einen Gott glauben und keine anderen Götter neben mir haben, nicht die Rasse, nicht die Nation, nicht den Markt, nicht die eigenen Bedürfnisse.

In „Mein Kampf" bezeichnet Adolf Hitler das Christentum als den „ersten geistigen Terror"[61]. Hitlers Rassismus kannte keinen Gott, vor dem alle Menschen gleich sind. Es war für ihn der Apostel Paulus, der das „arische" Christentum verfälscht hatte, denn er hatte die Gleichheit aller Menschen und einen Gott proklamiert. „Gott" war für Hitler nichts anderes als „die Vorsehung, das Naturgesetz“, eben der Rassismus[62]. Dieser Rassismus war antireligiös, pseudo-mystisch und pseudo-wissenschaftlich.

Sich selbst verglich Hitler gern mit dem „arischen Jesus“ und sah sich als Vollender der Werke Gottes. An die Botschaft des Neuen Testamentes hat er nicht geglaubt. Im kleinen Kreis gab er immer wieder zu erkennen, was auf die „Endlösung der Judenfrage“ folgen musste: die Beseitigung der Spuren, die das Judentum im Christentum und damit in der europäischen Geschichte und in der Weltgeschichte hinterlassen hatte. Im Kampf gegen das Christentum sah er die weltanschauliche Herausforderung und Notwendigkeit der Nachkriegszeit.

Da er aber bei einer geschlossenen Opposition der Kirchen Probleme bekommen hätte, verwies er nach der Machtergreifung 1933 nur noch auf „das Walten einer Vorsehung“, der er als Führer folgte. Er verstand es, seinen pseudomystischen und pseudowissenschaftlichen Atheismus in einem modern gewendeten Sozialdarwinismus zu verwandeln und die religiösen Bedürfnisse und christlichen Wurzeln seinen barbarischen Zielen unterzuordnen. So bemerkte Hitler am 26. April 1933 in einem Gespräch mit dem Osnabrücker Bischof Berning: „Es droht eine schwarze Wolke mit Polen. Wir haben Soldaten notwendig, gläubige Soldaten. Gläubige Soldaten sind die wertvollsten. Sie setzen alles ein.“[63]

Sechs Jahre später wurden diese Worte des „Führers“ grausige Wirklichkeit. Nicht aus Begeisterung für den Nationalsozialismus zogen gläubige Menschen in den Krieg. Man folgte dem Aufruf zum Krieg nicht weil, sondern obwohl die Nazis die Regierung stellten. An der Legitimität des Krieges selbst gab es kirchlich praktisch keine Zweifel. Wer gehorchte und seine Kriegspflicht tat, war nach katholischer Auffassung moralisch auf der richtigen Seite.

„Das ist es, was mich so beschäftigt: Haben wir mit unserem Glauben an Gott und unserem Vertrauen auf Auferstehung und auf eine ewige Seligkeit, mit unsrer Bereitschaft, Ja zum Tode zu sagen, auch zum so genannten Heldentod, nicht ganz unmittelbar einem verwerflichen System gedient? Wir mussten dienen, aber wir haben dieses ‚Dienen', zu dem wir gezwungen waren, in den Raum der ‚Bereitschaft' erhoben und damit unterstützt. Immer wieder lese ich in meinen eigenen Briefen das Wort ‚bereit'. Ich frage mich heute als kritischer Christ, ob wir Soldaten von damals mit unserer Bereitschaft, das große Opfer zu bringen, nicht doch dem NS-System mit Entartungen stark zugearbeitet haben ... ‚Aber Du warst doch Soldat!' ... War ich nicht auch ein Christ?"[64] So fragen ehemalige Kriegsteilnehmer heute. Wir haben zu fragen, ob nicht auch der Glaube ein Verfolgungs- und Gewaltpotential freisetzen kann. Und es ist wahrzunehmen, dass es Verführung von Idealen in einer Weise gibt, dass sie zur Destruktivität führen. „Daß das Böse in der Gestalt des Lichtes, der Wohltat, der Treue, der Erneuerung, daß es in der Gestalt des geschichtlich Notwendigen, des sozial Gerechten erscheint, ist für den schlicht Erkennenden eine klare Bestätigung seiner abgründigen Bosheit."[65] Ideale wie Ehre und Treue, Heroismus, Martyrium, Einsatzbereitschaft, Kameradschaft, Mut, Tapferkeit, Verzicht, Arbeit sind in höchst zynischer Form von der Menschenverachtung missbraucht und dem Kalkül der Vernichtung von Gegnern untergeordnet worden.

Der soldatische Dienst wurde teilweise auch kirchlicherseits als Gottesdienst, die heroische soldatische Pflichterfüllung als Wille Gottes, der Heldentod als Märtyrertod qualifiziert.[66] Und der Überfall auf die Sowjetunion am 22. Juni 1941 wurde von Kirchenmännern beiderlei Konfession begrüßt, z. B. durch den hannoverschen Landesbischof August Marahrens, und sogar als „Kreuzzug, als heiliger Krieg für Heimat und Volk, für Glauben und Kirche, für Christus und sein hochheiliges Kreuz" qualifiziert, wie durch Michael Rackl, den katholischen Bischof von Eichstätt.

„Gott" wurde in der NS-Zeit zu einem geschändeten und missbrauchten Wort der menschlichen Sprache. „Ja, ... es ist das beladenste aller Menschenworte. Keines ist so besudelt, so zerfetzt worden. Gerade deshalb darf ich darauf nicht verzichten. Die Geschlechter der Menschen haben die Last ihres geängstigten Lebens auf dieses Wort gewälzt und es zu Boden gedrückt; es liegt im Staub und trägt ihrer aller Last. Die Geschlechter der Menschen mit ihren Religionsparteiungen haben das Wort zerrissen; sie haben dafür getötet und sind dafür gestorben; es trägt ihrer aller Fingerspur und ihrer aller Blut: Wo fände ich ein Wort, das ihm gliche, um das Höchste zu bezeichnen! Wie gut läßt es sich verstehen, daß manche vorschlagen, eine Zeit über von den ‚letzten Dingen' zu schweigen, damit die mißbrauchten Worte erlöst werden! Aber *so* sind sie nicht zu erlösen. Wir können das Wort ‚Gott' nicht reinwaschen, und wir können es nicht ganz machen; aber wir können es, befleckt und zerfetzt wie es ist, vom Boden erheben und aufrichten über einer Stunde großer Sorge." (Martin Buber)[67]

Glaube, Gott und Moral wurden von den Nationalsozialisten geschändet. Wir haben wahrzunehmen, dass höchste Werte unbewusst oder strategisch für andere, dämonische Ziele pervertiert werden können. Das heißt aber nicht, dass Werte und Ideale in sich schlecht sind, weil sie von den Nazis missbraucht worden sind. Tugenden wie Treue, Einsatzbereitschaft, Kameradschaft, Mut, Tapferkeit, Verzicht oder Dienst sind nicht einfach obsolet geworden. Mit dem Hinweis, dass die Leidensbereitschaft der Soldaten den Krieg mit verlängert habe, ist die Frage nach der Leidensfähigkeit noch nicht erledigt. Denn: „Wer nicht leiden will, muß hassen", so ein Buchtitel von Horst Eberhard Richter. Der Zweite Weltkrieg und der Holocaust dürfen nicht als metaphysischer oder ethischer Wendepunkt in dem Sinne angesehen werden, dass damit das Sittengesetz und die Wirklichkeit Gottes außer Kraft gesetzt seien, weil sie Auschwitz nicht verhindert haben.[68] Auschwitz ist nicht geschehen, weil es den Dekalog oder das Sittengesetz gegeben hat, sondern weil alle moralischen Schranken gefallen und jede Ehrfurcht vor dem Leben aufgelöst war. Ebenso wenig ist die Gottesfrage obsolet, weil Gott Auschwitz nicht verhindert hat. „Nach Auschwitz auf diesen in Auschwitz abwesenden Gott zu verzichten, käme einer Vollendung des kriminellen Unternehmens der Nazis gleich, das die Vernichtung Israels und das Zum-Schweigen-Bringen der ethischen Botschaft der Bibel zum Ziel hatte."[69]

Verwandelt die Gewaltsamkeit in Leiden …

Der Tod von Franz Jägerstätter ist ein gewaltsamer Tod, bei dem sich Richter des NS-Regimes zu Herren über Leben und Tod gemacht haben. „Du sollst nicht morden" (Ex 20,13; Dtn 5,17), heißt es im Dekalog. Bei Mord, bei Gewalttaten regt sich Entsetzen, wenn sie sich in der Nähe ereignen, wenn Bekannte, Nachbarn oder Freunde betroffen sind.

Das Tötungsverbot im Dekalog war für Franz Jägerstätter ganz zentral in seinem Widerstand gegen die nationalsozialistische Ideologie und auch gegen das Unrecht des Krieges. Er hatte von den Morden an den Geisteskranken erfahren. In einem Brief aus Ybbs schrieb er am 27. Februar 1941 an seine Frau Franziska: „Es ist hier auch eine ziemlich große Irrenanstalt, die schon einmal stark besetzt war … Es soll schon auf Wahrheit beruhen, was du mir einmal erzählt hast, was mit diesen Leuten geschieht. Wie uns ein Bauer, wo wir einquartiert sind, erzählte, sollen sich hier schon traurige Szenen abgespielt haben."

Den Krieg qualifiziert er als „grauenhaftes Menschenmorden" (GBA 126). „Ist es denn nicht christlicher, sich selbst als Opfer hinzugeben, als daß man zuerst noch andre morden muß, die ja auch ein Lebensrecht auf Erden besitzen und leben wollen?" (GBA

151) Das Lebensrecht bringt er auch im Zusammenhang mit der Abtreibung zur Sprache: „Das von Christus verkündete Kinderschutzgesetz zeigt den Wert jeder Menschenseele.“ (GBA 186) Ist es, so fragt er, im Vergleich zu den Taten, welche die Russen im Kriege ausführen, weniger grausam, „wenn man sein eigenes Kind mit reiflicher Überlegung, das einem noch gar nichts zuleid getan und noch gänzlich unschuldig ist, ermorden kann?“ (GBA 137)

„Du sollst nicht töten“, denn Leben ist heilig. Nicht durch uns Menschen wird es heilig. Es liegt nicht in unserer Verfügung zu sagen: Du bist lebenswürdig, Du bist es nicht. Es ist nicht unsere Großzügigkeit, unser Wohlwollen oder unsere Anerkennung, durch die Leben in seiner Heiligkeit und Unantastbarkeit begründet und gestiftet wird. Menschenleben ist kein verfügbares Produkt, sondern stellt immer auch ein eigenständiges Gegenüber dar und hat unabdingbar den Charakter einer Gabe. Nicht durch uns wird Leben heilig, sondern durch den, der es schenkt, durch Gott. Gott will, dass wir am Leben bleiben und Leben schützen – gegen alle Bedrohung und tödliche Grausamkeit. – Vielleicht liegt das weit weg, vermutlich sind das nicht alltägliche Gedanken, weil Mord und Tod in der unmittelbaren Umgebung nicht alltäglich sind. Mediale Vermittlungen von Gewalt und Krieg führen längerfristig eher zu Abstumpfung als zu innerer Anteilnahme.

Und doch sind Mord und Tod auch nahe, vermutlich näher, als wir uns eingestehen wollen. Oder wer hat noch nie in Gedanken oder in Tagträumen schwierige, anstrengende Menschen in seiner Umgebung irgendwie sterben oder zumindest verschwinden lassen, sodass es sie einfach nicht mehr gibt? „Ihr habt gehört, dass zu den Alten gesagt worden ist: *Du sollst nicht töten*; wer aber jemand tötet, soll dem Gericht verfallen sein. Ich aber sage euch: Jeder, der seinem Bruder auch nur zürnt, soll dem Gericht verfallen sein; und wer zu seinem Bruder sagt: Du Dummkopf!, soll dem Spruch des

Hohen Rates verfallen sein; wer aber zu ihm sagt: Du (gottloser) Narr!, soll dem Feuer der Hölle verfallen sein." (Mt 5,21–22)

Mord beginnt also im eigenen Herzen: mit schlechten Gedanken, mit Verachtung, mit Hass. Anfangssignale sind: Eigentlich bist du unwichtig, überflüssig, ein Nichtsnutz. Oder: Das Leben wäre viel schöner und angenehmer, wenn du mir nicht in die Quere gekommen wärst. Oder: Ich sehe keinen rechten Grund, warum es dich unbedingt geben sollte. Insgeheim werden Schlüsselbotschaften ausgesendet: Du bist nichts wert, du bist hier nicht erwünscht, du bist der letzte Dreck, ein Abfallprodukt.

Was steht an der Wurzel von Gewalt und Mord? Sind es eigene Erfahrungen von Gewalt, Missbrauch, Unterdrückung? Ist es verweigerte Anerkennung oder im Grunde ein pervertiertes Liebesmühen? Ist es das Gefühl, zu nichts mehr gut zu sein? Ist es die Botschaft, das eigene Leben sei eigentlich minderwertig? Ist eine Kette von Niederlagen und Enttäuschungen der Nährboden für die Rache am Leben insgesamt, für die Rache an Gott, dem Schöpfer? Kommt dort, wo es keine Zuwendung und keine Anerkennung gibt, wo alles ins Leere geht und frustriert wird, ein Persönlichkeitszerfall in Gang, der kalt, stumpf und eben gewalttätig macht? – Enttäuschungen, Erfolglosigkeit, nicht angenommene Verzichte, Unversöhntheit gegenüber Erfahrungen des Unrechts, des Zukurz-gekommen-Seins oder Ressentiments können sich wie Gift festsetzen, das in allen Entscheidungen und Handlungen mitgeht. Manche sammeln sich Arsenale an Vorwürfen gegen andere und zugleich an Entschuldigungen und Ausreden für sich selbst an.

Die Nationalsozialisten haben Millionen von Menschen einfach das Lebensrecht und den Lebenswert aberkannt. Als „lebenswürdig" galt der starke Mensch. Schwache und Behinderte wurden als Parasiten angesehen und in eine wirtschaftliche Kosten-Nutzen-Rechnung eingeordnet. Selbst ihr „Gnadentod" war noch „kostspielig“. Ehrfurcht vor dem Leben, Barmherzigkeit und Mitleid galten als Untugenden der Lebensverneinung, Selbstbehauptung und Selbstdurchsetzung hingegen als absolute Werte.

Die Nationalsozialisten wollten keine Menschen dulden, die nicht so dachten wie sie. Simone Weil gibt zu bedenken: „Die Menschen töten, die nicht so denken wie ich. Im äußersten Falle bleibt man allein. Nachahmung der Einsamkeit Gottes; das ist der schlimmste Götzendienst.“[70]

Die Nationalsozialisten ließen nur Angleichung und Unterwerfung zu. Andersdenkende und Fremde standen unter dem Vorzeichen der Negation. Die Wahrnehmung des anderen geschah unter der Perspektive der Verdächtigung, Anfeindung, Ablehnung, Verurteilung oder Unterwerfung. Alles Begegnende wurde den eigenen Interessen zu- und untergeordnet. Diese Ideologie und Barbarei ging mitten durch Lebenswelten wie Dörfer, Verwandtschaften oder auch Familien hindurch. Wo die eigene Herrschaft nicht mehr möglich war, sollte kein anderes Leben mehr sein. Wo sie nicht mehr ausbeuten konnten, sollte nichts mehr blühen und wachsen.

Indirekt gibt es diese Mentalität auch im Kleinen: Wenn es mir nicht gut geht, dann darf es anderen auch nicht gut gehen; wenn ich krank bin, dann dürfen andere nicht gesund sein; wenn ich weine, dann dürfen andere nicht lachen; wenn ich das Leben zum Wegwerfen finde, dann muss ich es auch anderen vermiesen; wenn wir entwurzelt sind, dann dürfen auch andere keine Heimat mehr bekommen; wenn ich sterbe, dann müssen möglichst viele mit mir in den Tod gehen.

Wohin mit einem Mord, wohin mit dem Bösen? Das Gras darüber wachsen lassen? In den Keller der Verdrängung oder des Vergessens? Eine Endlösung suchen und es mit Gewalt vernichten? Wie geschieht wirkliche Reinigung und Befreiung vom Bösen? Wodurch kommt ein neues Herz, ein neuer Geist? – Es gehört zu den christlichen Grundauffassungen, dass sich die Erlösung der Welt durch das Leiden in Jesus realisiert hat. Jesus hat die Dunkelheit und auch die Bosheit der Menschen in seinem Leiden durchquert. Dieses Leiden ist kein Ausdruck von Resignation und Passivität. Vielmehr zeigt Jesus gerade im Leiden den Unterschied zwischen dem wahren und dem falschen Gott. Simone Weil bringt es auf die einfache und sehr treffende Formel: „Der falsche Gott verwandelt das Leiden in Gewaltsamkeit. Der wahre Gott verwandelt die Gewaltsamkeit in Leiden."[71]

So wird die Logik des Bösen von innen her aufgebrochen und überwunden. So verstandene Erlösung durch das Leiden ist Vollzug der Hoffnung und nicht der Destruktion. Leiden ist Konsequenz des Glaubens in einer Situation der Verblendung. Es ist Ausdruck der Liebe unter den Bedingungen der Lieblosigkeit und der Vergiftung.

Es geht dabei um die Frage, was Unrecht, Verwundungen, Kränkungen, Leid, eigene und fremde Schuld anstellen. Fluchtmechanismen wie die Suche nach Sündenböcken, die Verdrängung ins Unbewusste und Aggression sind keine wirkliche Erlösung und Befreiung. Wenn Ungerechtigkeiten mit Hass bekämpft werden, wird das Unrecht mehr. Wer sich selbst und anderen nicht verzeihen kann, wird vom Groll dominiert. Dann greift Vergiftung um sich. So geht es mehr um die Frage, was den Kreislauf des Bösen vorantreibt, was die Spirale der oft auch psychischen Gewalt in die Höhe treibt und worin wirklich Heilung liegt. Letztlich geht es um die Frage der Gewaltlosigkeit und der Feindesliebe als wirklicher Therapie. Die Alternative stellt sich folgendermaßen: Heilen oder Zurückschlagen. Nur was in Liebe, in Verbindung mit Gott erlitten ist, ist erlöst. Groll, Selbstmitleid, Bitterkeit und Resignation, Zorn etc. werden nicht durch ständige Beschäftigung damit geheilt, sondern durch die Verbindung mit der Mitte, durch die Zuwendung zur Gegenwart Gottes.

Du sollst nicht morden, denn Leben ist heilig. Auch Leben beginnt im Herzen mit der Grundüberzeugung von der Unantastbarkeit der Menschenwürde und der Ehrfurcht bzw. Achtung vor dem Leben des anderen. Leben beginnt im Herzen und ergreift den Kopf, friedliches Leben, Leben, das den tödlichen Hass überwindet. Leben beginnt unmerklich mit dem aufmerksamen Blick: Was fehlt dir? Es setzt sich fort, wenn Zeit für ein langes Gespräch ist. Lebensraum wird eröffnet, wenn Wut und Enttäuschung, Zorn und Bitterkeit ausgesprochen werden dürfen. Leben beginnt, wenn eigene verborgene Schuld bereut und eingestanden werden und ein Gegenüber verzeihen kann. Leben wurzelt in der Hoffnung, dass Gott sich am Ende als Freund und Herr des Lebens durchsetzt. Er wird zu jeder, zu jedem sagen: „Fürchte dich nicht, denn ich habe dich ausgelöst, ich habe dich beim Namen gerufen, du gehörst mir." (Jes 43,1) Es ist dieses versöhnte und erlöste Leben, das auch in Franz Jägerstätter begonnen hat und uns in seinem Martyrium aufleuchtet.

II.

IN DER SPUR DER SELIGPREISUNGEN

Lockruf des Evangeliums

Ihr seid der Brief Christi

„Ein Kaiser – so heißt es – hat dir, dem Einzelnen, dem jämmerlichen Untertanen, dem winzig vor der kaiserlichen Sonne in die Ferne geflüchteten Schatten, gerade dir hat der Kaiser von seinem Sterbebett aus eine Botschaft gesendet. Den Boten hat er beim Bett niederknien lassen und ihm die Botschaft ins Ohr geflüstert; so sehr war ihm an ihr gelegen, daß er sich sie noch ins Ohr wieder sagen ließ. Durch Kopfnicken hat er die Richtigkeit des Gesagten bestätigt. Und vor der ganzen Zuschauerschaft seines Todes – alle hindernden Wände werden nieder gebrochen und auf den weit und hoch sich schwingenden Freitreppen stehen im Ring die Großen des Reichs – vor allen diesen hat er den Boten abgefertigt. Der Bote hat sich gleich auf den Weg gemacht; ein kräftiger, ein unermüdlicher Mann; einmal diesen einmal den anderen Arm vorstreckend schafft er sich Bahn durch die Menge; findet er Widerstand, zeigt er auf die Brust, wo das Zeichen der Sonne ist; er kommt auch leicht vorwärts, wie kein anderer. Aber die Menge ist so groß; ihre Wohnstätten nehmen kein Ende. Öffnete sich freies Feld, wie würde er fliegen und bald wohl hörtest du das herrliche Schlagen seiner Fäuste an deiner Tür. Aber statt dessen, wie nutzlos müht er sich ab, immer noch zwängt er sich durch die Gemächer des innersten Palastes; niemals wird er sie überwinden; und gelänge ihm dies, nichts wäre gewonnen; die Treppen hinab müsste er sich kämpfen; und gelänge ihm dies, nichts wäre gewonnen; die Höfe wären zu durchmessen; und nach den Höfen der zweite unschließende Palast; und wieder Treppen und Höfe; und wieder ein Palast; und so weiter durch Jahrtausende; und stürzte er endlich aus dem äußersten Tor – aber niemals, niemals kann es geschehen –, liegt erst die Residenzstadt vor ihm, die Mitte der Welt, hochgeschüttet voll ihres Bodensatzes. Niemand dringt hier durch und gar mit der Botschaft eines Toten. – Du aber sitzt an deinem Fenster und erträumst sie dir, wenn der Abend kommt." (Franz Kafka 1917)[72]

Franz Kafka hat diesen Text am Ende der Habsburgermonarchie geschrieben. Kaiser und Volk sind durch Welten getrennt. Zwischen Herrscher und Untertanen sind Barrieren der Bürokratie, der Verwaltung und Interessensgruppen. – Wir können den Text auch theologisch deuten. Die Botschaft von der Selbstmitteilung Gottes, die Botschaft von der Erlösung, der Brief Christi kommen nicht mehr an. Das Evangelium von der Liebe verliert sich und ist nicht mehr in der Lage, die Abgründe des Lebens auszuleuchten. Du sitzt an deinem Fenster und träumst ... Es bleibt vielleicht noch die leere Sehnsucht und das naive Verlangen. Vor 60 Jahren haben die Träume von der Erlösung in Gestalt der „Endlösung" zu einer unvergleichlichen Barbarei geführt, die Projektionen vom Reich Gottes führten in den Abgrund.

Franz Jägerstätter hat die Botschaft des Evangeliums erreicht. Bei ihm war sie keine bloß narzisstische Projektion, kein selbstverliebter Traum. In ihm hat sich das Evangelium verleiblicht, bei ihm ist der Brief Christi (2 Kor 3,3) angekommen in einer Zeit, in der er bei vielen auf halbem Weg verloren gegangen ist. Wir dürfen die Briefe zwischen Franz und Franziska Jägerstätter als lebendige Erinnerung an Jesus Christus lesen. Ihm selbst ist die Gattung des Briefes recht vertraut. Sein Patenbrief an Franz Huber ist ein Geschenk und Erinnerungszeichen. Seine Briefe an Franziska sind Ausdruck der Liebe, der Sorge, des Vertrauens, der Treue. In Briefen schreibt er sich alles von der Seele. So sind die Briefe ein wichtiger Teil seines Vermächtnisses, seines Testamentes, sie geben auch heute noch zu denken und zu glauben, sie stiften an und provozieren, sie ermutigen. Franz Jägerstätter ist mit den Worten des Paulus ein Brief Christi und als solcher Inspirationsträger. Mit seiner Existenz, seinem Zeugnis wird er zum Sendschreiben in der Entfremdung, in der Anfechtung, in dunklen Phasen des Lebens und des Glaubens, in winterlichen Gezeiten der Kirche.

Franz Jägerstätter ist ein Brief Christi mit seiner Liebe zum Leben. Nach dem Zeugnis seiner Frau ist er von einer großen Liebe zur Natur geprägt. „Bloß das frische Grün des Grases, wenn man sieht, tut einem schon wohl, was man sonst in der Freiheit gar nicht mehr beachtet." (GBA 40) In einem Brief aus dem Wehrmachtsuntersuchungsgefängnis in Linz schreibt er an seine Frau Franziska: „Die Natur läßt sich nichts anmerken von all dem Elend, das über die Menschheit gekommen ist, wenn ich auch nicht viel davon sehe hier, so kommt mir doch vor, als würde heuer alles noch viel schöner grünen und blühen als in den vergangenen Jahren." (GBA 208) Fast in jedem Brief aus dem Gefängnis kommen Blumen zur Sprache, so die Veilchen seiner Tochter Rosl oder die Blüten der Marillenbäume. Für die Liebste eines verurteilten Franzosen bittet er Franziska um einige Stück Edelweiß. – Im Wohlgeruch von Blumen, aber auch im Duft von Menschen begegnet uns der Wohlgeruch Christi, der Duft Christi. Jesus will sichtbar und leiblich wirken, er will den Menschen in den kleinen Dingen des Alltags begegnen.[73]

Franz Jägerstätter ist ein Brief Christi an uns durch seine Liebe zum Leben und seine Ehrfurcht vor dem Leben, in seiner Unbestechlichkeit und Nicht-Käuflichkeit, durch sein Nein zur Gewalt: Er gibt Zeugnis für die Würde und Schönheit des Lebens angesichts einer Ideologie, die den Totenkopf zum Idol stilisierte.[74]

Die Ideologie des Nationalsozialismus war geprägt durch die Glorifizierung von Gewalt und Krieg, von Diffamierung des Individuums, durch Destruktivität und Zynismus, durch Verunglimpfung des Humanen und der „Gutmenschen“, durch Aversion gegen die Schwachen und Feindseligkeit gegen Minderheiten.[75] Franz Jägerstätter zeigt liebende Aufmerksamkeit für seine Mitgefangenen in kleinen Dingen, z. B. bei Blumen, angesichts der nationalsozialistischen Verachtung, des Zynismus und der totalen Fühllosigkeit gegenüber den Opfern. In der Begegnung mit ihm werden Menschen gelöst aus der Umklammerung durch Müdigkeit, Fatalismus, Zynismus und Verachtung.

Franz Jägerstätter war nicht käuflich. Er wollte nicht den kleinen Finger geben, um sich Vorteile zu holen. Franz Jägerstätters große Entscheidung des Neins zum Nationalsozialismus und zu ungerechtem Krieg ist Konsequenz einer Treue, die schon den Anfängen wehrte. So wird er zum Signal gegen die Bestechlichkeit, in der grundlegende Werte schnell mit pragmatischer Prinzipienlosigkeit vertauscht werden. So lebt er das Taufversprechen, das in die Lebensgemeinschaft mit Christus eingliedert.

Franz Jägerstätter ist „Brief Christi“ durch sein Nein zur Gewalt. Franz Jägerstätter hat die Spirale der (oft auch psychischen) Gewalt nicht in die Höhe getrieben. Sein Zeugnis der Gewaltlosigkeit, sein Tod zur „Sühne“ löst auch gegenwärtig Menschen aus Verstrickungen in Ideologien, aus Verkrampfungen der Angst, aus der Verblendung, immer recht gehabt haben zu müssen. Franz Jägerstätter ermutigt uns, die Gewaltlosigkeit Jesu in einem Klima des Drucks der psychischen und immer mehr auch physischen Gewalt zu bezeugen. Er vermittelt Ehrfurcht und Wertschätzung, wenn Menschen zu Nummern degradiert, in ein Korsett der Leistung gezwängt werden. Er ist ein Segen, Gut-heißung (bene-dicere), wo Menschen unerwünscht sind und zu Versagern gestempelt werden.

Selig, die Frieden stiften

Jägerstätter war zunächst kein absoluter Pazifist. Im Hinblick auf den Einmarsch der deutschen Wehrmacht in Österreich 1938 spricht er von einer möglichen und gerechtfertigten Verteidigung.[76] Franz Jägerstätter war aber dann davon überzeugt, dass der Angriffskrieg Hitlers ungerecht war und dass er deshalb nicht mitmachen könne. Das hat er wiederholt anderen gegenüber geäußert. So sagt ein Mitgefangener im Linzer Wehrmachtsuntersuchungsgefängnis aus: „Er [Franz Jägerstätter] hat einfach gesagt, es ist ein ungerechter Krieg, da kämpft er nicht mit."[77] Zur Ungerechtigkeit des Angriffskrieges äußert er sich auch wiederholt in seinen schriftlichen Aufzeichnungen. „Welcher Katholik getraut sich, diese Raubzüge, die Deutschland schon in mehreren Ländern unternommen hat, für einen gerechten und heiligen Krieg zu erklären?" (GBA 177)[78] Zuletzt denkt er ganz vom biblischen Prinzip der Gewaltlosigkeit und der Seligpreisung der Friedensstifter her. Im Unterschied zu nationalsozialistisch Gesinnten betet er nicht um den Sieg, sondern um den Frieden. Dieses Gebet soll nicht nur Wort bleiben, sondern auch die Tat prägen (GBA 163). Er will lieber die Militärpflicht verweigern als andere morden: „Es kann unmöglich ein Verbrechen oder eine Sünde sein, wenn man als Katholik einfach die jetzige Militärpflicht verweigert, obwohl einer dann den sicheren Tod vor Augen hat, ist es denn nicht christlicher, sich selbst als Opfer hinzugeben, als daß man zuerst noch andre morden muß, die ja auch ein Lebensrecht auf Erden besitzen und leben wollen, um sich selbst noch auf eine kleine Weile das Leben zu retten." (GBA 151)

Spiritualität des Friedens

„Jesu Nachfolger sind zum Frieden berufen. Als Jesus sie rief, fanden sie ihren Frieden. Jesus ist ihr Friede. Nun sollen sie den Frieden nicht nur haben, sondern auch schaffen. Damit tun sie Verzicht auf Gewalt und Aufruhr ... Die Jünger Jesu halten Frieden, indem sie lieber selbst leiden, als daß sie einem Anderen Leid tun, sie bewahren Gemeinschaft, wo der Andere sie bricht, sie verzichten auf Selbstbehauptung und halten dem Haß und Unrecht stille. So überwinden sie Böses mit Gutem. So sind sie Stifter göttlichen Friedens mitten in einer Welt des Hasses und Krieges."[79] So meditiert Dietrich Bonhoeffer in seinem Buch „Nachfolge" über die Seligpreisung der Friedfertigen.

In einer Spiritualität des Friedens geht es zunächst um eine Abrüstung des Denkens. Da sollen eigene Verfolgungsängste und Hassgefühle aufgearbeitet, Feindbilder abgebaut und Vorurteile hinterfragt werden. Für den Frieden ist es ihr wichtig, wohl mit den eigenen Grenzen zu leben, mit diesen aber dynamisch umzugehen und so leibliche, biologische und nationale bzw. ethnische Grenzen zu überschreiten. Eine Spiritualität des Friedens muss an die Wurzeln von Konflikten und Kriegen gehen. An der Wurzel von Terror und Barbarei stand nicht selten die Anmaßung absoluter Macht über Leben und Tod, stand die Verachtung des Menschen, in der Nazizeit die Verachtung von Behinderten und Zigeunern, die Verachtung von politischen Gegnern, die Verachtung von Traditionen, die im jüdischen Volk lebten und leben, die Verachtung der ‚anderen'.

Säulen des Friedens

Papst Johannes XXIII. teilte in seiner Enzyklika „Pacem in terris" (1963) nicht die Meinung derer, die den Frieden in den Bereich des Unmöglichen rückten. Er sah vier Voraussetzungen des Friedens:

Wahrheit, Gerechtigkeit, Liebe und Freiheit.[80] Die *Wahrheit* wird die Grundlage des Friedens sein, wenn jeder außer seinen Rechten auch seine Pflichten gegenüber den anderen ehrlich anerkennt. Die *Gerechtigkeit* wird den Frieden aufbauen, wenn jeder die Rechte der anderen konkret respektiert und sich bemüht, seine Pflichten gegenüber den anderen voll zu erfüllen. Der Weg zum Frieden, so der Konzilspapst, muss über die Verteidigung und Förderung der menschlichen Grundrechte führen. Die Sicherung des Friedens ist nicht ohne den Schutz der Menschenrechte und der Menschenpflichten möglich.

Gerechtigkeit ist aber nicht nur das Recht des Einzelnen. Johannes XXIII. verweist auch und gerade auf das Gemeinwohl, und zwar auf internationaler, universaler Ebene. Die *Liebe* wird der Sauerteig des Friedens sein, wenn die Menschen die Nöte und Bedürfnisse der anderen als ihre eigenen empfinden und ihren Besitz, angefangen bei den geistigen Werten, mit den anderen teilen. Die *Freiheit* schließlich wird den Frieden nähren und Früchte tragen lassen, wenn die Einzelnen bei der Wahl der Mittel zu seiner Erreichung der Vernunft folgen und mutig die Verantwortung für das eigene Handeln übernehmen.

Selig, die keine Gewalt anwenden

Jägerstätters Weg zur Gewaltlosigkeit ist mit einem Lernprozess verbunden. Zuletzt ist er ganz in der Spur der Seligpreisungen: „Die Losung des Christen im Kampfe ist nicht: Gewalt mit Gewalt abwehren, sondern Geduld und Ausharren im Glauben. (Vgl. Judas 20)“ (GBA 206)

Jesus preist jene selig, die keine Gewalt anwenden (Mt 5,5).[81] Und er fordert dazu auf, die Feinde zu lieben und für die Verfolger zu beten (Mt 5,43–48). Nachahmung und Mittun mit Christus macht sich das Tun Christi zu eigen, „leidendes Durchtragen des Bösen, ohne neues Böses zu schaffen“[82]. Die Zuspitzung von Gewaltlosigkeit und Feindesliebe realisiert Jesus am Kreuz. Das Kreuz Jesu bedeutet kein „Umstimmen“ Gottes etwa vom zornigen zum gnädigen Gott, sondern Feindesliebe und Versöhnung angesichts von Gewalt. Es wäre schlimmster Götzendienst, mit Gewalt andere zu beseitigen oder zu töten, um Leiden zu überwinden. Um hingegen der „göttlichen Liebe nachzufolgen, darf man niemals Gewalt ausüben“[83].

Benedikt XVI. hat in seiner Ansprache beim Angelusgebet am 17. Februar 2007 die Gewaltlosigkeit als die „Magna Charta“ des Evangeliums bezeichnet.[84] Christliche Gewaltlosigkeit und Feindesliebe bedeute keine Kapitulation vor dem Bösen und kein taktisches Kalkül. Es gehe vielmehr darum, die Kette der Ungerechtigkeit zu zerreißen, indem man auf Gewalt mit dem Guten antwortet. Diese christliche Revolution der Gewaltlosigkeit basiere nicht auf Strategien wirtschaftlicher, politischer und medialer

Macht, sondern auf dem Vertrauen, dass die Waffen der Liebe und der Wahrheit das Böse überwinden können. In der Welt gebe es zu viel Gewalt und zu viel Ungerechtigkeit, die man nur überwinden könne, wenn diesen Negativerscheinungen ein Mehr an Liebe und Güte entgegengesetzt wird.

Die Seligpreisungen Jesu geben uns keine Erlaubnis, uns aus den Spannungen und Belastungen herauszuhalten, welche zur Verantwortung der Macht in dieser Welt gehören. Das Evangelium löst nicht aus dieser Welt heraus.[85] Der reine Standpunkt der Kritik, der sich überall heraushält, der von oben und von außen her zuschaut, bringt den Frieden noch nicht voran. Das Gehabe der bloßen Empörung ist nicht wirklich beim anderen, kann sich nicht handelnd auf den anderen einlassen. Ein undialektisches und allzu klares Ja oder Nein zur Macht wäre hier zu einfach. Christlich ist Gewaltverzicht noch nicht, wenn er aus bloßer Schwäche und Feigheit oder aus bloßer Gleichgültigkeit bzw. Kälte kommt. Christlich ist es sicher auch nicht, sich um die Möglichkeiten des Gewaltverzichts überhaupt nicht zu kümmern.[86]

Papst Johannes Paul II. schreibt in seiner Botschaft zum Weltfriedenstag 2005: „Um das Gut des Friedens zu erlangen, muss vollen Bewusstseins festgehalten werden, dass Gewalt ein inakzeptables Übel ist und niemals Probleme löst. Gewalt ist eine Lüge, denn sie verstößt gegen die Wahrheit unseres Glaubens, gegen die Wahrheit unserer Menschlichkeit. Gewalt zerstört das, was sie zu verteidigen vorgibt: die Würde, das Leben, die Freiheit der Menschen. Unerlässlich ist daher die Förderung einer echten Erziehungsarbeit zur Schulung des Gewissens, die alle, vor allem die jungen Generationen, zum Guten heranbilden soll, indem sie für den Weitblick eines unverkürzten und solidarischen Humanismus öffnet, den die Kirche befürwortet und wünscht. Auf dieser Grundlage ist es möglich, eine soziale, wirtschaftliche und politische Ordnung ins

Leben zu rufen, die der Würde, der Freiheit und den Grundrechten jedes Menschen Rechnung trägt." Der einzige Weg, um aus dem Teufelskreis des Bösen durch das Böse herauszukommen, liegt in der Annahme des Apostelwortes: „Lass dich nicht vom Bösen besiegen, sondern besiege das Böse durch das Gute." (Röm 12,21)

Bezüglich des Verteidigungsrechts bezog der Papst bei der Frage, ob der Westen im Krieg in Bosnien Herzegowina intervenieren soll, die Position: „Die europäischen Staaten und die Vereinten Nationen haben die Pflicht und das Recht sich einzumischen, um jemanden zu entwaffnen, der töten will. Dies bedeutet nicht den Krieg anzuheizen, sondern ihn zu stoppen."[87] Hier gehe es darum, „unerhörte Leiden für zahlreiche Unschuldige zu beenden"[88]. Es ist dabei keine Frage, daß die Anwendung militärischer Gewalt immer nur als äußerstes Mittel in Frage kommt. Es wäre ein schlimmes Übel, sich mit dem Krieg abzufinden. Wer von den Menschenrechten her denkt, sieht es als Frage von Gerechtigkeit und Solidarität, den Leidenden zu Hilfe zu kommen. Es ist das „Prinzip der Nichtgleichgültigkeit"[89]. Ebenso ist die Verteidigung gegen den Terrorismus nach Johannes Paul II. „ein Recht, das sich wie jedes andere bei der Wahl sowohl der Ziele wie der Mittel an moralische und rechtliche Regeln halten muß"[90]. Vor dem Unrecht des Terrors und der Gewalt darf es keine Kapitulation geben. Freilich darf die Bekämpfung des Terrors nicht selbst zum Unrecht werden. Bei der Bekämpfung des Terrors gilt es dessen Ursachen zu achten und einzudämmen; seine Quelle hat dieser sehr oft in bestehendem Unrecht. Friede und Recht, Friede und Gerechtigkeit gehören untrennbar zusammen.

Eine Spiritualität der Gewaltlosigkeit setzt auf den Dialog als Grundpfeiler in der Konfliktbewältigung. In einem richtigen Dialog ist es zunächst wichtig, Achtung vor der Person des Gegners und seinen Werten zu zeigen und seine Wahrheit aufzugreifen. Offene Kommunikation setzt die Bereitschaft, vom anderen etwas zu lernen, voraus und bedeutet auch, eigene Mitschuld am Konflikt einzugestehen. Der Dialog steht schließlich unter dem Ethos der Wahrheitssuche, d. h. das Unrecht muss beim Namen genannt, dargestellt und analysiert werden. Dafür ist es wichtig, eine innere Distanz zu den eigenen Interessen, von Selbstbehauptung und Aggression zu haben. So ist Selbstdisziplin, die Reinigung und Konzentration der eigenen geistigen Kräfte (z. B. durch Gebet und Fasten) eine Voraussetzung für eine gewaltfreie Konfliktregelung. Soll der Dialog gelingen, braucht es konstruktive Vorschläge, die dem Gegner eine Umkehr ohne Gesichtsverlust, ohne das Gefühl der Demütigung und der Niederlage ermöglichen. Gewaltloser Dialog als Ort der Konfliktregelung braucht unter den Umständen der harten Realität auch die Bereitschaft, Prestigeverlust, berufliche und finanzielle Nachteile einzustecken, die Bereitschaft, für das Evangelium Schläge einzustecken, auch Misserfolge, Enttäuschungen und Leiden zu ertragen, um so tätig oder auch erleidend die Situation zu entgiften, zu entfeinden und umzuwandeln.

Gib dem Evangelium (d)ein Gesicht

Das Gesicht als Spiegel der Seele

Die Wahrnehmung eines Gesichtes lässt erahnen, ob einer gut oder schlecht drauf ist. Das Gesicht verrät, wie lange oder wie kurz die vergangene Nacht war. In den Augen erkennt man Müdigkeit, Wachheit, Gesundheit und Krankheit oder auch den Alkoholkonsum. Im Antlitz verleiblichen sich Grundhaltungen und Grundeinstellungen zum Leben wie Traurigkeit, Bitterkeit, Verhärmtheit oder auch Zuversicht, Fröhlichkeit und Gelassenheit. Wenn der Blick ins Leere geht, wird das Leben als tiefes Loch erfahren; wenn die Augen ganz unruhig hin und her hüpfen, gibt es keine Bleibe, kein Verweilen.

Im Gesicht drückt sich die unverwechselbare Identität, drückt sich die Innenseite der Seele aus. Im Antlitz sprechen sich auch Beziehungen aus. Wir spüren, wie wohltuend und heilend liebende Aufmerksamkeit ist, wie wichtig es ist, wahrgenommen zu werden, ein „Ansehen" zu haben. Es kann aber auch verletzend sein, wenn jemand, der körperlich da ist, mit den Gedanken aber ganz woanders ist. Blicke können flehentlich sagen: Ich brauche dich, bitte lass mich nicht im Stich, lass mich nicht allein. Ein Blick kann unbedingt in Anspruch nehmen: Du musst mir helfen! Oder: Du darfst mich nicht töten! Oder: Schau mir in die Augen, d. h. sag mir die Wahrheit!

Mit Blicken und mit der Gestik des Gesichtes können auch Kälte, Gleichgültigkeit und Verachtung signalisiert werden. Ohne

Worte sagt da einer: Du bist für mich überflüssig, reiner Abfall und Müll. Blicke können kontrollieren, überwachen, fixieren und lähmen. „Wenn Blicke töten könnten", heißt es nicht umsonst in der Alltagssprache.

Blicke und Ansehen

Vielen ist das Bild von Franz Jägerstätter vertraut. Bei diesem Foto sind es gerade die Augen, die eine große Klarheit und Tiefe vermitteln. In diesen Augen spiegeln sich das Selbstbewusstsein, die ganze Überzeugung, das Zeugnis und auch der Glaube Franz Jägerstätters wider. In diesen Augen wird deutlich, dass Franz Jägerstätter von Gott her ein Ansehen hat und so dem Evangelium ein Gesicht geben kann.

Nikolaus von Kues schreibt: „Und weil das Auge dort ist, wo die Liebe weilt, erfahre ich, daß Du mich liebst ... Dein Sehen, Herr, ist Lieben, und wie Dein Blick mich aufmerksam betrachtet, daß er sich nie abwendet, so auch Deine Liebe ... Soweit Du mit mir bist, soweit bin ich. Und da Dein Sehen Dein Sein ist, bin ich also, weil Du mich anblickst ... Indem Du mich ansiehst, läßt Du, der verborgene Gott, Dich von mir erblicken ... Und nichts anderes ist Dein Sehen als Lebendigmachen ... Dein Sehen bedeutet Wirken."[91]

Erst von dieser Erfahrung der Liebe wird das Angesehen-Werden zu einer sittlichen Verpflichtung. Emmanuel Lévinas, der französische Philosoph, schreibt in seinem Werk ‚Totalité et infini'[92] über die Unendlichkeit, die uns im Antlitz des Anderen erscheint. Der Blick eines Menschen, der mich ansieht, sei er nun gleichgültig, feindlich oder freundlich, ist in keinem Fall ein Gegenstand. Etwas Unendliches, d. h. etwas Inkommensurables leuchtet auf, das sich in keiner Weise als Objekt verstehen und durch eine endliche Zahl von Prädikaten definieren lässt. Im Blick des Anderen, gerade des armen Anderen erfahre ich den Anspruch: Du darfst mich nicht töten, du darfst mich nicht verachten, du musst mir helfen. Der Blick der Bedürftigen, der Armen, der Kinder fordert Nähe und Solidarität ein. In den Augen Franz Jägerstätters zeigt sich auch, dass er von Gott unbedingt in Anspruch genommen worden ist. In diesem Blick wird eine Dringlichkeit offenbar, eine ethische Verpflichtung und Forderung, andere nicht gering zu schätzen, nicht zu verachten, nicht als Material zu missbrauchen.[93] Das konkrete Engagement für das Leben und die Freiheit des und der Anderen sprengt den Kerker der Ichgefangenheit und der subjektiven Verschlossenheit. Das Sein-für-den-Anderen, die Proexistenz als neue Orientierung der Freiheit kommen dabei an kein Ende.

Die Seligpreisungen spiegeln das Antlitz Jesu

„Die Seligpreisungen spiegeln das Antlitz Jesu und seine Liebe."[94] Wir haben von Jesus kein authentisches Bild, kein Foto, keine Filmaufnahmen, keine handschriftlichen Dokumente, keine Unterschrift, keinen genetischen Code, aber: Die Seligpreisungen spiegeln das Antlitz, das Gesicht, die Identität Jesu, sie stehen im Herzen der Predigt Jesu. Dieses Antlitz Jesu vermittelt, wer Gott für uns Menschen ist. Jesu Blick auf die Menschen bleibt nicht an der geschminkten, geschönten, gestylten Oberfläche stehen. Jesu Blick geht in die Tiefe; er vermittelt Würde, Zuwendung, Leben und Hoffnung. In Jesus, in seinen Seligpreisungen schreibt Gott das Hoheitszeichen seiner Liebe und Würde auf die Stirn eines jeden Menschen, des Freundes und Feindes, des Armen und Geringen. So ist es uns versagt, von uns selbst, von den anderen, von den Schwachen gering und verächtlich zu denken. Wir würden Gott selbst verachten und ihn gering schätzen.

In den Seligpreisungen spricht sich der Weitblick Gottes aus. Walter Benjamin schreibt in seinen geschichtsphilosophischen Thesen: „Der Engel der Geschichte muß so aussehen. Er hat das

Antlitz der Vergangenheit zugewendet. Wo eine Kette von Begebenheiten vor uns erscheint, da sieht er eine einzige Katastrophe, die unablässig Trümmer auf Trümmer häuft und sie ihm vor die Füße schleudert. Er möchte wohl verweilen, die Toten wecken und das Zerschlagene zusammenfügen."[95] In den Seligpreisungen fügt Jesus das Zerschlagene und die Zerschlagenen zusammen, holt er die Verlorenen heim, macht er die Kaputten lebendig, trocknet er die Tränen, gibt er den Toten Hoffnung.

Franz Jägerstätter hat dem Evangelium ein Antlitz, ein Gesicht, eine Stimme gegeben. Sein Lebensweg, seine Entscheidung und sein Sterben sind vom Evangelium durchdrungen. Pfarrer Karobath hat ihm zur Hochzeit eine Hl. Schrift geschenkt. Täglich hat Jägerstätter darin gelesen. Die Hl. Schrift ist für ihn Orientierung, Richtschnur, Zusage und Verheißung. In seinen Aufzeichnungen hat er häufig für ihn wichtige Sätze aus der Hl. Schrift abgeschrieben. Die Bergpredigt erhält in ihm eine Biografie. Im Mai 1942 stellt er massiv die Frage, ob es denn schon ganz egal sei, ob man einen gerechten oder ungerechten Krieg führt. In dieser Frage nach der Gerechtigkeit blickt er auf die Opfer und lässt sich nicht durch Siegesmeldungen und Propaganda verdummen. Selig, die hungern und dürsten nach der Gerechtigkeit!

An Jägerstätter besticht die Klarheit des Denkens und des Urteils. In seinem Gewissen wusste er sich unbedingt von der Wahrheit Gottes in Anspruch genommen. Diesem Anspruch ist er in seiner Entscheidung und in seinem Tun gefolgt. Franz Jägerstätter wollte Gott nicht durch eine Sünde beleidigen und auch nicht das eigene Leben durch eine Lüge verlängern. Die Reinheit des Herzens und die Klarheit des Urteils zeigen sich in seiner Bereitschaft zum Verzeihen und zur Versöhnung. „Die meisten Menschen verbittern sich das Leben selbst durch ihre Unversöhnlichkeit." (GBA 51) Verzeihen ist gerade dann wichtig, wenn andere in die Beleidigungsfalle tappen und kränkungsanfällig sind (GBA 114). Ohne Bereitschaft zum Verzeihen wird erfahrenes Unrecht zum Wachstumshormon von Ressentiment, von Rachegelüsten und Revanchismus. Wer unversöhnt ist, der kann nicht richtig denken und auch nicht beten. Die Treue zu der im Gewissen erkannten Wahrheit, die Klarheit seines Weges, die Lauterkeit seines Herzens und seines Denkens und auch seine Bereitschaft zu Verzeihung und Versöhnung spiegeln das reine Herz, dem zugesagt ist, dass es Gott schauen wird.

Franz Jägerstätter hat das Gebot der Feindesliebe gelebt; er wollte Gewalt nicht mit Gewalt beantworten. Weil Franz Jägerstätter sein Leben und auch sein Sterben so verstanden hat, kann sein Gedächtnis heute zum offenen Raum für Erzählen, Bekenntnis, Reue und Umkehr, Vergebung und Hoffnung werden. In seinem Zeugnis leuchtet Hoffnung auf, die auch die Täter und Verführten mit einschließt. So verleiblicht er die Seligpreisung der Sanftmütigen, derer, die keine Gewalt anwenden.

Franz Jägerstätter hat seinen Gehorsam gegenüber dem Gewissen, er hat sein Zeugnis mit Verfolgung und Hinrichtung bezahlt. Er hat auch erfahren, was Nicht-verstanden-Werden, Verleumdung, Hass und Verachtung heißen. – Selig, die um meinetwillen, selig, die um der Gerechtigkeit willen verfolgt werden. Im Antlitz Jägerstätters spiegeln sich die Seligpreisungen wider, sicher gebrochen, denn auch er trägt den Schatz in irdenen, zerbrechlichen Gefäßen. In seinen Augen leuchtet die Suche nach Gott und seiner Wahrheit auf. In seinen Augen erkennt man die Würde, das Ansehen, das Gott den Menschen gibt.

Franz Jägerstätter hatte auch den Weitblick der Seligpreisungen. „O diese Teufel in Menschengestalt, sie streuen oft Sachen aus, daß man glaubt, es ist lauter Zucker und Honig und beißt dann eins hinein, so ist's lauter Gift." (GBA 86f.) Er hat die Masken der Verführung durchschaut, er wusste um die Erscheinung des Bösen in der Gestalt der Wohltat. In seinem Traum bald nach dem Einmarsch der Deutschen Wehrmacht in Österreich wurde ihm klar, dass der Sog der Ideologie und Barbarei Millionen ins Verderben führt. Die Seligpreisungen sind in die offenen oder subtilen Auseinandersetzungen von Gewalt und Gewaltlosigkeit, von Unterdrückung oder Gerechtigkeit, von Lüge oder Wahrheit auf das Ende, auf die Vollendung hin gesprochen. Sie sind alles andere als Ausdruck von Resignation und Lähmung. Franz Jägerstätter ist Zeuge der Hoffnung, dass scheinbar unvermeidlich geltende Sachzwänge nach vorne, auf das Glück in Gott hin aufgebrochen werden. Er unterbricht die unaufhaltsame Flut der Verirrung des Denkens.

Es blüht hinter ihm her

Heilige sind in unserer Gesellschaft aber auch nicht das, was sie einmal waren. „Nicht mehr Heilige (wie einst) und nicht Forscher oder Intellektuelle (wie vielleicht noch bis vor kurzem), sondern die beautiful people sind die zeitgenössischen Vorbilder des Lebens."[96] Der Begriff „Heiligkeit" führt uns im Internet zunächst zum Papst und zum Dalai Lama, dann allerdings zum Präsidenten der TU Berlin: Da ist von den Flausen Seiner Heiligkeit oder Seiner Schein-Heiligkeit die Rede. Ironischer Gebrauch, Herrschaftskritik, Etikett, biblische Rede und Kabarett gehen nahtlos ineinander über. So war etwa in der „taz" vom 23. April 2001 in einer Buchbesprechung zu lesen: „Und Pigor riet: Sie sollten heilig werden. Zunächst wirkten die meisten Partygäste gar nicht so, als ob ihnen der Weg ins Himmelreich sehr am Herzen läge. Doch als Pigor, der Dichter, der Kabarettist, der geborene Messdiener und Autor des Ratgeberbandes ‚Wie man am schnellsten in den Himmel kommt' seine Lesung beendet hatte, da lag so ein Heiligkeitswunsch in der Luft der soeben offiziell eröffneten Büroräume ..."

Heilige – Zeugen aus der Kraft der Liebe

Franz Jägerstätter war Ehemann, Vater, Verwandter, Nachbar, Mesner, Angehöriger des Dritten Ordens des hl. Franz von Assisi. Seine Entscheidung und sein Schicksal bewegten von Anfang an: Gefängnispfarrer und Ordensschwestern sahen in ihm gleich nach der Hinrichtung einen Heiligen und Märtyrer. Ausgehend von den USA wurde er zum Vorbild in der Treue zum Gewissensanspruch;

auf dem Zweiten Vatikanischen Konzil wurde er in die Debatte um die Gewissensfreiheit ins Spiel gebracht. An seiner Person und Entscheidung reiben sich viele. Nicht wenige sehen in ihm einen Anwalt der Gewaltlosigkeit, einen Warner vor Ideologien, eine Orientierungshilfe in schwieriger Zeit, einen gerechten Zeugen der Wahrheit in einer ungerechten Zeit, einen gläubigen Menschen, dem Gott wirklich Mitte und Zentrum des Lebens war. Er wird als Fürsprecher angerufen und als Vorbild angenommen.

Franz Jägerstätter ist auch heute ein Bote des Evangeliums, ein Glaubender an Gott als den Herrn und Freund des Lebens, ein Hoffnungsträger, dass Gewalt in der Geschichte nicht das letzte Wort hat. Das Gedenken an ihn fördert den Widerstand gegen Vergesslichkeit, Unempfindlichkeit und Gleichgültigkeit gegenüber den Opfern. Die Erinnerung an ihn ist „gefährliche" Erinnerung an den Ruf zur Nachfolge, an die neue Gerechtigkeit, wie sie in der Bergpredigt und im Liebesgebot aufbricht.

Viele erfahren heute in der Nähe zu ihm so etwas, wie es die Menschen früherer Generationen bei den Heiligen, den Gottesmännern und -frauen erfahren haben: In ihrer Nähe ist Kraft, Vertrauen, Hoffnung, Standhaftigkeit, in ihrer Nähe und mit ihnen im Rücken fühlen wir uns bestärkt. Die Heiligen hatten als Patrone und Freunde die Fähigkeit, „scheinbar unbarmherzig starre Vorgänge schmiegsam zu machen und mit dem warmen Atmen persönlicher Bekanntschaft die großen Distanzen der spätrömisch sozialen Welt zu überbrücken"[97]. – Gegenwärtig werden in Lateinamerika die Bilder der Heiligen von den Armen bei ihren Prozessionen mitgeführt; die Heiligen sind dabei Mutmacher in Ungerechtigkeit, Not und Elend. Sie stellen dort die Hierarchie der Macht und des Geldes auf den Kopf.

Intuitiv spürten und spüren Menschen, vielleicht auch wir: Bei Heiligen, bei Menschen wie Franz Jägerstätter, ist gut sein, da ist Kraft und Leben, ja in diesen Menschen ist Gott besonders nahe. In die vertraute, freundschaftliche und ermutigende Verbindung tritt allerdings auch die Unterbrechung. Denn im Heiligen leuchtet auch das Anderssein Gottes auf, ein Anderssein, das sich nicht auf die eigene Stimmung, die Gefühlslage, die eigenen Interessen reduzieren lässt. Wir können nicht mehr sagen: Was oder wer Gott ist, bestimme ich. Wir können Gott und das Heilige auch nicht mehr gebrauchen oder missbrauchen für das Styling unserer Schönheit, unserer Seele. Schon gar nicht ist Spiritualität im Angesicht der Heiligen Egoismus vom Feinsten, Suspension des Ethischen, Dilettantismus, der zu allem zugleich Ja und Nein sagt, der vieles zugleich verehrt und verachtet, beweihräuchert und schmäht, vergötzt und zerstört, der zugleich die verschiedensten Götter und Götzen anbetet.

Heilige – Zeugen des schmerzlichen Gerichts

Das Zeugnis Franz Jägerstätters wird uns auch zur Krisis, es wird zum Gericht über gegenwärtige Lebens- und Glaubensstile. Jägerstätter ist kein „Kuscheltier". In der Begegnung mit ihm darf und soll durchaus auch ein Erschrecken dabei sein. Eine allzu schnelle Vertrautheit stünde in Gefahr, ihn zu vereinnahmen und zu neutralisieren, ja ihn zu verhübschen und zu verkitschen – wie es bei nicht wenigen Heiligen der Fall ist. Es reicht auch nicht aus, ihm nur Stichworte, Parolen oder Schlagworte zu entlehnen.

Franz Jägerstätter tut weh mit seiner Klarheit, seinen Fragen und seinen Entscheidungen. Er lässt sich nicht einfach bewundern, ohne das wir zugleich die Frage an die eigene Biografie zulassen: Und was ist mit dir? Deine Sache wird hier abgehandelt, um deine Motive geht es hier, dein Gott steht zur Debatte! Wie hältst du es mit den Opfern? Gibt es in deinem Leben etwas, das groß genug ist, um dafür zu sterben?

Heilige sind nicht nur Therapie – das auch, weil sie ja Versöhnung leben –, sie sind auch schmerzliches Gericht, in dem die Wahrheit

Gottes und des Menschen aufleuchtet, nicht Gericht im Sinne der Verurteilung zum Tod, auch nicht als reine Anklage von Unglaube und Inhumanität, nicht als Sezieren von Leichen. Die Begegnung mit Franz Jägerstätter soll uns nicht vor der notwendigen Scham bewahren, nicht vor dem Beklagen und der Klage, nicht von der Umkehr, schon gar nicht vor der Nachfolge.

Es blüht hinter ihm her

Was ist ein Heiliger? – „Er hinterlässt einen Scherbenhaufen." – Jemand hat eine Verantwortung und Aufgabe zurückgelassen und einen Ort verlassen müssen. Seine Entscheidungen, seine Arbeit, seine Weise, mit Menschen umzugehen, hat nicht aufgebaut, nicht zum Wachstum, zum Fortschritt geführt, sondern zum Chaos. Er hat bisherige Freunde gegeneinander aufgebracht, Familien gespalten. Beziehungen sind nachhaltig vergiftet, Feindschaften werden sich vielleicht über Generationen hin halten. Ein in sich zerrissener Mensch treibt einen Spaltpilz überall dort hinein, wo er lebt.

„Er hinterlässt einen Schuldenberg", d. h. er hat auf Kosten anderer gelebt, gewirtschaftet, spekuliert. Die Last müssen andere tragen. Sie verlieren ihren Arbeitsplatz, ihre Sicherheit, ihre soziale Rolle und ihre gesellschaftliche Identität. Nicht alle Hinterlassenschaften bzw. Erbschaften bergen ein Vermögen in sich. Manche müssen bei einem großen Minus anfangen.

Dann gibt es die Ideologie der verbrannten Erde, die gerade von den Nazis auf ihrem Rückzug fatale Wirklichkeit wurde. Hinter ihnen brannten die Städte und Ortschaften, sie hinterließen nur noch Ruinen, die Felder waren verwüstet. Wo sie hintraten, sollte lange nichts mehr leben. Wo sie nicht herrschen konnten, sollte kein anderes Leben mehr sein. Wo sie nicht den Boden ausbeuten konnten, sollte nichts mehr blühen und wachsen.

„Es blüht hinter ihm her." – So lautet ein Wort von Hilde Domin. Wir können es auf Heilige und auch auf Franz Jägerstätter anwenden. In seinem Gefolge, in seiner Hinterlassenschaft, seiner Erbschaft ist Friede, weil er das Karussell der Gewalt, der Aggression, der Verachtung und des Krieges unterbrochen und Entfeindung und Versöhnungsbereitschaft gelebt hat. Es blüht hinter ihm her, weil er einen Raum der Dankbarkeit hinterlässt, nicht des Neides, des Ressentiments, des Zu-kurz-gekommen-Seins. Undankbarkeit und Vergessen sind in der Hl. Schrift die große Sünde der „Heiden". Sie verfinstern das Herz (Röm 1,21). Deswegen sagt der Psalmist: „Meine Seele, vergiss nicht, was er dir Gutes getan hat!" (Ps 103,2) Dankbarkeit hat eine befreiende Wirkung. Sie befreit von selbstbezogener Enge und Ängsten; sie öffnet den Blick auf andere. Denn wer „unfähig ist zur Dankbarkeit, ist kein Mensch."[98] Dankbarkeit blickt nie bloß zurück, sondern bewährt sich im Vorausblick. Dankbarkeit auf Zukunft gerichtet ist Hoffnung. Oder im Gegensinn: Hoffnungslosigkeit, Zynismus, Resignation ist Undankbarkeit. – Es blüht hinter Franz Jägerstätter, weil er nicht Zynismus oder Verachtung ausstrahlte, sondern Ehrfurcht vor der Würde gerade auch der anderen und Fremden.

Es blüht hinter ihm her, weil nicht wie bei der SS der Totenkopf sein Zeichen, sein Testament war, sondern die Hoffnung auf Leben und Auferstehung für alle. Eine Karmelitin im Karmel Maria Regina Martyrum Berlin-Charlottenburg schreibt über die Märtyrer des Naziregimes: „Im ehemaligen Hinrichtungsschuppen ist für uns Karmelitinnen ... spürbar nahe: Durch euren Tod sind wir hier, in dieser Stadt Hoffnung aus dem Glauben zu leben und einen Raum des Glaubens und der Hoffnung denen anzubieten, die danach suchen ... Ich würde den Glauben an die Menschheit verlieren, wenn es diese Männer nicht gegeben hätte"[99]. – Franz Jägerstätter ist ein Hort der Hoffnung wider die Verzweiflung.

Hoffnungsträger

Franz Jägerstätter ist ein Hoffnungsträger gegen vielfältige Formen des Kleinglaubens. Man rechnet ja gar nicht mehr wirklich damit, dass Menschen zuerst Gottes Reich und dem Geist Gottes zu folgen suchen, wenn sie sich auf das konkrete Leben eingelassen haben. Heilige sind Hoffnungsträger viel mehr als moralische Instanzen oder Sollensverstärker; sie sind nicht so sehr Rezept für die Gegenwart, sondern viel eher Mutmacher und Inspirationsquellen. An Menschen wie Franz Jägerstätter wird sichtbar und greifbar, wie Gottes heiliger, inspirierender und ermutigender Geist Menschen ergreift.[100] An der Ikone seines Lebens und seines Sterbens ist ablesbar, was Gottes schöpferischer Geist bewirkt. An ihm ist auch zu sehen, dass Nachfolge mit Freiwerden und Loslösung zu tun hat, mit der Auflösung der Gebundenheit an die Rücksichten der sozialen Akzeptanz und der Lebenssicherung. Er weicht den Zumutungen nicht aus, die auf dem Weg des Glaubens für ihn unausweichlich werden. Dieses Freiwerden ist durchaus ein Freiheitsgewinn.[101]

Das Gedächtnis Franz Jägerstätters und aller Märtyrer kann gegenwärtig Freiräume eröffnen, Freiheit und Menschenwürde ermöglichen. Tertullian schreibt: „Semen est sanguis Christianorum. – Ein Same ist das Blut der Christen".[102] Alfred Delp meditiert: „Es ist Zeit der Aussaat, nicht der Ernte. Gott sät; einmal wird er auch wieder ernten. Um das eine will ich mich mühen: wenigstens als fruchtbares und gesundes Saatkorn in die Erde zu fallen. Und in des Herrgotts Hand. Und mich gegen den Schmerz und die Wehmut wehren, die mich manchmal anfallen wollen. Wenn der Herrgott diesen Weg will, – und alles Sichtbare deutet darauf hin – dann muß ich ihn freiwillig und ohne Verbitterung gehen. Es sollen andere besser und glücklicher leben dürfen, weil wir gestorben sind."[103]

III.

IN DER KRAFT DES GEDÄCHTNISSES

Erinnerung wird Leben

Eucharistie zwischen Erinnerung und Verantwortung

Das christliche Gedächtnis ist nicht nur nach rückwärts gerichtet. Es gibt eine krankhafte Erinnerung, die sich wie eine Plattennadel verhängt, bedrohlich immer wiederholt und so zur Schlaflosigkeit beiträgt. Das wäre eine Erinnerung, die zur Verzweiflung, zur „Krankheit zum Tode" führt. Christliche Memoria ist nicht im Sinne des Musealen, der archäologischen Wiederholung zu interpretieren. Sie ist nicht Nostalgie, die den Schwerpunkt des Lebens in die Vergangenheit verlagert, als hätte das eigentliche und wirkliche Leben ausschließlich vor 60 bis 70 Jahren stattgefunden. „Memoria passionis" ist nicht die Verklärung der guten alten Zeit, von der in einem mildernden, versöhnlichen Licht nur die bestandenen Abenteuer bleiben, bei der aber die Erfahrungen der Hölle ausgeblendet werden. Es geht um eine Erinnerung, die nach vorne in Richtung Hoffnung weist,[104] wie es das Gedächtnis von Tod und Auferstehung Jesu in der Eucharistie tut.

Eucharistie ist das Testament Jesu, sein letzter Wille. Eucharistie ist die Weise, wie Jesus in liebender Erinnerung, im Gedächtnis behalten sein will. Eucharistie ist auch die Gabe, das Erbe, das von Jesus hinterlassen worden ist. Damit verbunden ist das Gedächtnis an Selige und Heilige wie Franz Jägerstätter, an sein Erbe und sein Vermächtnis. Beides, Eucharistie und das Gedächtnis der Märtyrer, der Zeugen, gehörten von Anfang an eng zusammen. Weil sie von innen her verbunden sind, wurde und wird Eucharistie am Jahrestag des Todes von Märtyrern bei oder über ihren Gräbern gefeiert. Beides, das Gedächtnis der Märtyrer und die Eucharistie, sind keine belanglose Erinnerung, auch nicht bloß museal; es geht um keine Buchhaltung mit Zahlen, nicht darum, dass die Vergangenheit endlich einmal bewältigt und auch abgeschlossen sein soll. Im Gedenken an Franz Jägerstätter und in der Feier der Eucharistie wird die *Gabe* lebendig, und zwar als gegenwärtige Kraft, als Wirklichkeit und Zeugnis, als lebendige Begegnung.

Franz Jägerstätter versteht die Eucharistie als Erbschaft, als Testament, als Vermächtnis und vergleicht den Vorgang mit dem Erbe, das uns ein Geldonkel (GBA 108) hinterlassen hat, das es immer wieder abzuheben gilt. Wir dürfen das Gedächtnis an Tod und Auferstehung Jesu in der Feier der Eucharistie und das Vermächtnis des Franz Jägerstätter als Norm und Kriterium für den rechten „Umgang" mit Vergangenheit, für eine lebendige Form des Erinnerns nehmen.

Franz Jägerstätter war selbst von einer großen Liebe zur Eucharistie geprägt. Er wäre bereit gewesen, 100 km zu Fuß zu gehen, um an der Messe teilzunehmen. „Es ist doch das größte und schönste Vermächtnis, das Christus uns noch beim letzten Abendmahl hinterlassen hat." (GBA 108) Es ist für ihn ein unermesslicher Wert (GBA 173), ein unendliches Glück (GBA 173), das Brot des Lebens zu empfangen, zum Tisch des Herrn gehen zu dürfen. Eucharistie ist für ihn Begegnung mit dem besten Freund Jesus (GBA 108f.). Die Kommunion zu empfangen heißt für Jägerstätter, von Gott nicht verlassen zu sein (GBA 55).

Er weiß mit Paulus aber auch darum, dass „beim Gottesdienst der Gemeinde in erster Linie der Nutzen der Gesamtheit zu erstreben ist, nicht bloß private Ergriffenheit. Liturgie ist Gemeinschaftsdienst vor Gott." (GBA 195) So stellt ihn die Messe in ein Netzwerk mit anderen und in Verantwortung für andere. So ist die Eucharistie liebende Verbundenheit mit den Seinen. „Freute mich sehr, daß Du [Franziska] heute ein Meßopfer hast lesen lassen, denn ich weiß ja, daß Du bei demselben ganz besonders auch an mich gedacht hast." (GBA 38) Und an Pfarrer Karobath richtet er die Bitte, „ihn ins Meßopfer einzuschließen." (GBA 24)

Eucharistie feiern heißt, einander nicht abzuschreiben und einander nicht zu vergessen. Die Eucharistie nimmt in die Verantwortung für den Leib Christi hinein. Von ihr wird der Blick auf die Leidenden und auf die Opfer gerichtet. Jeder Mensch ist einer, für den Jesus Christus sich hingegeben hat, für den Christus starb. So ist es uns versagt, gleichgültig oder gar verächtlich gegenüber den anderen zu sein.

Jägerstätter hat sich selbst auch als *Pilger* verstanden. Die Eucharistie war Nahrung auf dem Weg: „Und auch jetzt wird dann Jesus in der heiligen Kommunion noch zu mir kommen und mich stärken auf die Reise in die Ewigkeit." (GBA 59) Die Kommunion ist verbunden mit der Bereitschaft zum Sterben, mit der Annahme des eigenen Todes (GBA 174). Die Hostie ist so kein sachhaftes Ding, sie ist Gabe des Lebens, die nicht ängstlich begraben werden darf, mit der man nicht statisch umgehen darf. Sie nimmt in den Vollzug des Lebens und Sterbens hinein.

Eucharistie wird so zu einem Antwortgeschehen: Wie Jesus sich selbst als Opfer verschenkt und damit die Menschen mit Gott versöhnt (GBA 176), so wird Jägerstätter selbst zur Gabe. „Möge Gott mein Leben hinnehmen als Sühn-Opfer nicht bloß für meine Sünden, sondern auch für andere", heißt es in seinem Abschiedsbrief (GBA 59). Im Vollzug von Sühne gibt es kein kaltes Mein und Dein, weder im Hinblick auf materielle Güter noch im Hinblick auf das Tragen der Lasten. Denn: „Einer trage des anderen Last." (Gal 6,2)

Sicher ist das Wort von der Sühne mit vielen Missverständnissen verbunden. Aus der Sprache der Glaubenspraxis und aus der Theologie ist es weitgehend verschwunden. Es besteht der nicht immer unbegründete Verdacht, dass mit Sühne ein dämonisches und dunkles Gottesbild verbunden sei. Gott sei ein Blutsauger, ein Vampir, der zu seiner Befriedigung und Genugtuung das Lebensopfer von Menschen brauche. Fatal wäre auch eine quantifizierende Sicht von Sühne und Leiden im Hinblick auf Versöhnung. Gott wäre ein kleinkarierter Krämer, wenn seine Huld durch ein bestimmtes Maß an Leiden zu erkaufen wäre. So würde Gott ganz sicher nicht der bedingungslos Vergebende und Liebende sein. Und dennoch wäre es ein Verlust, aus den genannten Gründen die Wirklichkeit von Sühne zur Gänze zu streichen.

Bei Sühne, Opfer und Stellvertretung geht es um die Struktur menschlicher Freiheit und menschlicher Gemeinschaft, und zwar gerade dann, wenn Freiheit und Beziehung von sich aus pervertiert, festgefahren, monologisch einzementiert, arrogant aufgeblasen, narzisstisch vergiftet, in ihren eigenen Möglichkeit erschöpft und zu Tode gelaufen sind. In der Sühne geschieht tätige und ausleidende Bitte um Vergebung, nicht mehr, denn Opfer und Schuld können nicht bewältigt oder aufgearbeitet werden, nicht weniger, denn es braucht das menschliche Mittun in der Überwindung des Bösen.

In Stellvertretung und Sühne geschieht ein Ausleiden und Verwandeln verleiblichter und verknöcherter Formen der Barbarei in einer Weise, dass Wirklichkeit wahrgenommen und zugleich ein Raum der Hoffnung eröffnet wird. Es wird nicht das Leiden an sich gesucht, sondern es wird im Leiden Gott, das Du und die Hoffnung gesucht. Sühne so verstanden ist der höchste Akt von Feindesliebe und Gewaltlosigkeit angesichts von Feindschaft und Gewalt. Vorbild ist Jesus, der bereit ist, die Aggressionen an sich auslaufen zu lassen, und so das Böse durch das Gute überwindet (Röm 12,21). Weil Franz Jägerstätter sein Sterben so verstanden hat, deshalb kann sein Gedächtnis heute zum offenen Raum für Erzählen, Bekenntnis, Reue und Umkehr, Vergebung und Hoffnung werden.

Die Feier der Eucharistie, das Vermächtnis Jesu und die Begegnung mit Franz Jägerstätter sind lebendige Gabe und Geschenk. In der Gabe der Eucharistie und im Geschick Franz Jägerstätters wird deutlich, dass wir das Wort des Lebens, nämlich unbedingt geliebt zu sein, nicht durch eigenes Leisten, Schuften und Machen produzieren können. Wir dürfen es uns von Gott sagen und schenken lassen. Dieses Wort des Lebens ist auch ein Wort, das in Anspruch nimmt, unbedingt verpflichtet, so wie Jägerstätter sich im Gewissen verpflichtet wusste und daraus seine Entscheidung traf und seinen Weg gegangen ist.

Eucharistie und Gedächtnis

Das Gedächtnis der Märtyrer lebt im Raum der Eucharistie, im Raum kontemplativer Existenz, als Vergegenwärtigung des Vergangenen, als Kraft der Aufmerksamkeit, in die Abgründe hineingehalten zu werden, als Vorwegnahme von Versöhnung. In der Spurenlese der Erinnerung lebt die Aufmerksamkeit für die Gegenwart in einer Weise, dass jegliche Erstarrung in Resignation oder Siegerpose aufgebrochen wird. Es ist eine Erinnerung, in welcher die Kraft der Hoffnung ohne Entleerung der Wirklichkeit, ohne Verniedlichung der realen Leiden, ohne Verrat der konkreten Menschen lebendig ist. Die Erinnerung an die Zeugen hat nichts mit triumphalistischer Siegerideologie, mit großen Einordnungen, mit Rechthaberei zu tun.

Erinnerung ist ein Unternehmen unterscheidender Spurenlese, des Ausschau-Haltens nach dem ausgesetzten Menschen, nach dem leidenden Gott. Es bleibt die ehrfürchtige Ratlosigkeit gegenüber dem Leid und dem Bösen. Diese Ratlosigkeit ist nicht mit Resignation oder mit der Vergleichgültigung und Verharmlosung aller Bosheiten in der Geschichte zu verwechseln.

Das Gedächtnis der Leidenden steht in der Spannung von Segen und Fluch. Die Erinnerung an eigenes Leid oder an den Tod von Volks- und Glaubensgenossen lässt die Bedrohung hochkommen: ich sollte für die Nazis gar nicht leben; sie wollen mich beseitigen, fertig machen. Erinnerung hält die leiblich eingravierte Verachtung durch andere wach.

Sakrament der Hoffnung hingegen ist die Erinnerung an den Exodus. Beim jüdischen Pesachmahl spricht der Hausvater: „Ein jedermann aus jedem Geschlecht muss sich betrachten, als wäre er persönlich aus Ägypten gezogen. Und an diesem Tage musst du deinem Sohn erzählen: ‚Dies geschieht um dessentwillen, was der Herr für mich getan hat, als ich aus Ägypten zog.' Darum müssen wir Ihm, der all diese Wunder für uns und unsere Väter getan hat, danken und preisen, loben und verherrlichen. Er hat uns aus der Sklaverei zur Freiheit geführt, aus dem Elend in die Freude, aus dem Schmerz zu diesem Tag, aus der Finsternis in helles Licht und aus der Unterwerfung zur Erlösung." In diesem Sinn ist Erinnerung Identitätsstiftung und Segen, sie ist Bezeugung und Verheißung, von Gott gutgeheißen und erwählt zu werden.

Gedächtnis der Opfer und Täter

„Mehr als vierzig Jahre sind vergangen seit jener Zeit, als Todeslager und Weltkrieg Schaudern und Schrecken verbreiteten. Sage uns, Gott, haben wir nicht mit allzu großer Eile deine Hölle vergessen? Löschen wir nicht in unserem Gedächtnis und Bewusstsein die Leiden der Opfer und die Spuren der Verbrechen aus? Stimmt die Richtung, in der wir uns von den furchtbaren Erfahrungen von damals entfernen? Sage uns, wie sollte die gegenwärtige Generation in den Spuren der großen Niederlage der Menschheit leben? Wie müsste der Mensch sein? Rede, Gott! ... Und wir müssen dein Zeugnis hören." So betet, fragt und klagt Papst Johannes Paul II. am 24. Juni 1988 im Konzentrationslager Mauthausen.[105] Wie kann der Schrecken der Shoah und des 2. Weltkrieges „angemessen" erinnert werden? Oder führt der Weg unausweichlich ins Vergessen?

Erinnern oder Vergessen

Vergiss es! So kann man es häufig von jungen Menschen hören. Das heißt, es lohnt nicht, sich zu ärgern, es lohnt sich nicht, Gedanken für etwas zu verschwenden. Es lässt sich nicht ändern. Oder auch: Es war nicht so gemeint. Manches muss man einfach vergessen, weil es keinen Sinn macht. – Nicht nur für Oldies und Gruftis werden bei Geburtstagsfeiern biografische Stationen durch Fotos, Bilder, Symbole, Erinnerungsgegenstände gegenwärtig. Zur Lebensgeschichte gehört es, die Erinnerung wachzuhalten. Wer alles vergisst, hat höchstens eine Fleckerlteppich-Identität, wird treulos und ein unverbindlicher Hüpfer von einem ‚Event' zum anderen.

„Wer nicht eine Vergangenheit zu verantworten und eine Zukunft zu gestalten gesonnen ist, der ist ‚vergeßlich', und ich weiß nicht, wie man einen solchen Menschen packen, stellen, zur Besserung bringen kann." So schreibt Dietrich Bonhoeffer am 1. Februar 1944 aus dem Gefängnis in Berlin-Tegel an Eberhard Bethge. Es geht ihm nicht um ein besseres oder schlechteres Gedächtnis mit mehr oder weniger Speicherkapazität, dessen Lücken beklagt und dessen Vollständigkeit vielleicht gerühmt wird. Bonhoeffer geht es um den Schnittpunkt einer in moralischer Verantwortung übernommenen Vergangenheit und einer verantwortungsvollen Gestaltung der Zukunft in der Gegenwart: „Die Güter der Gerechtigkeit, der Wahrheit, der Schönheit … brauchen Zeit, Beständigkeit, ‚Gedächtnis', oder sie degenerieren."[106]

Was tun wir, wenn wir der Opfer des Nationalsozialismus gedenken? Ist es indirekt die Last des schlechten Gewissens? Ist es der Wille zu demonstrieren, dass aus unserem Land auch andere als Adolf Hitler gekommen sind: Widerstandskämpfer, Helden, Märtyrer, Heilige? Wollen wir mit einem Trick aus der Rolle der durch die eigene Geschichte oder durch die Untaten der Väter Gedemütigten herausschlüpfen und in die Rolle der moralisch Ermächtigten eintreten?

Vermutlich werden wir in uns selbst oder bei anderen auch einen gewissen Widerwillen, eine Abwehr oder eine Reserve in Bezug auf die Forderung nach „Vergangenheitsbewältigung" merken. Nicht wenige wollen endlich einmal einen Schlussstrich ziehen, endlich einmal nicht mehr an diese Zeit erinnert werden, nicht mit den Gräueln, dem Schmerz, den Opfern, den Vorwürfen von Schuld, nicht mit der Beschämung konfrontiert werden. Das Gedächtnis an die Zeit des Nationalsozialismus ist nicht neutral und objektiv distanziert, es steht im Kontext von Sympathie, Apathie oder Antipathie, von Gleichgültigkeit, von Nihilismus, Hoffnung, Hass und

Verachtung, von Verzweiflung oder auch Verzeihen, von Freude am Leben oder Bitterkeit, von Funktionalisierung, Selbstrechtfertigung oder Anklage. In die Formen der Erinnerung mischt sich die Frage nach Gerechtigkeit, aber auch der Wille zur Macht. Dabei haben wir uns selbst zu fragen und von anderen fragen zu lassen, welche Rolle wir gegenwärtig einnehmen: Opfer, Richter, Täter, Angeklagter, Verstrickter, Schuldiger, Zuschauer, Beschämter, Anwalt, Flüchtling?

Erinnerung ist verbunden mit Trauer, Scham, Bekenntnis, Reue, Distanzierung, Klage, liebender Verbundenheit. Die Erinnerung an die Zeugen ist auch nicht mit einer vorschnellen Identifizierung verbunden, d. h. dass wir in einem großen Wir-Gefühl mit den Guten der Geschichte automatisch ohne Umkehr und ohne Besinnung auf die eigene Freiheit eins wären und uns arrogant über die „Bösen" der Vergangenheit erheben könnten.

Es ist gar nicht leicht, eine Kultur der Erinnerung zu leben. Wie geht denn das ohne Ästhetisierung des Leidens, ohne Funktionalisierung der Opfer für heutige Grabenkämpfe, ohne Kälte der historischen Statistik, ohne ins Museale abzugleiten? Wie ‚geht' Erinnerung ohne Vergleiche, ohne Gesichter und Namen ins Allgemeine zu walzen? Gerade die Unvergleichbarkeit fordert den Abschied vom Messen und Vergleichen, vom Wettkampf des Kribbelns. Das Gedächtnis würde zu kurz greifen, wenn wir uns bloß von der Gegnerschaft zum Nationalsozialismus her definieren, um die eigene politische und menschliche Armseligkeit zu übertünchen. Es entsteht eine Gegen-Abhängigkeit, wenn das eigene Denken, Fühlen und Urteilen von der Negation her bestimmt ist. Auch die Negation lässt sich die Inhalte ihrer Distanzierung noch einmal vorgeben.

Und: Es ist kein stolzes Gedenken, keine stolze Trauer, keine Geschichte, wie sie in Museen von Siegern aufbereitet wird. Wir stehen heute noch vor den Trümmern der Humanität, vor den Ermordeten, denen bis heute keine Gerechtigkeit widerfahren ist. Wir beklagen eine Barbarei der Nähe, in der sich das Verbrechen zwischen Menschen entfesselt hat, die durch Sprache, Nachbarschaft oder sogar durch Familienbande eng beieinander lebten. Wir stehen vor kleinen Zeichen der Menschlichkeit, vor verschlüsselten Formen des Protestes und des Widerstandes. Wir stehen vor der Angst und Lähmung von Menschen, die geschwiegen haben, weil sie ihr Leben liebten. Wir stehen vor dem Kalkül von Institutionen, die Unrecht nicht beim Namen nennen wollten, um ‚Aussöhnung' nicht zu gefährden.

Gezeiten der Erinnerung

Erinnerung und Versöhnung brauchen Zeit. Sie sind nicht einfach das Resultat von moralischen Postulaten oder Parolen. Zeit ist der Indikator, dass Aufarbeitung oder Bewältigung der Vergangenheit nicht in der Macht des monologischen Subjekts liegen, sondern der freien Gabe eines Anderen entspringen. Es gibt Gezeiten der Erinnerung in der Biografie eines Einzelnen wie auch in einer Gemeinschaft. Da ist die Wucht der Vergangenheit, die Zeit braucht, in der alle Gefühle hochkommen dürfen und müssen. Entscheidend ist die Frage, ob Apathie, Verzweiflung, Zorn, Aggression und Klage sich in der Zeit auf einen Prozess der Verwandlung öffnen lassen. Es gibt auch Phasen, in denen die Gestaltung der Gegenwart und der Blick nach vorne nicht Flucht, nicht inhumanes Vergessen, sondern Ausdruck der Freiheit und der lebendigen Hoffnung sind. – Diese Gezeiten der Erinnerung sind zu unterscheiden vom kommerziellen Interesse an bestimmten Epochen der Geschichte, von Fragen der Konjunktur und Opportunität, ob das Leiden der Vergangenheit eingebracht werden darf oder nicht.

Erinnerung steht im sozialen, politischen und religiösen Kontext der Vergangenheit und der Gegenwart; sie braucht die Aufmerksamkeit gegenüber Formen materieller und sozialer Armut, gegenüber Entwurzelung, gegenüber Ängsten, gegenüber Potentialen von Verachtung und Hass, von Ressentiment und Revanchismus; sie sucht aber auch nach Spuren der Aussöhnung und der Hoffnung.

Andenken und Name

Die Vergangenheit lässt sich nicht durch Verschweigen oder Vergessen ungeschehen machen. Zeit heilt nicht einfach die Wunden. Was verdrängt wird, beginnt als Leiche im Keller zu stinken. Gedächtnis des Leidens richtet sich primär auf ganz konkrete Menschen mit ihren Gesichtszügen, mit ihren Namen, mit ihrer Biografie, mit ihren Ecken und Kanten, mit ihrem Sinnentwurf. Im Vordergrund stehen die Opfer und Zeugen, die standgehalten haben, das Unrecht nicht mitmachen wollten, ihm Widerstand leisteten und den unschuldig Verfolgten geholfen haben. So haben nicht wir das erste Wort. Wir haben die Pflicht, den Opfern zuzuhören. Nur wer sich das eigene Leid von der Seele reden kann und wer es von anderen anerkannt erfährt, kann sich mit sich und mit den anderen versöhnen. Das Nicht-wahr-haben-Wollen tut noch einmal weh, macht hart und unversöhnlich.

An der Wurzel des Terrors und der Barbarei stand die Anmaßung absoluter Macht über Leben und Tod. An der Wurzel stand die Verachtung des Menschen, die Verachtung von Behinderten und Zigeunern, die Verachtung von politischen Gegnern, die Verachtung von Traditionen, die im jüdischen Volk lebten und leben, die Verachtung der ‚anderen'. Diese Verachtung hat sich aller Kräfte, auch die der Wissenschaften, der Medizin, der Ökonomie und sogar der Religion bedient. Von der Medizin her wurde lebenswertes und lebensunwertes Leben definiert und selektiert, es gab eine ökonomische Kosten-Nutzen Rechnung im Hinblick auf die Ermordung von Behinderten. Verachtung signalisierte: Du bist für mich überflüssig, reiner Abfall und Müll, den es zu verwerten und dann zu entsorgen gilt, eine Null, ein Kostenfaktor, den wir uns nicht mehr leisten wollen.

Wenn wir der Opfer gedenken, so wollen wir die, die zur Nummer, zum Kalkül, zur Funktion degradiert wurden, beim Namen nennen. „Denen will ich in meinem Hause und in meinen Mauern ein Denkmal und einen Namen (Yad Vashem) geben." (Jes 56,5)[107] Wir gedenken derer, die in der damaligen Zeit gerecht waren, die sich nicht vom Sog der Ideologie haben mitreißen lassen, die Widerstand geleistet haben. Wir gedenken derer, die ihr Leben lassen mussten, weil sie kleine Zeichen der Solidarität mit Kollegen gesetzt haben. Wir gedenken derer, die in der Zeit des Nationalsozialismus ihr Leben für die Rettung anderer riskierten. „Wer ein Leben gerettet hat, wird so betrachtet, als habe er das ganze Universum gerettet." (Talmud)

Wir haben uns aber auch zu vergegenwärtigen, wie sich durch den ‚Führer' eine dämonische Kraft eines großen Teiles des Volkes bemächtigen konnte, wie das menschliche Wort verrottete, wie durch ihn alle Güter und Werte ins Bodenlose stürzten. Es hilft keine Verteilung von Schuld, z. B. der Hinweis, dass andere ‚auch' schuldig seien. Die Opfer sind vor dem Vergessen zu bewahren und die Schuld vor dem bloßen Verdrängtwerden. Zum Schuldbekenntnis gehört die Schulderkenntnis. Es ist notwendig zu analysieren, wie und warum geschah, was geschehen ist. Geschieht das nicht, bleibt Erinnerung ein frommes Ritual. Was unaufgeklärt bleibt, droht mit Wiederholung.

Die Auseinandersetzung mit den Verbrechen des Nationalsozialismus ist keine rein historische Beschäftigung. Sie hat uns wachsam zu machen, wenn heute Menschen, Behinderte, Fremde in ein wirtschaftliches bzw. technokratisches Kalkül eingeordnet werden, und Menschen zu bloßen Kostenfaktoren degradiert werden.

Gesichter, Stimmen, Hände der Opfer klagen Apathie und stumpfe Gleichgültigkeit an. Das Gedenken ist letztlich auch eine Mahnung wider die Verrohung, wider den Kult der Gewalt, wider den Rückfall in die Barbarei.

Das Gedenken soll uns helfen, Hitler nicht posthum Recht zu geben durch das Vergessen der Schandtaten, durch das Ausmerzen der Opfer aus dem Gedächtnis. Erinnerung soll uns davor bewahren, ihm nicht nachträglich noch einmal Macht zu geben durch Selbstverachtung, durch Nihilismus, durch die Resignation der Menschenwürde. Gedächtnis der Opfer ohne Hoffnung wird zur Buchhaltung des Todes. Eine monologische Aufarbeitung oder Bewältigung der Vergangenheit wird zur Sisyphostätigkeit, deren Vergeblichkeit in Aggression oder Resignation umschlägt.

Walter Benjamin sucht in seinen „Geschichtsphilosophischen Thesen“[108] eine Weise des Umgangs mit der Geschichte, in der die Solidarität mit den Leidenden, Unterdrückten und Erschlagenen nicht aufgekündigt wird. Wenn durch das Eingedenken des Leids der Vergangenheit dieses zu einem unabgeschlossenen werden soll und die Leidenden, Opfer und Besiegten nicht bloß funktional auf den Fortschritt oder auf einen glücklichen Endzustand gedacht werden sollen, wenn es unmenschlich ist und einen Verrat an der universalen Solidarität bedeuten würde, die Toten tot sein zu lassen, dann muss letztlich ein Gott sein, der mit den Toten, Geschlagenen und Opfern durch die Macht der Auferweckung etwas anfangen kann. Erinnerung an die Opfer lässt sich nur in der Hoffnung auf Gott durchhalten, der mit den Opfern etwas anfangen kann; ansonsten würde die Solidarität mit den Leidenden, mit den Opfern, an einen willkürlichen Punkt abgebrochen.

Es wäre fatal, wenn im Schweigen und in der Ratlosigkeit die Sieger von gestern heute noch einmal triumphieren würden. Es wäre zynisch, wenn unter dem Vorzeichen der Resignation die Erschlagenen in alle Ewigkeit erschlagen, die Vergessenen vergessen, die Opfer für immer besiegt, die Toten für immer tot bleiben. „Es ist den Juden verboten, Hitler nachträglich siegen zu lassen. Es ist ihnen geboten, als Juden zu überleben, damit das jüdische Volk nicht untergehe. Es ist ihnen geboten, der Opfer von Auschwitz zu gedenken, damit das Andenken an sie nicht verloren gehe. Es ist ihnen verboten, am Menschen und seiner Welt zu verzweifeln und Zuflucht entweder im Zynismus oder der Jenseitigkeit zu suchen, damit sie nicht dazu beitragen, die Welt den Mächten von Auschwitz auszuliefern. Schließlich ist es ihnen verboten, am Gott Israels zu verzweifeln, damit das Judentum nicht untergehe."[109]

Täter und Opfer

Es stellt sich ganz massiv die Frage nach einer möglichen Versöhnung zwischen Tätern und Opfern. Können wir heute Versöhnung feiern? Können wir heute sagen: Entschuldigung? Oder gar Vergebung zusprechen? Wer kann sprechen? In wessen Namen, zu wem? Wer wird sie hören, und wie wird sie beantwortet werden? Mit welchem Recht und in welchem Maß übernehmen die späteren Generationen die Rolle der stellvertretenden Bitte um Entschuldigung bzw. der Vergebung?

Immanuel Kant ist in seiner „Religion innerhalb der Grenzen der bloßen Vernunft" von der Unvertretbarkeit in Schuld und Vergebung überzeugt: „Schuld ... kann ... nicht von einem anderen getilgt werden; denn sie ist keine transmissible Verbindlichkeit, die etwa, wie eine Geldschuld (bei der es dem Gläubiger einerlei ist, ob der Schuldner selbst oder ein anderer für ihn bezahlt), auf einen anderen übertragen werden kann."[110] – Der russische Dichter Dostojewskij schildert in seinem Roman „Die Brüder Karamasow" (1874) einen Großgrundbesitzer, der das Kind eines Leibeigenen durch seine Hunde zu Tode hetzen lässt, nachdem das Kind einen seiner Hunde versehentlich verletzt habe. Die Mutter musste den grausamen Tod ihres Kindes mit ansehen. Wer darf dem Großgrundbesitzer verzeihen? Der Bub kann es nicht, denn er ist tot. Die Mutter, so Iwan Karamasow zu seinem Bruder Aljoscha, darf dem Großgrundbesitzer die Ermordung ihres Kindes nicht verzeihen. Sie darf nur das Leid, das ihr selbst zugefügt wurde verzeihen, nicht das Leid ihres Kindes: „Schließlich will ich auch gar nicht, daß die Mutter den Peiniger umarmt, der ihren Sohn von Hunden zerreißen ließ! Sie darf sich nicht unterstehen, ihm zu verzeihen! Wenn sie will, mag sie verzeihen, soweit es sie selbst angeht; sie mag dem Peiniger ihr maßloses Mutterleid verzeihen: aber die Leiden ihres zerfleischten Kindes zu verzeihen, hat sie kein Recht; sie darf es nicht wagen, dem Peiniger zu verzeihen, auch wenn das Kind selbst ihm verziehe."[111]

Kann diese Kluft zwischen dem Leid der einen und der Schuld der anderen überhaupt überbrückt werden? Wird nicht gerade im Angesichte dieser Ereignisse die Rede von Versöhnung leer, ein Hohn gegenüber den Menschen, die damals gestorben sind? Ja, ist nicht die Rede von Heil überhaupt leid- und geschichtsvergessen und so triumphalistisch?

An den Opfern vorbei und hinter deren Rücken kann es keine Versöhnung geben. „Keine Versöhnung ohne Gerechtigkeit, keine Gerechtigkeit ohne Gericht, kein Gericht ohne den Schmerz der einholenden Wahrheit."[112] Es braucht das Gericht gegenüber den Tätern. Es muss die Idolisierung des eigenen Ich, welche das Leid der Opfer als Preis für den eigenen Erfolg in Kauf nimmt, sadistisch instrumentalisiert oder zynisch ignoriert, aufgedeckt werden. Schuldabschiebungsmechanismen und dahinterstehende Selbstgerechtigkeit muss als Lüge entlarvt werden. Die Gesichter und Namen der Opfer mit ihren Tränen und mit ihrem Klagen sollen den Tätern nicht erspart werden. Die Wahrheit macht frei: Das heißt für Täter, dass sie sich zur objektiven Wahrheit bekennen, diese beim Namen nennen und sich vom eigenen Unrecht distanzieren. Dabei sollte nichts vertuscht werden, nichts beschönigt, dem Unerbittlichen ins Auge geschaut, auch nichts vergessen werden.

Eine Versöhnung und Hoffnung ohne Gerechtigkeit für die Opfer ist inhuman. Ebenso braucht sie zumindest Ansätze von Bereitschaft zu Versöhnung und Hoffnung. Ansonsten besteht die Gefahr, dass die Erinnerung selbst wieder zur Keule der Aggression wird, zum Nährboden neuer Konflikte und Kriege, zum Wachstumshormon von Entfremdung und Ausgrenzung. Verzweiflung und Nihilismus sind Verrat an den Opfern selbst.

Versöhnung lässt sich nicht erpressen.[113] Wir können als Nachkommen der Täter und Opfer diesen die Versöhnung nicht diktieren. Jacques Derrida weist in einer paradoxen Formulierung gerade die Existenz und die Anerkennung des „Unverzeihbaren" als Bedingung der Möglichkeit von Verzeihung aus: „Man muss ... von der Tatsache ausgehen, dass es ... Unverzeihbares gibt. Ist es nicht eigentlich das einzige, was es zu verzeihen gibt? Das einzige, was nach Verzeihung ruft? ... Das Vergeben verzeiht nur das Unverzeihbare ... Es kann nur möglich werden, wenn es Un-mögliches tut."[114] „Das Vergeben ist also verrückt, es muss sich, aber hellsichtig, in die Nacht des Unverständlichen versenken."[115]

Was uns bleibt, ist die Hoffnung, dass die Ermordeten zu einer versöhnten Beziehung zu den Tätern gelangen. Wir können die Hoffnung offen halten, dass die Opfer in Jesu Verhältnis zu den Feinden und Tätern eintreten. „Christus aber sieht im Täter – trotz seiner Untaten – den Nächsten und sucht ihm einen Weg der Versöhnung zu eröffnen."[116] Freilich: Ob die Ermordeten und Verachteten ihre Feinde als ihre potentiellen Schwestern und Brüder bejahen werden können, diese Frage lässt sich nicht definitiv beantworten. Wer auf universale Versöhnung hofft, wird diese Möglichkeit der Feindesliebe aber nicht vorweg verneinen.

Heute berufen zur Heiligkeit

Geiz ist (nicht) geil

"It is not from the benevolence of the butcher, the brewer, or the baker that we expect our dinner, but from their regard to their own interest." (Adam Smith) Adam Smith wollte zeigen, wie der Egoismus des Einzelnen eine notwendige Voraussetzung für den Wohlstand aller ist.[117] Die zentrale Feststellung lautet, dass der Markt jener Ort ist, an welchem der Einzelne die besten Erfahrungen macht, wenn er seine Interessen selbstbezogen und eigennützig verfolgt. Verschwenderische Liebe könnte ihn ruinieren oder etwas weniger pathetisch ausgedrückt: Gerechtes Handeln bezieht sich lediglich auf das Einhalten von Verträgen und auf Gesetzeskonformität. Korrektheit statt Tugend genügt. Solidarität, Nächstenliebe, Skrupel – aber auch Zwang – sind nicht nur Störfaktoren auf dem freien Markt, sondern dort schlechterdings sinnlos. Das neoliberale Wirtschaftsdenken setzt alle positive Hoffnung auf eine wundersame Wohltätigkeit individueller Sünden. Die privaten Laster der Einzelnen – Habgier, Geiz und Neid – sollen zum Wohlstand aller führen.

Im März des Jahres 2001 erhielt der US-Offizier Charles H. Dameron von der Österreichischen Bundesregierung das Ehrenkreuz für Wissenschaft und Kunst verliehen. Es handelte sich um jenen Offizier aus der Sonderkommission der US-Army, der bei den Erhebungen über die jüngste Vergangenheit des Schlosses Hartheim am 21. Juni 1945 in einem Stahlbehälter die so genannte „Hartheimer Statistik" fand. Die „Hartheimer Statistik" errechnete die „Unkosten“, die entstanden wären, wenn die 70273 in den Euthanasieanstalten Deutschlands getöteten Menschen noch am Leben wären. Der Zehn-Jahres-Aufwand für 70273 Getötete: 885 439 800,00 RM (heute etwa 3,5 Milliarden Euro).

„Selbst in reichen Gesellschaften kann morgen jeder von uns überflüssig werden. Wohin mit ihm?“[118] Überflüssig ist schnell der, der in der Arbeitsgesellschaft nicht mehr arbeitet, in der Konsumgesellschaft nicht mehr kauft, in der Eventgesellschaft nicht mehr erlebt, in der Wissensgesellschaft zu wenig weiß, oder auch wer behindert, alt oder krank ist.

In den letzten Jahren war eine zunehmende Ökonomisierung vieler gesellschaftlicher Bereiche wie der Wissenschaft, der Altenpflege, der Medizin oder auch der Bildung festzustellen. Natürlich brauchen die Schulen Geld, selbstverständlich ist gutes Wirtschaften wichtig für das menschliche Dasein und das soziale Zusammenleben. Und doch reicht das Ökonomieprinzip allein für echtes menschliches Wachstum nicht aus. Vor zwei Fehlentwicklungen haben wir uns zu hüten: vor einem blinden Wirtschaftsglauben, aber auch vor blinder Wirtschaftsangst und Wirtschaftsfeindlichkeit. Wir brauchen um der Menschen willen eine gute und starke Wirtschaft. Es stellt sich aber die Frage nach der Reichweite des Ökonomischen.

„Bete, daß deine Einsamkeit der Stachel werde, etwas zu finden, wofür du leben kannst, und groß genug, um dafür zu sterben.“ (Dag Hammarskjöld)[119] Märtyrer wie Franz Jägerstätter oder Maximilian Kolbe verweisen auf eine andere Dimension des Menschen. Ein ganzheitliches, nicht allein an intellektueller Leistung oder wirtschaftlicher Verwertbarkeit orientiertes Verständnis des Menschen ist gefordert. Es geht um Grundüberzeugungen und Grundhaltungen wie: ein lebendiges Interesse an der Welt, das zutiefst aus dem Staunen, der Achtung und der Dankbarkeit kommt; Achtsamkeit, soziales Verantwortungsbewusstsein und Engagement, gelebte Solidarität, vielfältige Beziehungsfähigkeit und Weltoffenheit. Letztlich bleibt jedes Verständnis des Menschen und der Gesellschaft halbiert und eindimensional, wenn der Mensch nicht als Bild Gottes verstanden wird.

Franz Jägerstätter hat sich nicht durch die menschen- und gottverachtende Ideologie der Nazis kolonisieren und besetzen lassen. Er wurde nicht geblendet vom Herrenmenschen, der andere erobert und sich andere unterwirft. Franz Jägerstätter steht für den Wert und die Würde des menschlichen Gewissens. Eigennutz und Eigeninteresse galten ihm nicht als die letzten und einzigen Prinzipien. Für Franz Jägerstätter stand das neutestamentliche Liebesgebot im Zentrum. Nicht Neid, nicht Vergleich, Konkurrenz oder Rivalität prägen den Raum zwischen Ich und Du, sondern Wohlwollen und Geben, ja Lieben.

Diese Liebe verweist auf ein „Mehr", auf das Mehr der überströmenden und sich nicht erschöpfenden Liebe Gottes. Franz Jägerstätter hat das Liebesgebot gelebt, und zwar in den unterschiedlichen Dimensionen des Eros, der Ehe, der Nächstenliebe, der Caritas und auch der Feindesliebe.

Das Böse in den Genen?

„Das aggressive Verhalten des Menschen, wie es sich in Krieg, Verbrechen, persönlichen Streitigkeiten und in allen Arten destruktiven und sadistischen Verhaltens manifestiert, entspringt einem phylogenetisch programmierten, angeborenen Instinkt, der sich zu entladen sucht und auf den geeigneten Anlaß wartet, sich Ausdruck zu verschaffen."[120] So fasst Erich Fromm eine verbreitete Theorie der Ursache von Gewalt und Aggression zusammen. Aggression ist eine Energie im Menschen, die einfach auf Entladung drängt. Oder: Aggression ist ein angeborener Trieb, der der Arterhaltung dient. Das Böse ist dann keine Frage der Ethik und der Freiheit, sondern der biologischen Konstitution des Menschen.

Carl Friedrich von Weizsäcker nennt den Tod „ein Werk der Evolution" und sieht die „Fortentwicklung der Arten ... über die Leichen der Individuen" gehen.[121] Die Evolutionswelt ist notwendigerweise auf Überleben abgestellt, und zwar auf das der vorhandenen Gene, also auf deren vitalen Egoismus. Durch entsprechend fixierte Zufallsinformation pendelt sich Kooperation ein. Dies geschieht aber nicht etwa durch Elimination des Prinzips Ausbeutung, sondern vielmehr unter seiner Führung.[122] Sind die Gene von Haus aus Egoisten und Ausbeuter, sind sie Gangster, Räuber und Parasiten? Geht es um das „natürliche Recht des Stärkeren", um das „Survival of the fittest" oder den „Struggle for life"? Steht der Kampf an der Wurzel des Lebens?

Feinde und Geschwister

Es ist Ausdruck von menschlicher Schwäche und nicht von Stärke, anderen Menschen und Völkern von vornherein mit Abwertung und Verdacht zu begegnen oder alle, die sich nicht angleichen und unterwerfen, ins Lager der Feinde zu verweisen. Alles, was im Gegensatz zum Eigenen, zum Nahen, Bekannten, Gewohnten und Vertrauten steht, wäre dann nicht geheuer und würde als Bedrohung erfahren. Wer kein Hiesiger ist, würde als suspekt gelten. Sozialphilosophisch hat der deutsche Schriftsteller Hans Magnus Enzensberger festgehalten, dass der Konflikt mit dem Nachbarn der Fremdenfeindschaft vorausgeht: „Der verabscheute Andere ist ursprünglich wohl immer der Nachbar, und erst, wenn sich größere Gemeinwesen gebildet haben, wird der Fremde jenseits der Grenze zum Feind erklärt."[123]

Franz Jägerstätter steckt nicht in der Logik der Feindschaft, der Rivalität und der Konkurrenz. Es geht ihm nicht um Sieg oder

Niederlage. Und deshalb soll der Katholik auch um den Frieden und nicht um den Sieg beten (vgl. GBA 163). Weil vor Gott „eben alle Brüder und Schwestern sind, ... so sollen wir doch gegen niemand eine Feindschaft hegen oder einen Groll gegen andre haben." (GBA 164f.) Franz Jägerstätters Betonung der Feindesliebe verdankt sich seiner Bibellektüre. Zwei Aufzeichnungen – die zweite bereits 1943 im Gefängnis in Berlin geschrieben – unterstreichen dies deutlich: „Die Liebe, sie soll in uns so wachsen, daß wir auch unsere Feinde lieben können, dann erst können und dürfen wir uns Christen nennen, denn seine Freunde lieben, das kann der Antichrist oder der Heide auch." (GBA 116) – „Feindesliebe ist nicht charakterlose Schwäche, sondern heldische Seelenkraft und Nachahmung des göttlichen Vorbildes." (GBA 184)

Mut und Zivilcourage

1961 stand Adolf Eichmann in Jerusalem vor Gericht, eines der „Ungeheuer", die für die massenhafte Tötung der Juden verantwortlich waren. Das vermeintliche Ungeheuer stellte sich während des Prozesses als pflichtbewusster Bürokrat dar, der nur die Befehle eines Höheren ausgeführt hatte. Das veranlasste Hannah Arendt, ihrem Prozessbericht den Titel zu geben: „Eichmann in Jerusalem. Ein Bericht von der Banalität des Bösen". Das Wort von der Banalität des Bösen sollte die Durchschnittlichkeit des Täters bezeichnen; es legte nahe zu sagen: Die große Masse war nicht besser als Eichmann, jederzeit bereit, unter gleichen Umständen Gleiches zu tun. Es war der Typus des Schreibtischtäters, der kein spezifisches Unrechtsbewusstsein aufzubringen vermochte. In einer technisierten und bürokratisierten Welt wurden der Völkermord und die Ausrottung „überflüssig" erscheinender Bevölkerungsgruppen geräuschlos und ohne moralische Empörung der Öffentlichkeit zur Gewohnheit. Die Einzigartigkeit des Holocaust erblickte Arendt im Fehlen jeglicher moralischer Dimensionen, damit in der ausschließlich bürokratischen Natur des Vorgangs. Persönliche und moralische Mediokrität des Angeklagten veranlasst zur Schlussfolgerung, die im Untertitel des Buches aufgenommen ist: Banalität des Bösen. Eichmann hat sich nie vorgestellt, was er eigentlich anstellt. Seine Handlungen und Entscheidungen waren banal, gedankenlos, vordergründig ohne teuflisch dämonische Tiefe. „Daß eine solche Realitätsferne und Gedankenlosigkeit in einem mehr Unheil anrichten können als alle die dem Menschen vielleicht innewohnenden bösen Triebe zusammengenommen, das war in der Tat die Lektion, die man in Jerusalem lernen konnte."[124] Eichmann entschuldigt sich damit, dass er nicht als Mensch, sondern als bloßer Funktionär gehandelt habe.

Franz Jägerstätter hatte den Mut zur Wahrheit und zur Gerechtigkeit, obwohl damit massive Gefahren für sein eigenes Leben verbunden waren. Er war „guten Mutes", für die Wahrheit Gottes Zeugnis zu geben und entsprechend den Zu-mut-ungen der Bergpredigt vorrangig Gottes Reich zu suchen.[125] Er beklagt, dass viele Katholiken oft Feiglinge sind und vom Lob anderer abhängen und denken; die anderen Menschen seien einmal ihre Richter. Diese Angst vor Menschen nennt Jägerstätter dumm (GBA 21).

Lebensraum dieser Freiheit und Individualität, die Jägerstätter vor der Menschenfurcht und vor dem Aufgehen in die Masse bewahren, sind übrigens Gebet, Sonntag und Eucharistie. An Hans Rambichler schreibt er am 30. November 1941: „Gib ja das Beten nicht auf, damit Du nicht von dieser Schwachheit der Menschenfurcht überwältigt wirst." (GBA 20) Franz Jägerstätter versteht Gebet nicht fatalistisch oder quietistisch, „sondern als Résistance der Innerlichkeit, als höchste innere Freiheit, die gerade dazu befähigt, angstfreier und nicht korrumpierbar sich einzumischen in die Verhältnisse, wie sie sind."[126]

Franz Jägerstätter lebt den Mut zur Wahrheit. Im Brief an Franziska Jägerstätter aus dem Wehrmachtsuntersuchungsgefängnis in Linz vom 5. März 1943 schreibt er: „Wenn man dich fragt, ob Du mit dem einverstanden, daß ich nicht mehr kämpfen will, so sage ganz ehrlich aus, wie es dir am liebsten gewesen, denn für mich glaub ich, kann nichts erleichtern und auch kaum beschweren, denn würde ich vor Lügen und Schwindeln keinen so großen Schrecken haben, dann würde ich ohnedies nicht hier sitzen, und will mir auch weiterhin durch keine Lüge das Leben retten." (GBA 28) Und am Tag vor der Hinrichtung schreibt er: „Glaubt ihr vielleicht, Euch könnte dann kein Leid mehr treffen, wenn ich jetzt durch eine Lüge mir das Leben noch zu verlängern suchen würde?" (GBA 57)

Wahrnehmung fremden Leids

Es gehört zu den Verblendungen der Nazis, dass sie bei eigenem Leid, sei es bei Kindern oder auch bei Tieren, rührselig sein konnten und zugleich mit Brutalität Millionen von Menschen folterten und ermordeten. Das Leid der anderen, der Juden, der Polen, der Behinderten, der Völker, gegen die sie in den Krieg zogen, wurde nicht wahrgenommen. – Auch die mediale Vermittlung von Kriegen in den letzten Jahren und in der Gegenwart zeigte zum einen die eigenen Opfer, das Weinen und Klagen um die eigenen Toten, zum anderen rühmte man sich, wie mit technischer Präzision Gegner, Feinde getroffen und vernichtet wurden.

Franz Jägerstätter ist nicht auf das eigene Leid fixiert und schon gar nicht darin verliebt. Sein Blick richtet sich auf die anderen. Bei der Beurteilung des Krieges geht er nicht von den Siegesmeldungen aus, sondern von der Frage nach der Schuld an den Opfern. So überwindet er die Apathie und Fühllosigkeit in der Wahrnehmung gegenüber Leid und Opfer. Er fühlt sich in die Opfer hinein, und das in einer Gesellschaft, die den Willen zur Macht und die Verachtung der Schwachen vergötzt hat. Prophetisch ist sein Aufdecken der Antlitze der Opfer gegen deren Verhüllung durch die Sieger. Er bringt die Leidenden zur Sprache, gegen das Gebrüll der Propagandareden. Johann Baptist Metz sieht die Autorität der Leidenden, die Compassion als „Weltprogramm des Christseins" heute: „Die Mystik der Bibel ist in ihrem Kern eine politische Mystik, näherhin eine Mystik der politischen, der sozialen Compassion. Ihr kategorischer Imperativ lautet: Aufwachen, die Augen öffnen! Jesus lehrt nicht eine Mystik der geschlossenen Augen, sondern eine Mystik der offenen Augen und damit der unbedingten Wahrnehmungspflicht für fremdes Leid."[127]

Berufung zur Heiligkeit

Franz Jägerstätter sieht es schon lange vor dem Zweiten Vatikanischen Konzil nicht als Privileg oder als Sonderweg an, nach Heiligkeit zu streben: „Und doch ist es nicht bloß Pflicht einzelner, nach Heiligkeit zu streben, sondern aller ... Ein frommer Christ sein und nach Heiligkeit streben ist nicht mehr als Gottes Willen in allem zu erfüllen." (GBA 65f.) Heiligkeit, Nachfolge Jesu und Martyrium werden häufig idealistisch missverstanden oder moralisch verkürzt. Es gab die Rede von den „perfecti", von den vollkommenen Christen, von den wirklichen Christen etc. Würde sich eine Theologie der Heiligkeit und des Martyriums in idealistischen Postulaten und in moralischen Idealen erschöpfen, wäre sie schlecht beraten. Sie wäre auch nicht dem Evangelium gemäß. Nachfolge Jesu ist keine Sofort- und keine Endlösung. Geistlich sind keine Alles-oder-nichts-Lösungen, keine undifferenzierten Schwarz-weiß-Malereien. Auf dem Humus einer jeden Biografie wachsen Unkraut und Weizen. „Heilig" ist nicht jener, bei dem es von vornherein kein Unkraut gibt. Wichtig ist die Wahrhaftigkeit gegenüber der eigenen Motivation, das Wissen um die Schwächen, das Kennen von mühsamen Phasen, das Eingeständnis von Irrwegen, Sackgassen, die Bereitschaft zur Umkehr, zur Läuterung, zum Wachsen und die Geduld des Reifens. Leben in der Nachfolge Jesu ist nicht als Fertigprodukt entweder gegeben oder eben nicht gegeben, es ist wie bei den Jüngern mit einem mühsamen lebenslangen Lernprozess verbunden, der bis zum Tod nicht abgeschlossen ist. Da gibt es Höhen und Tiefen, Gelingen und Versagen, Hindernisse, Schwierigkeiten, auch Umbrüche, Scheitern und Wachsen.

Anders gesagt: Die Biografie der Jünger Jesu und der Heiligen der Kirche ist keine reine Erfolgsgeschichte oder ein Heldenepos. Bildlich gesprochen: Es ist nicht von der freien und geraden Fahrt auf der Autobahn die Rede. Es geht nicht um die Gerade als geometrische Figur, d. h. als kürzeste Verbindung zwischen Geburt und Vollendung. Das gilt auch für den Lebensweg von Franz Jägerstätter. Ohne jetzt seinen geistlichen Weg in ein spirituelles System zu pressen oder in ein letztlich doch mehr neuplatonisches als christliches Aufstiegsschema einzuspannen, zeigen sich Momente des Lernprozesses: Nach negativen Erfahrungen der inneren Leere hat er so etwas wie ein Bekehrungserlebnis in den frühen Dreißigerjahren. Zur inneren Dynamik des Weges gehört bei ihm die Liebe zur Heiligen Schrift, eine tiefe eucharistische Frömmigkeit, das Einlassen auf Übungswege und Gebetsweisen, aber auch die Bereitschaft, sich politisch zu informieren und die Zeitereignisse zu diagnostizieren. Zur Dynamik des Weges gehören seine Spiritualität der Ehe und seine Liebe zu den Kindern, aber auch verborgene alltägliche Formen, Verantwortung für andere wahrzunehmen und Dienste zu verrichten. Auf diesem Hintergrund wird der Glaube zur Unterscheidungs- und Entscheidungskraft. Er versteht sein Leben „im Angesichte Gottes". Um die Richtigkeit der Gewissensentscheidung musste er lange ringen. Dabei hat er sich dem Gespräch, dem Rat, der Korrektur ausgesetzt. Seine Entscheidung kommt sicher nicht aus der Arroganz dessen, der ohnehin alles besser weiß und keinen anderen braucht. Aus einem gebildeten und reifen Gewissen heraus hat er ein entschiedenes Nein zum Nationalsozialismus gesagt und ist wegen seiner konsequenten Weigerung, in Hitlers Krieg als Soldat zu kämpfen, hingerichtet worden: „Müssen wir nicht jetzt weit größere Heilige werden als unsere ersten Christen?" (GBA 179)

Das Zweite Vatikanische Konzil hat die allgemeine Berufung zur Heiligkeit wieder in die Erinnerung gerufen. Mit Absicht wird diese Berufung im 5. Kapitel der Kirchenkonstitution vor die einzelnen Ausprägungen, z. B. im Ordensleben, gesetzt. „Daher sind in der Kirche alle, mögen sie zur Hierarchie gehören oder von ihr geleitet werden, zur Heiligkeit berufen gemäß dem Apostelwort: ‚Das ist der Wille Gottes, eure Heiligung' (1 Thess 4,3; vgl. Eph 1,4). Diese Heiligkeit ... drückt sich vielgestaltig in den Einzelnen aus, die in ihrer Lebensgestaltung zur Vollkommenheit der Liebe in der Erbauung anderer streben ... Jedem ist also klar, daß alle Christgläubigen jeglichen Standes oder Ranges zur Fülle des christlichen Lebens und zur vollkommenen Liebe berufen sind. Durch diese Heiligkeit wird auch in der irdischen Gesellschaft eine menschlichere Weise zu leben gefördert."[128] Zudem sieht die Pastoralkonstitution des Konzils vom Geheimnis der Inkarnation her keinen Bereich des Lebens, der Kultur und der Gesellschaft als wertneutral gegenüber dem Reich Gottes.[129]

Ich glaube nicht, dass ich die nachkonziliare Entwicklung falsch einschätze, wenn ich meine, dass die oben angeführten Abschnitte des Konzils wenig im kirchlichen Allgemeinbewusstsein rezipiert wurden. Die Unbeholfenheit gilt für das Verständnis von Heiligkeit, aber auch und im Besonderen für die Rede von Berufung und Gnade. Und teilweise war es mehr ein frommer Wunsch als Wirklichkeit, das Evangelium in die Wirtschaft, in die Kultur, in die

Wissenschaft einzupflanzen. Man wusste eher negativ und kritisch, was das Evangelium dort verbiete, nicht aber, was es dort konkret forderte. Das Verständnis von Christentum und Glaube hat sich nicht selten in eine abstrakte Allgemeinheit verflüchtigt. Wo der Glaube auf ein Postulat der Moral, das rein Individuelle oder auch auf das Politische reduziert wird, da geht er meist eher unheilige Allianzen mit dem Zeitgeist, mit Moden oder Strömungen ein. Der Preis dafür war letztlich die Angleichung des Evangeliums an das bürgerliche Bewusstsein. Die billige Gnade der Religion wurde in eine private Innerlichkeit gesperrt. – Franz Jägerstätter hat seinen Glauben öffentlich vor den damaligen Foren verantwortet. Und er hat das Streben nach Heiligkeit in geschichtlich abgründiger Stunde durchbuchstabiert.

Der Weg zur Seligsprechung

Selig- und Heiligsprechungen stehen in einem Netz von Erwartung, Gleichgültigkeit und Skepsis. Sie entspringen dem „Sensus fidelium“, der Glaubenserkenntnis der Gläubigen, und greifen auf, was in vielfältiger Weise an liebender Verbundenheit, an Vertrautheit und Trost durch die Freundschaft mit den Freunden Gottes, durch Gebet um Fürbitte, durch Zeugniskraft, Herausforderung und Provokation zur Nachfolge gewachsen ist. Auf diesem Boden ist eine Seligsprechung dann „das feierliche Urteil des Papstes über das geglückte Leben und Sterben von Christen, die dem Vorbild besonders gefolgt sind und durch das Vergießen ihres Blutes (Märtyrer) oder durch heroische Tugendübung (Bekenner) ein hervorragendes Zeugnis für das Himmelreich abgelegt haben.“ (AAS 75 [1983], 349). In diesem Sinn will eine Selig- bzw. Heiligsprechung die Hoffnung der Menschen stärken und Selige bzw. Heilige als Vorbilder und Fürsprecher geben (Katechismus der Katholischen Kirche Nr. 828).

Sicher gibt es nicht wenige Missverständnisse: Heilige stehen nicht in Konkurrenz zur Mittlerschaft Christi, sondern stellen diese in der jeweiligen Zeit dar. Bei der Verehrung von Menschen geht es nicht um Anbetung, die allein Gott gebührt. Heilige sind nicht primär moralische Imperative, Ideale oder Postulate, sondern zuerst die Verwirklichung der Heilszusage Jesu Christi. Heilige sind keine Elite, angesichts deren gewöhnliche Menschen in ihrer Suche nach Heiligkeit resignieren müssten. Bei Selig- und Heiligsprechungen geht es nicht um Fragen des Geldes, der kirchlichen

Macht oder des politischen Einflusses. Die Überzeugung von der Heiligkeit der Kirche darf kein Alibi dafür sein, um sich vom Eingeständnis der Schuld, von Reue und Umkehr zu dispensieren.

In der biblischen Tradition ist Gott allein der Heilige und Jesus Christus, der das Reich Gottes in Person vergegenwärtigt, der „Heilige Gottes“ (Mk 1,24; Joh 6,69). Er ist der Weg zum Vater und der treue Zeuge des heiligen Gottes. In Jesu Leben, Tod und Auferstehung wird das Reich Gottes erlösend und befreiend, personal und sozial, psychisch und leiblich sichtbar. Der Heilige Geist beschenkt Menschen mit Heiligkeit und beruft sie zur Heiligkeit (1 Thess 4,3). Menschliche Heiligkeit ist keine Leistung aus eigener Kraft und keine Selbsterlösung, sondern mitvollzogenes Wirken Gottes. Gott ist es, der gibt, aber er gibt zum Tun. Gott befähigt zum Mittun. „Wir sind Gottes Mitarbeiter.“ (1 Kor 3,9) Mit der Rede menschlicher Heiligkeit wird deutlich, dass Gottes Lebenskraft nicht ins Leere geht, dass seine Gabe nicht zum Frust da ist und seine Gnade nicht vergeblich ist (Mt 25,14–30; 1 Kor 15,10).

Das Zweite Vatikanische Konzil betont die Berufung aller Christen zur Heiligkeit (Kirchenkonstitution Nr. 39). Der Mensch gewinnt seine Identität, wenn er seine Berufung als Abbild Gottes in der Nachfolge Jesu und in der Offenheit für den Geist Gottes realisiert. Das ist nicht privatistisch oder rein jenseitig misszuverstehen, denn Heiligkeit zielt auch auf eine humane und solidarische Weise zu leben. Die Heiligen und ihre Verehrung können zu Medien der Hoffnung auf Befreiung und Gerechtigkeit werden.

Heiligsprechung und Heiligenverehrung sind Ausdruck der Solidarität zwischen den in Gott Vollendeten und denen, die als „Pilger“ unterwegs sind, Zeichen liebenden Gedächtnisses, der Ermutigung zur Nachfolge, der gemeinsamen Anbetung in der Liturgie, des Trostes in Leid und Verfolgung. In der Begegnung mit den Heiligen gilt es, die eigene Gottebenbildlichkeit je neu zu bedenken und zu realisieren. Die von Jesus repräsentierte Wahrheit des Reiches Gottes und der Gemeinschaft der Heiligen wird im Geist der Seligpreisungen lebendig. Eines muss auch klar sein: Verlieren die Heiligen ihre vorbildhafte Wirkung, gehen die Bilder der Heilshoffnung auf säkulare Idole über.

Seliger Franz Jägerstätter

Als Franz Jägerstätter wegen Wehrkraftzersetzung zum Tod verurteilt und am 9. August 1943 in Brandenburg/Havel enthauptet wurde, begleiteten ihn als Seelsorger Pfarrer Kreutzberg in Berlin und Pfarrer Jochmann in Brandenburg. Beide sehen in ihm einen Heiligen und Märtyrer.[130] Der Gefängnispfarrer Jochmann sagte am Tag der Hinrichtung zu Vöcklabrucker Schulschwestern (heute Franziskanerinnen) aus Oberösterreich, die damals in Brandenburg stationiert waren: „Ich kann euch nur gratulieren zu diesem eurem Landsmann, der als Heiliger gelebt und als Held gestorben ist. Ich habe die Gewissheit, dass dieser einfache Mensch der einzige Heilige ist, der mir in meinem Leben begegnet ist." Nach dem Krieg brachten diese Schwestern die Urne mit den Überresten Jägerstätters nach St. Radegund, wo sie am 9. August 1946 beigesetzt wurde. Pfarrer Josef Karobath, der in der Nazizeit die Pfarre hatte verlassen müssen, schrieb 1945 nach seiner Rückkehr in die Pfarre in die Pfarrchronik von St. Radegund: „Wenn es in diesem gemeinen Krieg einen Helden gegeben hat, dann war es Jägerstätter Franz. Er war ganz sicher ein Heiliger von Format." Karobath wollte Jägerstätters Briefe abschreiben und zur Verfügung stellen. Sein Bericht vom 27. Juli 1945 an das Seelsorgeamt der Diözese Linz, bestimmt für die Linzer Kirchenzeitung und für die amerikanische und englische Presse, wurde jedoch von der Diözesanleitung abgelehnt: „Anbei sende ich Ihnen kurzen Bericht über Franz Car. Jägerstätter. Er war sicher ein Heiliger. Könnten Sie nicht über ihn einen Bericht in österreichischen, amerikanischen u. englischen Zeitungen veröffentlichen? Vielleicht könnte man hier einen kath. Schriftsteller einspannen. Könnte man nicht Hümmeler dazu einspannen, weil ja besonders sein Werk: Helden und Heilige auf Jägerstätter großen Einfluß hatte. Ich werde in der nächsten Zeit seine Briefe abschreiben und sie zur Verfügung stellen, wenn das Seelsorgeamt Interesse hat. Vielleicht kann uns Jägerstätter, wenn seine Biographie in Amerika u. England bekannt wird, helfen, daß wir ein bißchen gnädiger drauskommen." Franz Vieböck, Generalsekretär des Seelsorgeamtes in Linz und Schriftleiter der Kirchenzeitung erwiderte am 11. August 1945: „Ich bin überzeugt, daß der Mann persönlich ein Heiliger war, doch hat eine Verbreitung seines Lebens und Sterbens in der Öffentlichkeit manche Bedenken." Und Bischof Fließer vermerkte auf dem Akt: „Der Antrag wird von mir abgelehnt. Bei aller Achtung vor der subjektiven Haltung des Mannes kann er nicht als objektiv gültiges Vorbild für seine Haltung zur Militärpflicht hingestellt werden ... Vorbild ist und bleibt er in der absoluten Treue zu seinem Gewissen." Und bei der Ablehnung eines Beitrages von Pfarrer Leopold Arthofer (Kronsdorf) schreibt Franz Vieböck nach Rücksprache mit Bischof Fließer am 27. Februar 1946: „Exzellenz hat sich nun folgendermaßen geäußert: Jägerstätter ist ein Fall, der einer gründlichen Einbegleitung aus der katholischen Moral bedarf, wenn er nicht Verwirrung und unruhige Gewissen, sondern Erbauung schaffen soll ... Alle Achtung vor einem schuldlos irrigen Gewissen; es wird vor *Gott* seine Würdigung finden. Für die Pädagogik an den *Menschen* sind die Beispiele der Helden, die aus eindeutig richtigem Gewissen konsequent gehandelt haben, die besseren Vorbilder. So der Bischof. Jägerstätter müßte also von der Seite gesehen werden, daß er ein Martyrer seines Gewissens ist."

1964 machte Gordon Zahn, ein amerikanischer Soziologe, Jägerstätters Zeugnis mit seinem Werk „In Solitary Witness. The Life and Death of Franz Jägerstätter“ in den USA und international durch Übersetzungen in Frankreich, Italien, Griechenland, Deutschland und Österreich (1967) bekannt. Dieses Werk hatte großen Einfluss auf die katholische Friedensbewegung. So verknüpften in den USA katholische Gegner des Vietnamkrieges ihren Protest mit der Verweigerung Jägerstätters. Auch bei der Gründung der Pflugscharbewegung in den 80er Jahren, die gegen die militärische Expansion und gegen die Herstellung von nuklearen Waffen protestiert, wird Jägerstätter vom amerikanischen Jesuiten Daniel Berrigan ein großer Einfluss zugeschrieben.

Im Jahre 1965 verweist Erzbischof Thomas D. Roberts bei der Arbeit an der Pastoralkonstitution des Zweiten Vatikanischen Konzils in einer schriftlichen Eingabe auf die einsame Gewissensentscheidung Franz Jägerstätters und stellt ihn als Vorbild für Kriegsdienstverweigerung aus Gewissensgründen dar: „Er wurde vom Heiligen Geist auserwählt, für eine Wahrheit Zeugnis abzulegen, welche ‚weisere‘ Menschen weder erkennen noch annehmen ... Märtyrer wie Jägerstätter sollen nie das Gefühl haben, daß sie allein sind.“ Roberts appellierte an die Konzilsväter, „diesen Mann und sein Opfer in einem Geiste von Dankbarkeit zu betrachten, damit sein Beispiel unsere Beschlüsse inspiriere.“

In Österreich macht 1971 Axel Cortis Film „Der Fall Jägerstätter“ dieses Zeugnis stärker bekannt und löst heftige öffentliche Diskussionen und Auseinandersetzungen aus. Mit der Veröffentlichung der Biografie „Franz Jägerstätter: ‚... besser die Hände als der Wille gefesselt ...‘“ (1985) und mit den „Gefängnisbriefen und Aufzeichnungen“ (1987) hat Dr. Erna Putz die Grundlagen für eine intensive Auseinandersetzung mit Franz Jägerstätter gelegt. Seit 1983 initiiert und organisiert Dr. Erna Putz jährlich Gedenkfeiern am Todestag (9. August) und Symposien zu runden Geburtstagen am 20. Mai (1987 in Linz, 1997 in sWien). Diese sind zu internationalen Foren geworden, auch zu Orten der Begegnung zwischen den Generationen, zwischen ganz unterschiedlichen kirchlichen Gruppen, zwischen Vertretern der Friedensbewegung und ehemaligen Soldaten. Stark vertreten sind immer auch die Mesner und Sakristane. Das alte Jägerstätter-Haus wird seit 1993 auf Initiative des Pfarrers von St. Radegund Josef Steinkellner als Gedenk- und Begegnungsstätte genutzt. Jägerstätter inspirierte immer wieder Künstler, wie Axel Corti, Andreas Gruber, Klaus Degasperi. In Israel wird Jägerstätters Zeugnis 2003 durch das Theaterstück „Eye Witness" – Augenzeuge von Joshua Sobol bekannt. Der tschechische Komponist Pavel Smutny schuf eine „Missa heroica in honorem Franz Jägerstätter" und eine geistliche Kammeroper „Mysterium Fidei" über Franz und Franziska Jägerstätter. Und in Graz kommt es am 22. September 2007 zur Uraufführung der Kirchenoper „Franz Jägerstätter" von Viktor Fortin (Libretto von Gerd Linke).

Nach langjährigen Vorbereitungsarbeiten leitete der Linzer Diözesanbischof Dr. Maximilian Aichern am 7. Oktober 1997 den offiziellen Informativprozess zur Seligsprechung von Franz Jägerstätter ein. Aufgrund der vielseitigen Verehrung hatte die Diözese Linz im Jahre 1989 begonnen, nähere Informationen über Franz Jägerstätter zu sammeln. Am 27. Februar 1989 konstituierte Bischof Aichern eine Vorbereitungsgruppe und beauftragte sie, wichtige Zeitzeugen zu befragen. Nach dem Vorliegen der Ermittlungen und Befragungen wurde die Österreichische Bischofskonferenz befasst und diese hat einem Seligsprechungsprozess zugestimmt. Im Linzer Diözesanblatt vom 1. Juli 1994 ersuchte Bischof Aichern öffentlich um Mitteilung und Stellungnahmen zum Fall Jägerstätter. Darüber hinaus errichtete der Linzer Bischof eine „Historisch-

Theologische Kommission" für die Causa Franz Jägerstätter. Diese Kommission arbeitete vom September 1995 bis März 1997. Diese Arbeiten haben gezeigt, so das Linzer Diözesanblatt, „dass das Beispiel der Gewissenstreue von Franz Jägerstätter, seiner Fähigkeit, falsche Propheten zu durchschauen, und seiner Treue zum Willen Gottes bis zur Hingabe des Lebens für die Kirche und ihre Verkündigung der Botschaft Jesu in unserer Zeit eine wirksame Hilfe sein könnte. Auf Rat der Vorbereitungskommission hat sich daher Diözesanbischof Maximilian Aichern entschlossen – beispielhaft für viele weniger bekannte, die ein ähnliches Zeugnis gegeben haben, und in Anerkennung all jener, die das damit verbundene Leid mitgetragen haben – den offiziellen Informativprozess über Franz Jägerstätter in der Diözese Linz zu beginnen. Das endgültige Urteil ist Rom vorbehalten."[131]

In den folgenden Jahren wurden alle Daten, Dokumente und Zeugnisse, die über Jägerstätter existieren, gesammelt, gesichtet und erfasst. Der Akt enthält auch 25 Zeugenaussagen von Personen, die Jägerstätter noch persönlich gekannt und zum Teil auch im Gefängnis erlebt haben. Zudem sind moraltheologische, dogmatische, archivwissenschaftliche, historische und strafrechtliche Fachgutachten einbezogen, in denen auch vorgebrachte kritische Aspekte mit berücksichtigt werden. Der rund 750 Seiten umfassende Akt wurde am 21. Juni 2001 im Linzer Bischofshof versiegelt und nach Rom weitergeleitet. Damit wurde das „Informativverfahren" im Seligsprechungsprozess für Franz Jägerstätter in der Diözese Linz abgeschlossen und zur Prüfung und Entscheidung der vatikanischen Kongregation für Selig- und Heiligsprechungen (Congregatio de Causis Sanctorum) übergeben.[132]

Von dieser Kongregation kam am 3. Oktober 2003 das Dekret über die Gültigkeit des diözesanen Informativprozesses. Am 31. März 2006 sprachen sich die theologischen Konsultoren der Kongregation (Congressus Peculiaris Consultorum Theologorum) mehrheitlich dafür aus, dass „dieser exemplarische Familienvater bald zum Märtyrer Christi deklariert werde, wenn dies der Heilige Vater gutheißt.“[133] Die Kardinäle und Bischofe der Kongregation stellten in ihrer ordentlichen Sitzung am 20. Februar 2007 klar, dass der Diener Gottes Franz Jägerstätter auf Grund von Glaubenshass („in odium fidei“) hingerichtet wurde. Das Dekret über das Martyrium (Decretum super Martyrio) ist mit 1. Juni 2007 datiert und vom Präfekten der Kongregation, Iosephus Card. Sarava Martins, sowie vom Sekretär Erzbischof Michael di Ruberto unterschrieben: „Constare de martyrio eiusque causa Servi Dei Francisci Jägerstätter, Christifidelis laici, in casu et ad effectum de quo agitur.“

Gebet um die Seligsprechung von Franz Jägerstätter[134]

Herr Jesus Christus,
du hast deinen diener Franz Jägerstätter
mit einer tiefen Liebe zu dir, zu seiner Familie
und zu allen Menschen erfüllt.
In einer Zeit der gott- und menschenverachtenden Barbarei
hast du ihm ein unbestechliches und klares Urteil geschenkt.
Im Glauben und in der Treue zu seinem Gewissen
hat er ein entschiedenes Nein zum Nationalsozialismus
und zum ungerechten Krieg gesagt
und sein Leben hingegeben.

Wir bitten dich:
Zeige ihn der Kirche als Seligen,
damit sich viele an ihm aufrichten
und durch sein Beispiel
in der Liebe zu dir und den Menschen wachsen.
Lass sein Vorbild leuchten in unserer Zeit,
und schenke allen auf seine Fürsprache die Kraft,
für Gerechtigkeit, Frieden und Menschenwürde einzutreten.
Dir sei Ruhm und Ehre mit dem Vater und dem Heiligen Geist
jetzt und allezeit und in Ewigkeit.
Amen.

Gebete und Liturgie für den Gedenktag am 21. Mai (Tauftag)[135]

Oration:

Omnipotens sempiterne Deus,
qui beatum Franciscum (Jägerstätter)
conscientiae rectae voluntatis obsequentem usque ad mortem
pro fide et iustitia certare roborasti,
praesta, quaesumus, ut intercessione eius
tibi, qui solus es vita salusque nostra,
corde sincero et integra conscientia iugiter adhaerere studeamus.
Per Dominum.

Allmächtiger, ewiger Gott,
du hast dem seligen Franz (Jägerstätter) die Kraft gegeben,
mit seinem Leben und Sterben für Recht und Wahrheit einzutreten.
Höre auf seine Fürsprache.
Hilf uns, unserem Gewissen treu zu bleiben
und dich, unser wahres Leben,
mit ungeteiltem Herzen zu suchen
durch Jesus Christus …

Schriftlesungen:

Röm 8,31b–39 (aus dem Commune)
Mt 5,1–12a

Lesehore (2. Lesung): Was kann uns scheiden von der Liebe Christi?

Brief aus dem Gefängnis Juli/August 1943:

„Werde hier nun einige Worte niederschreiben, wie sie mir gerade aus dem Herzen kommen. Wenn ich sie auch mit gefesselten Händen schreibe, aber immer noch besser, als wenn der Wille gefesselt wäre. Offensichtlich zeigt Gott manchmal seine Kraft, die er dem Menschen zu geben vermag, die ihn lieben und nicht das Irdische dem Ewigen vorziehen. Nicht Kerker, nicht Fesseln, auch nicht der Tod sind es imstande, einen von der Liebe Gottes zu trennen (vgl. Röm 8,35), ihm seinen Glauben und den freien Willen zu rauben. Gottes Macht ist unbesiegbar. Seid gehorsam und untertänigst der Obrigkeit, diese Worte fliegen einem heute schon bald von allen Seiten zu, ja sogar von Menschen, die ohnehin fast nichts mehr glauben, was in der Hl. Schrift steht und was Gott uns zu glauben befohlen hat. Wenn man für jeden Menschen sich solche Mühe geben möchte, von der schweren Sünde und daher vor dem ewigen Tode zu erretten, als man mit mir sich Mühe gibt, vom irdischen Tode mich zu erretten, so müßte wahrlich schon der Himmel auf dieser Welt sein. Immer wieder möchte man einem das Gewissen erschweren betreffs Gattin und Kinder. Sollte die Tat, die man begeht, dadurch vielleicht besser sein, weil man verheiratet ist und Kinder hat? Oder ist deswegen die Tat besser oder schlechter, weil es Tausende anderer Katholiken auch tun? Ist vielleicht jetzt auch das Rauchen eine Tugend geworden, weil es Tausende von Katholiken tun? Dürfte man deswegen auch lügen, weil man Gattin und Kinder hat und selbe noch dazu mit einem Eide bekräftigen? Hat nicht Christus selbst gesagt, wer Gattin, Mutter und Kinder mehr liebt als mich, ist meiner nicht wert (vgl. Mt 10,37). Aus welchem Grund bitten wir denn dann Gott um die sieben Gaben des Hl. Geistes, wenn wir ohnedies blinden Gehorsam zu leisten haben?

Zu was hat denn Gott alle Menschen mit einem Verstande und freien Willen ausgestattet, wenn es uns, wie so manche sagen, gar nicht einmal zusteht, zu entscheiden, ob dieser Krieg, den Deutschland führt, gerecht oder ungerecht ist? Zu was braucht man dann noch eine Erkenntnis zwischen dem, was Gut oder Böse ist?

Ich glaub, man kann auch ruhig blinden Gehorsam leisten, aber nur dann, wenn man niemand andren dabei schädigen muß. Wären die Menschen heutzutage noch aufrichtiger, so glaub ich, müßte doch noch so mancher Katholik dabei sein und müßte sagen; ‚Ja, ich sehe ein, daß die Tat gerade nicht gut ist, die wir da begehen, aber ich bin einfach noch nicht bereit zum Sterben.' Hätte mir Gott nicht die Gnade und Kraft verliehen, für meinen Glauben auch zu sterben, wenn es verlangt wird, so würde ich halt vielleicht dasselbe tun, wie die Mehrzahl es tut. Gott kann eben jedem soviel Gnaden geben, wie er will. Hätten andre diese vielen Gnaden empfangen, wie ich sie schon erhalten habe, sie hätten vielleicht schon weit mehr Gutes geleistet wie ich ...

Kein Auge hat es gesehen, kein Ohr hat es gehört und in keines Menschen Herz ist es gedrungen, was Gott denen bereitet hat, die ihn lieben (vgl. 1 Kor 2,9)." (GBA 75ff.)

ANHANG

VORTRÄGE ZUM 9. AUGUST

Das Jägerstätter-Gedenken

Einleitung: Das Jägerstätter-Gedenken

Es war im Sommer 1983, zum 40. Jahrestag seines Todes, als auf Initiative von Dr. Erna Putz in Ostermiething und St. Radegund zu einer Veranstaltung zum Gedächtnis an Franz Jägerstätter eingeladen werden konnte, die seither jährlich abgehalten wird. Die Zeit schien reif, das Gedenken dieses Mannes auch in einer größeren Öffentlichkeit und vor Ort zu pflegen und sein außerordentliches Lebenszeugnis im gemeinsamen Feiern gegenwärtig zu setzen.

Vor allem sollte auch das Wissen über Franz Jägerstätter bei allen Beteiligten vertieft werden. Sind doch die Einsicht in die historischen Zusammenhänge sowie eine differenzierte ethische und theologische Bewertung der einzelnen Aspekte des Geschehenen Grundlage für eine je größere Wertschätzung der Person Jägerstätters – ja, vielleicht auch für einen Prozess der Versöhnung; denn die Entscheidung Jägerstätters, den Wehrdienst in Hitlers Heer zu verweigern, hatte gerade in seiner Heimat großes Unverständnis und teils heftige Ablehnung hervorgerufen. Referate und Vorträge standen daher von Anfang an auf dem Programm dieser Gedenktage.

Die Saat scheint aufgegangen zu sein. Das durch die Organisatoren so sorgfältig bereitete Beet ließ die Pflänzchen der Wertschätzung und des Verständnisses wachsen. Bald zeigten sich die ersten Früchte. Schon ab 1986 wurde der Gedenktag von ehemaligen Soldaten der deutschen Wehrmacht mitgestaltet und mitgetragen. In den folgenden Jahren wurde der 9. August zum Jour fixe einer wachsenden Gemeinde von Engagierten und Interessierten. Die beiden kleinen Orte in Oberösterreich entwickelten sich – mitgetragen u. a. von Pax Christi – zu einem Zentrum der Friedensforschung von internationaler Bedeutung.

Die drei aktuellen Hauptreferate dieses „Jägerstätter-Gedenkens" seien daher hier veröffentlicht:

In seinem Vortrag zum Treffen vom 9. August 2005 hat der Innsbrucker Theologe und Friedensforscher *Prof. Józef Niewiadomski* den bekannten Traum Jägerstätters vom Eisenbahnzug vor dem Hintergrund moderner Erwartungen an das „Humanum" – also dessen, was heute als menschlich und ethisch korrekt gilt – ausgedeutet. Nicht ohne Ironie versucht er dabei, die moderne Rationalität für den feinen Unterschied zwischen einem Selbstmordattentäter, der von der Hölle träumt und sie der Welt bereitet, und dem Traum Jägerstätters und der daraus für ihn resultierenden Entscheidung zu sensibilisieren. Können denn *Höllenfahrten* dem Menschen jemals den Weg zum Frieden weisen? – Und wenn ja, worauf kommt es dabei an?

Prof. Wolfgang Palaver ist ebenfalls Theologe und koordiniert den Forschungsschwerpunkt „Religion – Gewalt – Kommunikation – Weltordnung" an der Innsbrucker Theologischen Fakultät. In seinem zum Jägerstätter-Gedenken 2006 gehaltenen Referat stellt er sich der (für viele beunruhigenden) Diagnose, dass bei Terror und Krigen auch in Zukunft religiöse Motive eine Schlüsselrolle spielen werden. Was ist der Grund dafür, dass politische Konflikte so oft ein religiöses oder vielmehr quasi-religiöses Gesicht zeigen? Was hat es in diesem Zusammenhang zu bedeuten, dass auch Jägerstätter seinen Widerstand gegen das nationalsozialistische Unrechtsregime ganz explizit religiös begründete? Mit Einsichten von Simone Weil führt Palaver den Leser zur Quelle, aus der heraus Jägerstätter befähigt wurde, *dem Kollektiv* zu widerstehen.

Auch *Prof. Roman A. Siebenrock* ist Professor an der Theologischen Fakultät der Universität Innsbruck und eine treibende Kraft des genannten Forschungsschwerpunkts. Wer seinen Vortrag beim heurigen Gedenken (2007) gehört hat, der hat vielleicht noch den scharf artikulierten Klang seiner Stimme im Ohr. Mit großer Präzision arbeitete er dort die Kriterien des authentischen christlichen Martyriums heraus, „das kein anderes ist als der durch das Evangelium bezeugte Tod Jesu" (S. 179). Christliches Martyrium muss das ganze Evangelium unverzerrt zur Darstellung bringen, gerade auch den Aspekt der Gnade, der Liebe und der Erlösung. Leidenschaftlich und nicht ohne persönliche Betroffenheit nähert Siebenrock sich dem Zeugnis Jägerstätters und erkennt in den Märtyrern die *wahren Aufklärer* des 20. Jahrhunderts: Frauen und Männer, die ihre Verantwortung vor Gott und den Menschen nicht abgeben und so die „selbstverschuldete Unmündigkeit" der gegängelten Massen heilend durchbrechen.

Maximilian Paulin

„Dieser Zug fährt in die ..."
Herausforderungen für das Humanum heute

Józef Niewiadomski

Es war eine jener Nächte, in der man schlecht schläft. Januar 1938. Franz Jägerstätter schläft endlich ein und fängt an zu träumen. Er träumt von einem schönen Eisenbahnzug, der um einen Berg fährt. Die Fahrt scheint im Trend der Zeit zu liegen. Keiner will sich die Reise entgehen lassen. Erwachsene und Kinder drängen sich bei den Eingängen. Und wohin fährt der Zug? Erschrocken nimmt der Träumer eine Stimme wahr: „Dieser Zug fährt in die Hölle." Gleich wird er bei der Hand genommen und weggeführt. Nicht zum Zug hin. Nein! Er darf das Fegfeuer schauen und das entsetzliche Leid spüren. Und er denkt sich, „jetzt sind wir in der Hölle gelandet". Doch der Traum war weg.[136]

Der Traum war weg, nicht aber die Fragen. Die Fragen, die er sich gestellt hat und die Fragen, die wir uns stellen. Wir, die wir 60 Jahre nach dem Zusammenbruch des nationalsozialistischen Regimes am Todestag von Franz Jägerstätter uns Gedanken machen über den Wert seines Glaubenszeugnisses; wir, die wir Gott heute ausdrücklich für den Wert dieses Zeugnisses danken und uns so – über den Umweg des Dankes an Gott – auch selbst der Herausforderung dieses Zeugnisses stellen. Welche Fragen also stellen sich uns heute?

Frage Nr. 1: Wenn der Zug tatsächlich in die Hölle fährt, warum wollen dann alle mitfahren? Doch nicht deswegen, weil sie schon jener Generation angehören, für die der Begriff Hölle nur noch einen Unterhaltungswert hat. Und auch nicht deswegen, weil sie über das Ziel der Reise nicht aufgeklärt sind und zu wenig darüber wissen, was da politisch los ist.

Vielleicht sind sie aber zutiefst fasziniert von diesem Zug – und so entwickelt die Reise eine eigentümliche Eigengesetzlichkeit. Fragen wir uns ehrlich, ob uns folgende Logik gänzlich unbekannt ist: „Wenn schon so viele mitfahren, müsste nicht auch ich mich anschließen?" Muss man in der Welt denn nicht Schritt halten, mit dem Strom schwimmen, den Trend der Zeit erkennen, Kapitalströme studieren, Statistiken in Auftrag geben, auf Einschaltquoten achten? Sonst ist man out, Außenseiter, fremd, ein Mensch minderer Qualität – wer weiß, vielleicht irgendwann auch kein Mensch mehr!

Der Zug, auf den alle aufspringen wollen, stellt im Grunde nichts Einmaliges dar. Es handelt sich vielmehr um eine kulturelle Konstante. In unserer Wahrnehmung des gesellschaftlichen, kulturellen, politischen und religiösen Lebens geht es immer ähnlich zu. „Wenn schon nicht die Platzkarte in der Luxusklasse, so doch zumindest ein Stehplatz auf dem Gang! Hauptsache man ist dabei." Dabei sein: das bürgt für die Qualität des Lebens. Dazuzugehören, dasselbe zu tun, was die anderen tun, dasselbe zu haben, was die anderen haben, von denselben Wünschen und Hoffnungen getrieben zu sein: all diese Aspekte stellen nicht etwas dar, was erst unsere „Seitenblickegesellschaft" erfunden hätte. Nein! All diese Faktoren gehören zu fundamentalen Bedingungen für die Entwicklung des Humanum, unterscheidet sich doch der Mensch vom Tier gerade dadurch, dass er die Fähigkeit zur Nachahmung hat. Sein Streben, sein Begehren ist nicht instinktgebunden. Es ist ausgerichtet auf das Begehren des anderen. Paradoxerweise könnte man sagen, er wird zum Mensch durch den Vergleich mit dem anderen und den Wunsch, dem anderen ähnlich zu werden: „Ich will so sein wie du; ich will dasselbe haben wie du; ich will dasselbe sein ..., gar an deine Stelle treten!" Die Tatsache, dass andere es auch wollen, erhöht nicht nur den Wert dessen, was mir selber als begehrenswert erscheint, sondern „begründet" ihn sogar. Nach dem Motto: Je mehr Menschen auf den Zug aufspringen, umso erstrebenswerter muss also die Fahrt bzw. das Ziel doch sein. Oder warum würden denn sonst so viele Menschen auf den Zug aufspringen? – Wo aber ein Wert sich aus der Nachahmung des Begehrens begründet, da wird er auch bald heiß umkämpft. Rivalität und diffuse Aggressivität sind immer latent an Bord und brechen sich ihre Bahn, sobald die Umstände es erlauben.

Sind aber deswegen schon die vollgestopften Züge prinzipiell unter Verdacht zu stellen, unter den Verdacht des Populismus etwa? Die Mütter und die Väter der Postmoderne glaubten dies, wollten die Totalitarismusgefahr dadurch entkräften, dass sie die Zahl der Züge und die Richtungen multiplizierten. Die Unüberschaubarkeit, der Pluralismus sollte automatisch – ohne die Anstrengung einer ethischen Transformation des Menschen – die drohende Hölle verhindern. Faktisch vermochte die kulturelle Revolution der Postmoderne an der Tatsache der Rivalität und der Gewalt jedoch nicht das Geringste zu ändern. Auch weiterhin finden die Menschen zusammen und auch weiterhin werden sie auseinanderdividiert durch ein und dieselbe Fähigkeit: die Fähigkeit zur besitzergreifenden Nachahmung. Die im Streit miteinander liegenden Parteien werden auch weiterhin durch dieselbe Fähigkeit miteinander versöhnt: durch die mechanische Ableitung von Aggressionen auf einen Dritten, auf den Sündenbock.

Weil das menschliche Begehren grenzenlos ist – es ist eine „profundior et universalior appetitio" –, wird sich der Mensch auch weiterhin niemals zufrieden geben, mit dem, was er hat, mit dem, was er ist. Das ist sein Qualitätsausweis. Ein Qualitätsausweis, den die Theologen in Verbindung bringen mit Gott: „Unruhig ist unser Herz, bis es ruht in Dir" (Augustinus); „desiderium naturale in visionem Dei" (Thomas); „profundior et universalior appetitio" (Zweites Vatikanisches Konzil: Gaudium et spes). Und die Theologen gaben auch immer zu bedenken: Verfehlt dieses Begehren sein „unendliches Ziel", so verfängt es sich in der Anbetung der Götzen; es kann auch sich in sich selbst verkrümmen (homo incurvatus in se ipsum). Aufgrund der Grenzenlosigkeit des Begehrens wird auch dieser destruktive, selbstverkrümmte Zug zur Grenzenlosigkeit tendieren.

Aufgrund der profundior et universalior appetitio werden also auch weiterhin ständig neue Züge bestiegen, eine Mode löst die andere ab, ein Trend folgt dem anderen. Diejenigen, die im Trend liegen und den Schritt mithalten, haben Definitionsmacht über das, was ist, und das, was gilt; über das, was gut ist und scheinbar auch zukunftsträchtig. Selbst die Nonkonformisten definieren sich von der Norm her. Und über die Norm wird auf jenen Zügen entschieden, auf denen möglichst viele Wähler unterwegs sind.

Eine Banalität des Alltags oder ein Teufelskreis? Das ist die Frage. Auf jeden Fall scheint der Aufbau und die Zerstörung von Kulturen oft das Ergebnis von ein und demselben Mechanismus zu sein; auch die politischen und ethischen Entscheidungen über die Standards des Humanum sind von den Sündenbockstrukturen nicht frei. Schon deswegen bleibt die Aufgabe der Kultivierung des menschlichen Begehrens und die Entwicklung der Sensibilität für die Opfer der kulturellen Prozesse eine niemals abgeschlossene Aufgabe für die Menschheit. Wird sie vernachlässigt, so fährt derselbe Zug, der zum „Aufbau des Humanum" aufgeboten wurde, automatisch „in die Hölle". Der Zug im Traum von Franz Jägerstätter fährt jedenfalls dorthin.

Frage Nr. 2: Wieso fährt dieser Zug, auf den so viele Menschen aufspringen, in die Hölle? Was soll die Metapher überhaupt bedeuten? Sagt sie mehr aus als die pauschalen – meistens stark moralisierenden – Verurteilungen populärer kultureller und politischer Entwicklungen in der Gegenwart? Jene Verurteilungen, die v. a. von den Nonkonformisten geäußert werden, die aus diesen oder jenen Gründen mit der Entwicklung nicht zufrieden sind? Etwa nach folgendem Muster: Millionen von Menschen träumen davon auf den EU-Zug aufzuspringen; Millionen anderer sind davon überzeugt, dass der EU-Zug wenn schon nicht in der Hölle, so doch im Desaster enden wird. Oder: Wie viele Menschen träumen davon, endlich im „Konsumzug" westlicher Prägung sitzen zu dürfen, weil sie sich den Inbegriff des Humanum auf diese Art vorstellen: „Lasst uns essen und trinken, denn morgen sind wir tot!"? Wie viele andere aber sind von dieser Kultur enttäuscht, wie viele können in ihr nur noch den Inbegriff des Unterganges nicht nur des Abendlandes, sondern der Spezies Mensch überhaupt entdecken? Reduziert auf Konsumgewohnheiten, durch schmerzstillende Drogen und eine breit entwickelte Opiatenkultur betäubt, werde sich der Mensch durch die Konsumkultur zu einem „fündigen Tier" entwickeln …

Will die Stimme in Jägerstätters Traum etwa nichts anderes als nur zur Vermehrung solcher kulturkritischen Urteile beitragen – Urteile, die meist ohne Konsequenzen bleiben? Das glaube ich nicht. Auf Jägerstätter selbst jedenfalls scheinen diese Stimme und der Traum einen entscheidenden Einfluss gehabt zu haben. Sie wurden zum Schlüssel einer Entscheidung, deren Konsequenz letztlich der gewaltsame Tod des Mannes und eine lange Passionsgeschichte seiner Familie waren.

„Da haben wir es!", werden die Religionskritiker und Kirchenfresser schreien. Der Traum sei doch einer menschenfeindlichen Logik entsprungen! Einer Logik, die mit den rationalen Standards zur Definierung dessen, was das „Humanun" heute sei, schwer vereinbar ist. Träumen etwa die Selbstmordattentäter nicht ähnliche Träume? Hat sich der Zug der westlichen Kultur in ihrer Wahrnehmung nicht längst in jenen Zug verwandelt, auf den alle aufspringen wollen: Erwachsene und Kinder, Christen, Moslems und Hindus, Agnostiker und Atheisten. Beäugen sie nicht mit Argwohn diesen „multikulturellen" Zug, dieses multireligiöse Monster, mit der Lokomotive des amerikanischen Imperialismus? Einen Zug, der gemäß ihrer subjektiven Wahrnehmung nur zur Verdammnis führen kann: für die übermütig gewordenen Reisenden wie für die ganze

Welt. Und weil die Selbstmordattentäter so träumen und solche Träume kultivieren, steigen sie eines Tages auf den Zug auf, gehen mitten hinein, sprengen dessen Repräsentationen – man möchte fast sagen, dessen Realsymbole – in die Luft, befördern die Insassen im Direktflug zur Hölle und katapultieren sich selber in den Himmel. Wo liegt da schon der Unterschied zwischen diesen „Höllenfahrten"?

Diese Frage wird vermutlich kaum jemand unter Ihnen so stellen, doch gibt es viele Zeitgenossen, die zuerst nur diese klaren Parallelen sehen und auch nur diese zu sehen gewillt sind. Sie fokussieren ihre Aufmerksamkeit auf den religiösen Hintergrund der Träume und Visionen, beschwören die Gefahr des religiösen Fundamentalismus und sehen darin den wichtigsten Feind des Humanum heute: der religiöse Eiferer als Menschenfeind par excellence. Wir sollen uns nicht täuschen, meine Damen und Herren! All jene Zeitgenossen, die so oder ähnlich denken, haben längst jenen Zug bestiegen, auf den zumindest in unseren Breitengraden die Mehrheit der Bevölkerung aufgesprungen ist: den Zug einer harmlosen, „menschenfreundlichen" Religion. Jener Religion, die im allgegenwärtigen Supermarkt auf die Regale der Abteilung der nicht notwendigen Lebenshilfen verbannt worden ist, hinter die Sportartikel. Einer Religion, in der Gottes Reden und Wirken auf derselben Ebene angesiedelt sind wie der Glaube an die Bedeutung von Wellnessbädern und Vitaminpräparaten, so ganz nach dem Motto: „Der eine schöpft seine Kraft aus dem Wort Gottes, der andere aus einem Wellnesswochenende. Wo liegt da schon der Unterschied? Wenn es einem Menschen hilft, ausgeglichen zu bleiben?"

Alle, die in diesem Zug der religiösen Gegenwart reisen, werden den Traum Jägerstätters als eine gefährliche Angelegenheit ansehen und mehr Analogien zur gewaltverhafteten Religiosität der Terroristen erblicken als Unterschiede. Und fragen wir uns selbst: Wie viele Gläubige, die Jägerstätter als große Figur der Verweigerung schätzen, übergehen genau aus diesen Gründen mit peinlichem Schweigen die Tatsache, dass sich dieser auf Marienerscheinungen genauso berufen konnte wie auf seine Erfahrung des Fegefeuers. „Das klingt doch zu stark nach fundamentalistischen Untertönen!" Zu stark sind vielmehr in uns allen die kulturellen Vorurteile verfestigt, dass Religiosität – zumal eine allzu „starke" Religiosität – die Infragestellung des Humanum bedeute. Hier ist eine Trendumkehr nötig.

Wir sind immer noch bei der zweiten Frage, was es zu bedeuten habe, dass der Zug, auf den so viele aufspringen wollen, in die „Hölle" fährt. Um einer Antwort näher zu kommen, fragen wir doch einmal, wie der Träumer selber seinen Traum deutete: „Anfangs war mir dieser fahrende Zug ziemlich rätselhaft, aber je länger die ganze Sache ist, desto entschleierter wird mir auch dieser fahrende Zug. Und mir kommt es heute vor, als stellte dieses Bild nichts anderes dar als den damals hereinbrechenden oder schleichenden Nationalsozialismus mit all seinen verschiedenartigen Gliederungen“ (GBA 125)[137]. Gott habe ihm durch diesen Traum eine eindeutige Alternative vorgelegt. Er habe ihm „klar genug gezeigt und ins Herz gelegt“ sich zu entscheiden: „ob Nationalsozialist – oder Katholik!“ (GBA 127).

Was ist der Punkt dieser grundlegenden Entscheidung? Vielleicht kann man es so umschreiben: Jägerstätter erkennt im Nationalsozialismus das exakte Gegenmodell seiner Weltanschauung, er nimmt ihn als Gegenreligion wahr, die seiner eigenen Religion widerspricht. Dies ist die Erkenntnis, die er fortlaufend auf der religiösen Ebene vertiefen wird und durch die er zu einer klaren Handlungslogik findet.

Entgegen dem Trend, solche Prozesse in weitgehend säkularer Begrifflichkeit zu interpretieren – einem Trend, der den fundamentalistischen Konnotationen zu entgehen sucht –, möchte ich nun gerade aufgrund der stärker werdenden religiösen Phänomene in unserer Gesellschaft mich ausdrücklich auf die religiöse Dimension der Problematik konzentrieren und das ganze Problem einer von den Massen unterstützten Kultur, die aber doch der satanischen Logik verpflichtet bleibt, theologisch angehen.

Wie viele Fragen musste sich Franz Jägerstätter selber aufgrund dieser vor ihm liegenden Alternative stellen? Das wird man kaum beantworten können. Einerseits glaubte er ja, dass Gott den Menschen nicht nach seiner Zugehörigkeit zu einer Religion richten wird, sondern nach dem, was er getan hat. Anderseits war ihm klar, wie drängend die Entscheidung ist: katholisch oder nationalsozialistisch. Und zum dritten: Tagtäglich war er doch mit Menschen konfrontiert, die obwohl katholisch, auf diese oder jene Art und Weise im Zug saßen, vielleicht nicht auf den Luxusplätzen, doch auch nicht nur auf dem Dach. Sie fuhren also mit, waren unterwegs auf dem Weg in die Hölle. Musste diese Erkenntnis nicht eine unerträgliche Spannung in ihm bewirken? Wir wissen nicht, wie er mit dieser Spannung gerungen hat. Eines wissen wir auf jeden Fall: das, was er nicht gemacht hat:

Er hat niemals mit Steinen geworfen, konkrete Menschen beschuldigt, angeklagt oder verurteilt. Ein Mensch, der den Kriegsdienst verweigert, weil er sich nicht „als Werkzeug der schlimmsten und gefährlichsten antichristlichen Macht“ zur Verfügung stellen will, dieser Mensch, der ebenso ordnungsgemäß wie ungerecht verurteilt wurde, hütet sich davor, selber auf andere Steine zu werfen. Diese simple Erkenntnis stellt alles andere dar als bloß eine fromme Glosse für eine Sonntagspredigt. Der tiefe Gehalt des Zusammenhangs erschließt sich, wenn man bedenkt, dass die Figur des „Satans“ nichts anderes darstellt als die gestaltgewordene Anschuldigung und Anklage, ein falsches Urteil in Person – wenn Sie so wollen. Der satanische Geist raubt den Menschen die Unschuld und sorgt für scheinbar klare Verhältnisse. Mit seiner Hilfe werden Vorurteile zu Urteilen, die „Bösen“ werden geoutet und Menschen sauber eingeteilt in (scheinbar) „gute“ und „böse“. Mit einem Wort: Die satanische Strategie stellt nichts anderes dar als den Inbegriff der einseitigen Schuldzuweisung, der Sündenbockjagd, der Skandalisierung, heute würden wir sagen: des Outings.

Sieht man die ganze Sache im Lichte dieser Hermeneutik, so wird man sich kaum einer Erkenntnis verschließen können: Der nationalsozialistische Zug fährt zuerst deswegen in die Hölle, weil er vom satanischen Geist geführt wird. Mehr noch: Der satanische Geist bietet sich der menschlichen profundior et universalior appetitio, die auf diesen Zug aufspringt, als das einzige eindeutige Modell für das mimetische Begehren dar: „Ich will so sein wie er; ich will dasselbe tun ...“ Und was? Schnüffeln, Gerüchte streuen, Menschen miesmachen, stigmatisieren, sie zu Außenseitern stempeln, verfolgen und vernichten. Und sich dabei als wertvoll erleben, als neuer Mensch. Auf Kosten der anderen. Diese anderen werden dämonisiert, sie werden zum Inbegriff des Bösen, so als ob sich in ihnen die Hölle selbst verdichten würde. Interessanterweise erlag der existentialistische Schriftsteller und Philosoph Jean-Paul Sartre dieser Versuchung, als er eindrucksvoll formuliere: „Die Hölle: das sind die anderen!“

Nationalsozialismus als politisches Programm lässt sich zuerst reduzieren auf den gewaltigen Sündenbockmechanismus zur „Etablierung des Humanum“. Für dieses Humanum zahlten aber unzählige Außenseiter den Preis: Behinderte, Zigeuner, Schwule und viele andere mehr. Die Sündenbockproduktion ist dabei nicht identisch mit jenen Mechanismen, die wir vom Alltag kennen. Wenn etwa Menschen quasi spontan zu Sündenböcken gemacht werden. Der Zug hier ist ein Programm. „Politik“ ist hier identisch mit der Opferproduktion. So etwas mag zwar in der Geschichte schon vorgekommen sein, doch eine klare und bewusste Entscheidung für das Opferprinzip als Strukturprinzip der Politik, ein systembildender Rückgriff auf die Sündenbocklogik unter den technischen Bedingungen der Moderne, stellt ein ideologisches Novum dar.

Und eine letzte Frage ist noch zu klären: Warum wird der Zug des Nationalsozialismus von Jägerstätter als die schlimmste und gefährlichste antichristliche Macht qualifiziert? Diese Frage müssen v. a. wir selber uns heute stellen, als Menschen, die vielleicht noch nicht ganz auf die begehrten Züge der banalisierten Religion aufgesprungen sind, die aber von dem Trend zur Dämonisierung und Banalisierung der traditionellen Religion nicht ganz frei sind. Und dies schon deswegen, weil wir ständig mit einem Gegenwind zu kämpfen haben. Mit welchen ironischen Fragen werden wir da tagtäglich konfrontiert? „Warum regen sich die Christen über die Opferproduktion der Nationalsozialisten auf? Ist das Christentum nicht selbst ein opferproduzierendes System? Hat es nicht Hexenverfolgung, Kreuzzüge und Religionskriege gegeben? Mag das Christentum sich heute im Großen und Ganzen friedlich zeigen, ein Seitenblick auf den verwandten Islam genügt: Allzu weit ist der Weg zu heutigen islamischen Terroristen nicht: Im Namen Gottes werden Opfer produziert, gar durch Selbstopfer besiegelt!"

Wir kennen diese Logik zur Genüge. Immer und immer wieder gehen Bestseller dieser Art über die Ladentische und laufen Aufklärungsbeiträge dieser Couleur in den Fernsehprogrammen. Und dies aus einem einfachen Grund: Allzu viele schöne neuheidnische Züge sind schon unterwegs, Züge, auf die alle aufspringen wollen: Erwachsene und Kinder. Abschied vom Christentum im Besonderen und Abschied vom Monotheismus in Allgemeinen und Rückkehr zu einer fröhlichen neuheidnischen Gegenwart mit oder auch ohne die neuheidnischen Götter als ein Schritt in das neue Zeitalter des Humanum! So lautet doch das kulturpolitische Programm des Boulevards im Jahre 2005 und die intellektuelle Szene sieht die Sache auch nicht anders.

Immer und immer wieder wird Friedrich Nietzsche als geistiger Führer für die Wende zitiert. Er wollte ja nur den Dionysos, das Leben selbst, die ewige Fruchtbarkeit und Wiederkehr kennen und den Gekreuzigten als Einwand gegen das Leben verabschieden, genauso wie er das Judentum mit seinen prophetischen Sklavenmoralressentiments ad acta legen wollte. Nietzsche ist faktisch auch der beste Wegweiser auf der Suche nach der Antwort für unsere letzte Frage: Warum stufte Jägerstätter den Nationalsozialismus als den schlimmsten Feind ein? „Der Einzelne wurde durch das Christentum so wichtig genommen, so absolut gesetzt, daß man ihn nicht mehr opfern konnte; aber die Gattung besteht nur durch Menschenopfer ... Und diese Pseudohumanität, die Christentum heißt, will gerade durchsetzen, daß Niemand geopfert wird" (F. Nietzsche, Nachgelassene Fragmente. Frühjahr 1888, 15 (110)).

Wie kaum ein anderer Denker der Moderne hat Nietzsche erkannt, worin die absolut revolutionäre Kraft der jüdisch-christlichen Offenbarung liegt. Und worin liegt sie? In der Entdeckung der Würde des Opfers, des Außenseiters, dessen, den man bis dahin problemlos zum Sündenbock machen konnte. Konkret gesprochen: in der Entdeckung der Würde des Behinderten, des Zigeuners, des Schwulen und vieler anderer mehr. „Ecce homo!" – das gilt nicht dem „neuen" – starken – Menschen; vielmehr gilt dies einer geschundenen Kreatur: dem Gekreuzigten, genauso wie es auch dem verfolgten und missgebildeten Leidensknecht gilt und all jenen, denen Leid zugefügt wird. Unabhängig von ihrer ethnischen, kulturellen, religiösen Herkunft. „Alles, was ihr dem Geringsten getan habt ..." Diesen selbstverständlichsten Sachverhalt haben wir bei der Frage nach dem Wert der Offenbarung in letzter Zeit aus den Augen verloren und stimmen ein in die christentumskritischen Refrains der neuheidnischen Melodienführer.

Was diese kulturelle Gegenwart gerne übersieht ist dies: Die archaischen Kulturen kannten das Mitleid zwar auch. Doch wurde dieses ausschließlich innerhalb begrenzter Gruppen geübt. Der Außenseiter existierte als Mensch nicht! Das Humanum, das durch die jüdische Offenbarung in die Geschichte der Menschheit eingebrochen ist, definiert sich aber nicht durch die Ausgrenzung der Schwachen und Außenseiter. Zugespitzt könnte man formulieren: Der Außenseiter als Mensch: das ist das kulturelle Produkt der Offenbarung. Weil Gott selber sich zuwendet: dem geschundenen Volk, dem verfolgten Beter der Psalmen, dem stummen Opfer, dessen Kehle so ausgetrocknet ist, dass das Opfer nicht einmal klagen kann; weil Gott selber sich ihm zuwendet, wird dieses Opfer zum ersten Mal als Mensch auf der Bühne der Weltgeschichte sichtbar! In all seiner allzu menschlichen Armseligkeit, ohne die undurchdringliche dämonische Maske, die der Mechanismus der Anklage auf seine Opfer projiziert. – Von dieser ersten religiösen Erfahrung bis zur Deklaration der universalen Menschenrechte ist es zwar ein weiter Weg. Ein Weg ist es trotzdem und zwar ein eindeutiger!

Wie gesagt: Nietsche war einer der wenigen modernen Denker, die diesen Weg gesehen haben; er hat diesen Weg schärfstens diffamiert. Die Nazis machten aus seiner Erkenntnis ein politisches Rezept. Der kulturelle Impuls der Sorge um das Opfer, die Bemühung um das Humanum hinter der Maske des Opfers und hinter der Maske des Außenseiters sollten unter Leichenbergen begraben werden. Hitlers systematische Vernichtung des jüdischen Volkes stellt deshalb nicht eine Ausweitung von Verfolgung der Außenseiter auf eine noch zusätzliche Gruppe dar. Nein! Mit der Vernichtung des Judentums sollte jene Logik vernichtet werden, die durch die biblische Offenbarung in die Welt gekommen ist: der Weg zum Humanum über den Umweg der Frage nach der Würde der Opfer. Nach den Juden sollte auch jenes Christentum, das sich dieser Logik verpflichtet weiß, ausradiert werden zugunsten eines neuheidnischen Christentums.

Jägerstätter erblickte im Nationalsozialismus die schlimmste antichristliche Macht, weil dieser dieses Humanum, für das der jüdisch-christliche Gott verantwortlich zeichnet, vernichten wollte. Man begreift nämlich den Nationalsozialismus erst dann in seiner satanischen Tiefe, wenn man in ihm den Angriff auf jenen wahren Gott sieht, der sich zum Anwalt der Opfer in der Geschichte macht, einen Gott, der den Lauf der satanischen Versuchung zur Diffamierung, Ausgrenzung, Vernichtung von Opfern und zur Etablierung von Ordnung auf deren Kosten durch seine zuvorkommende Güte, zuvorkommende Verzeihung zu unterbrechen sucht, ja sich selber durch die Geschicke dieser zu Opfern gewordenen Menschen hindurch offenbart als der, der die Opfer rehabilitiert und – letztlich – rettet. Dieses göttliche Wirken verbürgen nicht nur Ijob, die Beter der Psalmen, der Leidensknecht und viele andere biblische Gestalten. Dieses Wirken verdichtet sich in Christus selber. Und Franz Jägerstätter steht in dessen Nachfolge.

So paradox es klingen mag: Mit ihrem Zeugnis, dem Zeugnis eines gewaltfreien Martyriums, dem Zeugnis des gewaltfreien Todes ohne Anschuldigung und Verurteilung der Täter („Vergib ihnen, denn sie wissen nicht was sie tun“) unterbrechen die Märtyrer auf radikalste Art und Weise die Höllenfahrt unseres Zuges. „Die Hölle: das sind die anderen“, dichtet immer wieder auf verführerische Art und Weise der satanische Geist selber, weil er den Teufelskreis der einseitigen Anschuldigung ständig belebt und dadurch erst recht die Hölle unter Menschen schafft. Indem sich Menschen gegenseitig verdammen, isolieren sie sich voneinander und verfallen der Kommunikationslosigkeit. „Jeder glaubt sich alleine in der Hölle und genau das ist die Hölle." (René Girard) Mit ihrem Zeugnis des gewaltfreien Martyriums sprengen die zum Sündenbock gemachten Opfer – wie Franz Jägerstätter – die Grenzen solcher Höllen, weil sie sich der satanischen Logik der Anschuldigung und der Sündenbockjagd verweigern. Im Unterschied dazu zementieren die Selbstmordattentäter die satanische Logik und machen die Hölle nach und nach zur buchstäblichen Wirklichkeit. Der Vergleich beider Haltungen macht deutlich: Jägerstätter wurde von Gott die Gnade zur Erkenntnis der Hintergründe des Regimes der Nationalsozialisten und die Gnade zur Unterscheidung der religiösen Geister gegeben und er handelte gewaltfrei.

Der Untertitel meines Vortrags legt den Schwerpunkt auf „heute": „Herausforderungen für das Humanum heute". Worüber habe ich gesprochen. Obwohl ich sehr viel über Satan und die Hölle sprach, habe ich eigenlicht nur über das Handeln von Menschen gesprochen und auch das rettende Handeln Gottes nicht unerwähnt gelassen. Vermutlich sind viele von Ihnen in ihrer Erwartungshaltung enttäuscht. Vermutlich haben sich einige von Ihnen einen klaren, erhobenen Zeigefinger erwartet, der auf konkrete Entwicklungen, vor allem aber Menschen (Politiker) gerichtet ist, die das Humanum heute bedrohen. Ich habe so etwas nicht getan. Im Lichte der Logik, die ich Ihnen präsentiert habe, würde das nämlich bedeuten, dass man selber stückweise dem satanischen Treiben erliegt und sich an der kulturell so modischen Sündenbockproduktion beteiligt.

Unsere Zeit hat nämlich wie kaum eine andere Kultur das mimetische Begehren entfesselt, deswegen auch zur Steigerung von Rivalität, Neid und diffusen Aggressionen auf eine bisher kaum gekannte Weise beigetragen. Peter Sloterdijk spricht sogar von unserer Kultur als einem „Neidkraftwerk" und sieht in der Eingrenzung des entfesselten mimetischen Begehrens eine der entscheidenden Herausforderungen für das 21. Jahrhundert. Er trifft sich in diesem Anliegen mit René Girard, der die Entfesselung des mimetischen Begehrens auf planetarischer Ebene konstatiert und von der radikalen kulturellen Neubesinnung auf die jüdisch-christliche Tradition auch das Überleben des Planeten abhängig macht.

Das Alltagsrezept unserer Gegenwart sieht nicht gerade ermutigend aus: Entfesselung des Begehrens, Steigerung der Rivalität und Entladung der Aggressionen auf Dritte. Der Bedarf an Sündenböcken steigt in unserer Gegenwart unaufhörlich. Die Sorge um die Opfer geht Hand in Hand mit der Opferproduktion und der Verschleierung des Opferszenarios. Die neuheidnische Logik wird so zur Tagesmode, die jüdisch-christliche Tradition zu einem der zentralen Sündenböcke der Alltagskultur. Mehr denn je ist hier heute eine Trendumkehr notwendig. Sonst wird der Zug unserer Kultur – so apokalyptisch diese These auch klingen mag – geradeaus „in die Hölle" fahren.

Franz Jägerstätter macht auf die christliche Alternative aufmerksam. Sie fängt an bei der Kultivierung des Begehrens, packt also das Problem an der Wurzel an. Sie verweigert sich der kulturellen Sündenbockjagd. Und im Konfliktfall legt sie den Schwerpunkt auf das gewaltfreie Zeugnis. Dieses darf allerdings nicht zu einem ethisch-politischen Imperativ reduziert werden. Das radikal gewaltfreie Zeugnis ist das Ergebnis eines Gnadengeschehens. Die göttliche Zuwendung trug ja den Gottesknecht, trug Ijob und die zahlreichen Heiligen. Sie trug auch Franz Jägerstätter. Den Inbegriff solcher Gnade stellt Christus selber dar. In Christus sollen wir deshalb für die Franz Jägerstätter zuteil gewordene Gnade danken und in Jägerstätter vor allem und zuerst eine „begnadete Existenz" erblicken. Der gläubige Dank für die Gnade (und nicht der ethisch-politische Imperativ) ist nämlich die erste Pflicht der Christen.

Politische Dimension der Religion heute
Bezüge zu Franz Jägerstätter

Wolfgang Palaver

Drei Thesen, die jeweils von einem eigenen Motto eingeleitet werden, versuchen die Frage der religionspolitologischen Bedeutung Franz Jägerstätters für unsere Gegenwart zu beantworten. Zu Beginn steht die heute vielfach diskutierte Rückkehr des Religiösen in die Politik. Im zweiten Schritt geht es um die tiefere Ursache für den unausweichlichen Zusammenhang von Religion und Politik. Es ist die religiöse Natur des Menschen, die uns verstehen lässt, warum die Politik letztlich niemals der Frage der Religion entkommen kann. Ein dritter Schritt widmet sich schließlich Franz Jägerstätter selbst und dessen politisch-religiöser Einsicht in die Problematik der Menschenfurcht.

1. *Die Rückkehr des Religiösen in die Politik oder Warum die Säkularisierungsthese museumsreif geworden ist*

Als Motto möchte ich diesem ersten Schritt einen Gedanken des Schriftstellers Franz Werfel voranstellen, der die gegenwärtige religiöse Situation unserer Welt schon vor Jahrzehnten präzise voraussagte:

> *„Der große historische Exorzismus, der sich Christentum nennt, scheint von Tag zu Tag weiter zurückzuweichen, und die Dämonen sprengen mit schrillem Stimmengewirr die Fesseln.“* (Werfel 252)

Auch wenn in Westeuropa die Bedeutung des Christentums merkbar geschwunden ist und die Kirchen sich sichtbar und zunehmend geleert haben, können wir mit Werfel auch mit Blick auf Westeuropa – das heute weltweit die religiöse Ausnahme bildet – festhalten, dass der Bedeutungsverlust der christlichen Kirchen nicht zu einem Ende des Religiösen geführt hat. Hinsichtlich der Welt der Politik können wir heute von einer dramatischen Rückkehr des Religiösen sprechen. Sowohl auf globaler als auch auf lokaler Ebene gewinnen religiöse Fragen wieder an politischer und gesellschaftlicher Bedeutung.

Religion kann und darf politisch nicht ignoriert werden. Die ehemalige amerikanische Außenministerin Madeleine Albright bringt in ihrem Buch *Der Mächtige und Allmächtige* die nicht zu verkennende Bedeutung der Religion für das Weltgeschehen zum Ausdruck, wobei sie sowohl die positive als auch die zerstörerische Seite von Religion anspricht. Religion ist ihrer Meinung nach einerseits „vermutlich die wichtigste Kraft bei der Ausgestaltung des menschlichen Gewissens", andererseits aber zugleich auch „ein ewiger Quell von Hass und Konflikt".

Die negative Seite von Religion ist uns allen deutlich bewusst. Auf globaler Ebene sind wir heute mit einer Zunahme fundamentalistischer Bewegungen und einem vermehrten Auftreten eines religiös motivierten Terrorismus konfrontiert. Die Terroranschläge vom 11. September 2001 oder die Gewalttaten im Zusammenhang mit dem so genannten Karikaturen-Streit zu Beginn des Jahres 2006 sind die auffälligsten Beispiele dafür. Auf lokaler Ebene haben zuletzt die Auseinandersetzungen um den Bau eines Minaretts in der Tiroler Marktgemeinde Telfs gezeigt, wie politisch virulent religiöse bzw. religiös-kulturelle Fragen sein können. Aber es wäre bereits falsch, würden wir nur auf die negativen Phänomene wie Fundamentalismus und Terrorismus verweisen, wenn wir von der Rückkehr des Religiösen in die Politik sprechen. Parallel zum Erstarken des Islam in den 70er Jahren lässt sich beispielsweise auch in Europa eine Tendenz der „Rechristianisierung" beobachten (Kepel 82f.). So war der Zusammenbruch des realexistierenden Sozialismus ganz wesentlich von religiösen Entwicklungen mitbestimmt. Mit der Wahl von Johannes Paul II. zum Papst im Jahre 1978 wurde eine religiös-politische Entwicklung in Polen gestärkt, die über den Aufbau der Gewerkschaftsbewegung Solidarność schließlich auch zum Sturz des Kommunismus beitrug.

Die neue politische Relevanz des Religiösen beschränkt sich aber nicht nur auf die eben erwähnten offensichtlichen Phänomene, sondern umfasst auch gesellschaftlich vermehrt diskutierte Entwicklungen, wie sie die Ausbreitung von Ersatzreligionen in unserer westlichen Welt darstellen. Verschiedene Wissenschaftler (oft ausdrücklich ohne kirchlichen oder theologischen Hintergrund) verweisen uns auf wichtige pseudoreligiöse Tendenzen in unserer heutigen Gesellschaft: *Kapitalismus als Religion* – Marktwirtschaft, Geld und Gewinn sind teilweise zu quasireligiösen Zielen erhoben worden (vgl. Ulrich; Prantl); unser *Verhältnis zur Arbeit* zeigt ersatzreligiöse Züge (vgl. Hank); *Technik, Innovation und Fortschritt* werden häufig religiös verehrt (vgl. Postman); das Phänomen der *Medienreligion* prägt unsere Gegenwart (vgl. Böhm). Diese Liste ließe sich problemlos fortsetzen.

Die vielfältige Rückkehr des Religiösen in Gesellschaft und Politik zwingt zum Überdenken jener undifferenzierten Säkularisierungsthese, die im politischen Raum ein Verschwinden der Religionen mit zunehmender Modernisierung der Gesellschaft vorhergesagt hatte (vgl. Palaver, Theorie 33–53). Die Prognosen der Säkularisierungsthese haben sich als unhaltbar erwiesen. Zu Recht spricht heute Jürgen Habermas von einer „postsäkularen" Gesellschaft, auch wenn diese neue Kennzeichnung noch zu sehr dem Glauben verhaftet bleibt, als hätte es schon einmal eine wirklich säkulare Gesellschaft gegeben (vgl. Habermas; Joas). Vermehrt betonen heute Sozialwissenschaftler die Notwendigkeit einer „Religionspolitologie", die sich eingehend mit dem Zusammenhang von Religion und Politik auseinander setzt. Am deutlichsten hat sich der deutsche Religionspolitologie Claus-E. Bärsch in diese Richtung geäußert: „Wer Religion verkennt, erkennt Politik nicht."

2. *Der Mensch als religiöses Wesen oder Warum es so schwierig ist, dem großen Tier zu widerstehen*

Dieser zweite Schritt soll eine Erklärung dafür versuchen, warum es letztlich nicht gelingen wird, Religiöses aus unserem Leben zu verbannen, und warum gerade auch der politische und gesellschaftliche Bereich immer auf Religion – im weiten Sinne des Wortes – bezogen bleiben wird. Auch diesem zweiten Schritt möchte ich ein Motto voranstellen. Es handelt sich um einen Gedanken der jüdischen Mystikerin und Philosophin Simone Weil, die selbst indirekt der nationalsozialistischen Aggression zum Opfer fiel und im August 1943 wenige Tage nach Franz Jägerstätter in einem Krankenhaus in England verstarb. Sie verweist auf die unentrinnbare religiöse Natur des Menschen und erklärt uns damit in ganz wenigen Worten, warum die Säkularisierungsthese notwendigerweise zum Scheitern verurteilt ist:

> *„Man kann nur zwischen Gott und dem Götzendienst wählen. Es gibt keine andere Möglichkeit. Denn die Fähigkeit der Verehrung ist in uns, und sie ist irgendwohin gerichtet, in dieser oder in der anderen Welt."* (Weil, Cahiers IV 128)

Nach Weil gehört zum Menschen eine religiöse Sehnsucht, die auf Gott oder auf Ersatzgötter – eben Götzen – ausgerichtet ist. Dabei sind ihre Überlegungen im Blick auf das Verhältnis von Religion und Politik besonders interessant, weil sie immer wieder in ihren Schriften darauf hinweist, dass für uns Menschen innerweltlich schlicht und einfach die Masse der anderen – die große Masse als solche – die größte religiöse Anziehungskraft ausübt. Weil hat in der *Vergötzung des Kollektivs* die eigentliche Versuchung für die Menschen gesehen. Im Anschluss an Platons „großes Tier" (Platon, Staat 493a–d) – das ist die Herrschaft der Masse – und das Tier in der Offenbarung des Johannes (Offb 13; Offb 17) hat sie immer wieder diese Form des Götzendienstes analysiert und mit dem „Fürsten dieser Welt" – dem Satan – in Verbindung gebracht:

„Es wäre sehr angenehm, wenn man Egoist sein könnte. Das würde Ruhe bedeuten. Doch man kann buchstäblich nicht. Mir ist es unmöglich, auf welche Art auch immer, mich als Ziel anzusehen … Auf der Erde gibt es nur eine Sache, die man tatsächlich zum Ziel nehmen kann, denn sie besitzt eine Art Transzendenz im Hinblick auf die menschliche Person, nämlich das Kollektive. Deshalb ist es das, was uns an den Boden fesselt. Es ist der Gegenstand jedes Götzendienstes. Geiz: das Gold ist etwas Gesellschaftliches. Jeder Reichtum genauso. Ehrgeiz: die Macht ist etwas Gesellschaftliches. Wissenschaft und Kunst auch." (Weil, Cahiers III 249f.) Weil wir in uns selbst niemals eine letzte Ruhe finden können, ist das Kollektiv der anderen eine so große Versuchung für uns. Alles Jagen nach Reichtum und Ehre dient letztlich nur dazu, die anderen zu beeindrucken.[138]

Dabei ist es für uns wichtig zu erkennen, dass die Versuchung, im sozialen Kollektiv den Ersatzgott zu finden, nicht so sehr eine Versuchung unbegabter oder „dummer" Menschen ist, sondern gerade die Begabtesten dieser Versuchung am leichtesten verfallen.[139] Menschliche Begabung hat mit der Fähigkeit zur Nachahmung anderer zu tun und wo diese Fähigkeit besonders stark ausgeprägt ist, dort ist auch die Versuchung am größten, zum Götzendiener des großen Tieres zu werden. Schon der griechische Philosoph Platon hat vor mehr als zweitausend Jahren geschrieben, dass die Begabten besonders leicht vom Strom der Masse – dem Sog des großen Tieres – mitgerissen werden (Platon, Politeia 491d–492d). Auch Simone Weil wusste um diesen Zusammenhang und betonte daher, dass man das große Tier erst dann wirklich verstanden hat, wenn man dessen Anziehungskraft selbst verspürt (Weil, Oppression 171).

Es ist leicht, seine Gegner als willenlose Massenmenschen anzuklagen. Leicht ist es auch für uns heute, wenn wir über jene Menschen urteilen, die sich damals vom Nationalsozialismus verführen ließen. Viel größere Einsicht benötigt es allerdings, sich selbst den Hang zum großen Tier einzugestehen. Simone Weil hat an ihrem eigenen Beispiel die Versuchung des Herdentriebes eindrücklich beschrieben: „Ich habe eine starke Neigung zum Herdentier in mir. Ich bin meiner natürlichen Veranlagung nach äußerst beeinflussbar und vor allem für kollektive Einflüsse überhaupt empfänglich. Ich weiß, dass, wenn ich in diesem Augenblick zwanzig junge Deutsche vor mir hätte, die im Chor ihre Nazilieder absängen, ein Teil meiner Seele unverzüglich von dem Nazismus angesteckt würde." (Weil, Zeugnis 81) Mit diesen sehr persönlichen Worten spricht sie eine grundsätzliche Versuchung des modernen Menschen aus, der in seinem Versuch, sich ganz allein auf sich selbst zu stellen, am schnellsten dem Kollektiv zum Opfer fällt. Wie wir schon gesehen haben, gelingt es uns eben nie, in uns selbst unser letztes Ziel zu finden.

Gegen Ende des 19. Jahrhunderts hat der große russische Schriftsteller Dostojewskij den vereinzelten und entwurzelten Menschen beschrieben, der in seinem Versuch, sich selbst auf eine göttliche Stufe zu erheben, kläglich scheitert und als Sklave des großen Tieres endet. In seinen *Aufzeichnungen aus dem Kellerloch* beschreibt Dostojewskij jenen verzweifelten Einzelgänger, der zwar alle Mitmenschen überheblich verachtet, zugleich aber dennoch vor nichts so sehr Angst hat wie davor, lächerlich zu erscheinen (vgl. dazu Stirner). Obwohl er sich gottgleich über alle überheben will, endet er in der unterwürfigsten Sklavenhaltung gegenüber seinen Mitmenschen. „Ich bin Einer, und sie sind *Alle*", ist das Motto jenes scheinbar selbstständigen Individuums, das notwendigerweise vor dem großen Tier auf die Knie fallen muss (Dostojewskij, Aufzeichnungen 53; vgl. Girard, Figuren 267f.). Das entwurzelte und vereinzelte Individuum ist mit dem Massenmenschen identisch, der, wo er in der Mehrzahl auftritt, sich notwendigerweise in das große Tier verwandelt.

Alle diese Einsichten sind bedeutend, wenn wir jene politischen Religionen – vor allem Nationalsozialismus und Leninismus-Stalinismus – verstehen wollen, die am Beginn des 20. Jahrhunderts den entwurzelten Massenmenschen (ersatz)religiösen Halt zu geben versuchten (vgl. Arendt, Elemente 499–528)[140]. Vor allem der Nationalsozialismus ist ein perfektes Beispiel für die Herrschaft des großen Tieres.

Der französische Schriftsteller Denis de Rougemont hat 1936 bei einer Großveranstaltung der Nationalsozialisten in Deutschland teilgenommen und in seinem *Tagebuch aus Deutschland* diese Erfahrung als das Erleben eines Kultes einer „Religion der Menschen ohne Gott" (Rougemont 75) beschrieben: „Ich hatte gedacht, an einer Massenveranstaltung teilzunehmen, an einer politischen Kundgebung. *Aber sie zelebrieren ihren Kult!* Und dabei wird eine Liturgie abgehalten, die große sakrale Zeremonie einer Religion, der ich nicht angehöre und die mich überrollt und mich mit sehr viel mehr Kraft, *sogar physischer Kraft* zurückdrängt als all diese schrecklich strammen Körper. Ich bin allein, und sie sind eine Gemeinschaft." (Rougemont 66)

Der Gott, dem dieser nationalsozialistische Kult gilt, ist eine Verkörperung des großen Tieres. Nach de Rougemont ist dieser Gott „der sublimierte Instinkt der Masse, das lauwarme Bad, in dem sich das Ich auflöst" (Rougemont 75). Selbst Adolf Hitler, der nationalsozialistische Führer, war nicht wirklich Herr des großen Tieres, sondern allem äußeren Anschein zum Trotz letztlich genauso bloß sein Knecht. De Rougemont zitiert dazu eine Aussage Hitlers: „Ich kann nur leben, wenn mein gewaltiger Glaube in das deutsche Volk wieder und wieder durch den Glauben und das Vertrauen des Volkes in mich gestärkt wird!" (Rougemont 66, 76)

Wie aber ist es möglich, der Herrschaft des großen Tieres zu entkommen? Mit Platon sieht Simone Weil nur in der göttlichen Gnade eine wirkliche Chance, dem verführerischen Sog des großen Tieres zu entkommen (vgl. Platon, Staat 492a; 492e–493a). Für sie stellt die Gnade den einzigen Weg zur Rettung dar, die ganz von Gott kommen muss. Am Beispiel der Verleugnung des Petrus zeigt Weil, dass jeder Versuch, aus eigener Kraft sich gegen das große Tier zu stellen, scheitern muss: „Verleugnung des heiligen Petrus. Christus zu sagen: ich werde dir treu bleiben, bedeutete schon, ihn verleugnen, denn es hieß, die Quelle der Treue in sich selbst und nicht in der Gnade zu suchen. Da er auserwählt war, wurde diese Verleugnung für alle und für ihn selbst glücklicherweise offenbar. Bei wie vielen anderen erfüllen sich solche Prahlereien – und sie verstehen nie." (Weil, Cahiers II, 12f.; vgl. Schwerkraft 37)

Das biblische Beispiel des Petrus verweist uns wieder auf das Problem der vermeintlichen Selbstständigkeit des Menschen, der genau dann dem verführerischen Sog seiner Mitmenschen erliegt, wenn er glaubt, alles aus eigener Kraft schaffen zu können. Der Hinweis auf Petrus zeigt uns auch, wie sehr die Problematik des großen Tieres auch im Zentrum der biblischen Schriften steht. Petrus ist das Paradebeispiel für jene Menschenfurcht (vgl. Mk 8,33), die uns zu Verrätern und Gewalttätern werden lässt, wenn wir der Religion der Masse nicht zu widerstehen vermögen (vgl. Girard, Sündenbock 215–235). Petrus ist aber – und das ist Grund zur Hoffnung – auch ein Beispiel für die Überwindung dieser Versuchung.

3. *Franz Jägerstätters begnadeter Widerstand gegen das große Tier oder Was wir von einem einfachen Bauern über die Menschenfurcht lernen können*

Im abschließenden dritten Teil möchte ich nun auf das Beispiel von Franz Jägerstätter zu sprechen kommen. Diesem Teil ist ein biblisches Motto vorangestellt, das die bisherigen Überlegungen zusammenfasst und zugleich den Kern von Jägerstätters Widerstand gegen den Nationalsozialismus trifft:

> „*Menschenfurcht stellt eine Falle; wer aber auf den HERRN vertraut, ist in Sicherheit.*" (Spr 29,25; Elberfelder Bibel)

Mit dem Hinweis auf die Menschenfurcht ist der zentrale Aspekt von Jägerstätters Einsicht in den Zusammenhang von Religion und Politik zu seiner Zeit angesprochen. Es erstaunt, wie genau er die Problematik des großen Tieres erkannte, ohne sich je mit diesem klassischen Bild der politischen Philosophie beschäftigt zu haben. Für ihn genügte die traditionelle christliche Ermahnung, die Gottesfurcht der Menschenfurcht vorzuziehen, um zu wissen, wie groß die Versuchung ist, aus Angst vor den anderen einfach mitzuspielen, auch wenn daraus Unheil und Gewalt für andere folgt. Immer wieder finden sich in seinen Briefen und Aufzeichnungen Hinweise auf die Problematik der Menschenfurcht.

In einem Brief an seinen Freund Hans Rambichler vom 30. November 1941 warnt er ausführlich vor der Menschenfurcht, wobei er sowohl darauf hinweist, dass er diese Versuchung selbst kennt, als auch das Beispiel des Petrus nicht unerwähnt lässt: „Wenn die Menschenfurcht nicht wäre, dann würde es, glaube ich, zahlreiche Heilige geben auf dieser Welt? Und wo ist der Mensch, der nicht ein wenig an dieser Schwachheit zu leiden hätte? Vielleicht sind auch Deine Kameraden nicht so kalt wie Du glaubst, auch bei ihnen kann es vielleicht mehr Lauheit und Menschenfurcht sein, das sie in der Ausübung der religiösen Pflichten hindert. Gib das Beten nicht auf, damit Du nicht von dieser Schwachheit der Menschenfurcht überwältigt wirst. Wie stark im Glauben fühlte sich Petrus und als der Herrgott ihm seine Gnade entzogen, hat ihn halt auch die Menschenfurcht überwältigt und (er) hat seinen Herrn dreimal verleugnet." (GBA 19f.; vgl. dazu 104)

Als konkretes politisches Beispiel nennt Jägerstätter die österreichische Volksabstimmung im April 1938. Er bezeichnet sie als ein Versagen, das wesentlich von Menschenfurcht bestimmt war. Dabei zieht er eine Parallele zum Geschehen am Gründonnerstag, an dem die Menschen auch aus Menschenfurcht für Barabbas und gegen Christus stimmten (GBA 131; vgl. 133 u. 139). Immer wieder spricht er von der großen „Masse", die in eine bestimmte Richtung läuft und sich wie ein großer „Strom" verhält, der alles mit sich zu reißen versucht und dem man nur schwer widerstehen kann (GBA 29, 72f, 121–123, 146f., 162, 178, 185); er selbst stimmte als einziger in seinem Heimatort St. Radegund gegen den Anschluss Österreichs an Deutschland (Putz, Franz Jägerstätter 85f.). Mit seiner Ablehnung der Menschenfurcht erinnert Jägerstätter an den kürzlich seliggesprochenen Kardinal Clemens August Graf von Galen, der auch Hitler Widerstand leistete und dessen Wahlspruch als Bischof (1933) eine entschiedene Absage an die Menschenfurcht ausdrückte: *Nec laudibus – nec timore*. „Nicht Menschenlob, nicht Menschenfurcht soll uns bewegen. Aber das Lob Gottes zu fördern, sei unser Ruhm, selbst in heiliger Gottesfurcht zu wandeln, sei unser beharrliches Streben." (Von Galen, Hirtenbrief vom 28. Oktober 1933; Galen, Akten I 31)

Jägerstätter wünschte sich von seinen Mitchristen und der Kirche ein öffentliches Bekenntnis zu Christus, das sich gegen die öffentlich sich ausbreitende politische Glaubensgemeinschaft des Nationalsozialismus stellen sollte. Er hielt es für falsch so wie viele seiner Mitchristen zu glauben, man könne „ja einstweilen im Geheimen auch Christ bleiben, bis die Sache wieder anders" aussehe (GBA 135). Mit dem Hinweis auf die Bibel hielt er es für unmöglich, zwei Herren zugleich zu dienen. Und schon im Johannesevangelium können wir ja nachlesen, dass Jesus auch deshalb gekreuzigt wurde, weil viele, die an ihn glaubten, sich aus Menschenfurcht nicht öffentlich zu ihm bekannten. Es „kamen sogar von den führenden Männern viele zum Glauben an ihn; aber wegen der Pharisäer bekannten sie es nicht offen, um nicht aus der Synagoge ausgestoßen zu werden. Denn sie liebten das Ansehen bei den Menschen mehr als das Ansehen bei Gott" (Joh 12,42f.; vgl. Schwager, Gerechtigkeit 57f.).

Wie aber gelang es Jägerstätter, dem großen Tier Widerstand zu leisten? Für ihn gilt zuerst, was Simone Weil über die Gnade geschrieben hat, die uns letztlich aus diesem Götzendienst befreien muss. Als er nach seiner Verurteilung am 6. Juli 1943 im Gefängnis in Berlin nur noch mit gefesselten Händen schreiben konnte, verweist er selbst in einem seiner letzten Briefe auf die Gnade, die ihm seinen Lebensweg abseits vom Strom der großen Mehrheit ermöglichte: „Hätte mir Gott nicht die Gnade und Kraft verliehen, für meinen Glauben auch zu sterben, wenn es verlangt wird, so würde ich halt vielleicht dasselbe tun, wie die Mehrzahl es tut. Gott kann eben jedem soviel Gnaden geben, wie er will. Hätten andre diese vielen Gnaden empfangen, wie ich sie schon erhalten habe, sie hätten vielleicht schon weit mehr Gutes geleistet wie ich." (GBA 75)

Sehr deutlich zeigt sich das Wirken der Gnade auch am Beispiel jenes Traumes, den Jägerstätter in einer Jännernacht 1938 träumte, und in dem ihm plötzlich die Gefahr klar wurde, in der sich die Welt damals befand: „Erst lag ich fast bis Mitternacht im Bett ohne zu schlafen, obwohl ich nicht krank war, muß aber dann doch ein wenig eingeschlafen sein, auf einmal wurde mir ein schöner Eisenbahnzug gezeigt, der um einen Berg fuhr, abgesehen von den Erwachsenen strömten sogar die Kinder diesem Zug zu und waren fast nicht zurückzuhalten, wie wenige Erwachsene es waren, welche in selbiger Umgebung nicht mitfuhren, will ich am liebsten nicht sagen oder schreiben. Dann sagte mir auf einmal eine Stimme: ‚Dieser Zug fährt in die Hölle.' Gleich darauf kam es mir vor, als nähme mich jemand bei der Hand. ‚Jetzt gehen wir ins Fegefeuer', sagte dieselbe Stimme zu mir. Was ich da für ein Leiden geschaut und verspürte, war furchtbar, hätte mir diese Stimme nicht gesagt, daß wir ins Fegefeuer gehen, so hätt ich nicht anders geglaubt, als ich würde mich in der Hölle befinden." (GBA 124)

Wir wissen heute, dass Jägerstätter damals prophetisch die Folgen vorausgesehen hatte, die der Nationalsozialismus mit sich bringen wird. Ausdrücklich hält er eine solche Deutung in seinen Aufzeichnungen fest: „Anfangs war mir dieser fahrende Zug ziemlich rätselhaft, aber je länger die ganze Sache ist, desto entschleierter wird mir auch dieser fahrende Zug. Und mir kommt es heute vor, als stellte dieses Bild nichts anderes dar als den damals hereinbrechenden oder schleichenden Nationalsozialismus mit all seinen verschiedenartigen Gliederungen ... Kurz gesagt, einfach die ganze nationalsozialistische Volksgemeinschaft, alles, was für sie opfert und kämpft.“ (GBA 125) Eine mystische Erfahrung hatte Jägerstätter deutlich die Augen geöffnet und gezeigt, wie groß und letztlich selbstzerstörerisch der Herdentrieb war, der die Menschen zum ersatzreligiösen Glauben an Hitler und seine Partei verführte (GBA 126, 135).

Aber natürlich wusste Jägerstätter auch, wie sehr die Gnade unser aktives Zustimmen zur Gnade braucht. Sein Leben war wesentlich dadurch bestimmt, sich spirituell und geistig so auf Gott und seine ewigen Güter hin auszurichten, dass er den Versuchungen des großen Tieres widerstehen konnte. Das Gebet, der regelmäßige Gottesdienst, die Sakramente[141], das vorbildliche Beispiel anderer Menschen sowie vor allem das Lesen biblischer Texte und spiritueller Bücher waren für Jägerstätter wesentliche Stützen seines Glaubensleben. Obwohl er so sehr das individuelle Gewissen vor den Zugriffen irdischer Mächte – auch teilweise der Kirche – schützen wollte, war sein Glaube kein von aller Gemeinschaft und Kirchlichkeit losgelöster Individualismus. Im Anschluss an Röm 1,8ff. hebt er hervor, dass „keiner im Religiösen unabhängig“ sei (GBA 191). Immer wieder weist er auf die Bedeutung des vorgelebten Beispiels hin, weil er weiß, dass „Worte belehren, Beispiele aber hinreißen“ (GBA 147, 182).

Am wichtigsten war ihm das Studium der Heiligen Schrift, weil sie die einfachen aber ganz zentralen Einsichten über unser Leben und den Weg hin zu Gott enthielt: „Die echten und darum einfachen Wahrheiten der Heiligen Schrift bieten uns bessere Gewähr als dieser oder jener vielgenannte Modeschriftsteller oder Lehrer.“ (GBA 194; vgl. Scheuer 46f.) Viele seiner Texte sind Meditationen über Bibelstellen. Öfters hat er auch ihm wichtige Stellen selbst abgeschrieben. Eine solche für ihn bedeutende Stelle ist Mt 10,26–42, wo es um das furchtlose und offene Bekenntnis zu Jesus geht, aber auch um mögliche Entzweiungen innerhalb der Familie als Konsequenz der Nachfolge Christi (GBA 186, 219f.). Dreimal stärkt Christus in dieser Bibelstelle die von ihm ausgesandten Boten mit den Worten „Fürchtet euch nicht“, weil es auch hier wieder um die Gefahren der Menschenfurcht geht. Dietrich Bonhoeffer, der protestantische Märtyrer, der wie Jägerstätter dem Nationalsozialismus zum Opfer fiel, betonte in seinem Buch *Nachfolge* die Bedeutung dieser Bibelstelle im Blick auf die Menschenfurcht: „Wer die Menschen noch fürchtet, der fürchtet Gott nicht. Wer Gott fürchtet, der fürchtet die Menschen nicht mehr. Der täglichen Erinnerung ist dieser Satz für die Prediger des Evangeliums wert.“ (Bonhoeffer 208)

In der eben angesprochenen Stelle im Matthäusevangelium geht es aber auch um den grundsätzlichen Vorrang der ewigen Güter Gottes vor allen irdischen, innerweltlichen Zielen. Immer wieder hat Jägerstätter den biblischen Gedanken betont, dass der Gewinn selbst der ganzen Welt niemals den Verlust der Seele, d. h. des ewigen Lebens bei Gott aufwiegen könnte (GBA 64, 67, 99, 173; vgl. dazu Mt 16,25f.par). Als das Diesseits in die Barbarei versank, konnte er sich daher klar für das Jenseits entscheiden (vgl. Hintermeier). Auf Jägerstätters Grabstein in St. Radegund steht zurecht der Bibelvers: „Wer aber sein Leben um Meinetwillen verliert, wird es finden. Was nützt es dem Menschen, wenn er eine ganze Welt gewinnt, an seiner Seele aber Schaden leidet." (Mt 16,25f.)

Was heißt das alles für uns heute? Wenn es zutrifft, was der österreichische Schriftsteller Heimito von Doderer – ein weiterer Autor, der sich mit der geistigen Katastrophe, die zum Nationalsozialismus führte, auseinander gesetzt hatte – in seinem Roman *Die Dämonen* geschrieben hat, dass nämlich „jedes Zeitalter ... einen Spezial-Rachen ad hoc öffnet, um seine Zeitgenossen zu verschlingen" (Doderer 851; vgl. Voegelin 263–267), so stellt sich auch für uns die Frage nach Widerstandspotentialen gegen die Versuchungen des großen Tieres. Wir können uns dabei an das Vorbild Jägerstätters halten, indem auch wir unser letztes Ziel nicht in dieser Welt suchen. Die biblischen Verse in Mt 16,25f. geben nicht nur präzise die Lebenshaltung Jägerstätters wieder, sondern gehören zu den christlichen Grundhaltungen, die das Leben von uns allen leiten sollen. Diese Schriftstelle prägt beispielsweise die ganze katholische Soziallehre beginnend mit *Rerum novarum* bis hin zu den aktuellen Dokumenten unserer Gegenwart (vgl. Monzel 38–40; Palaver, Soziallehre 204). Vielleicht liegt heute die gefährlichste Versuchung in der ersatzreligiösen Verehrung des wirtschaftlichen Erfolgs, hinter der – wie wir gesehen haben – nichts anderes als unsere Fixierung auf das falsche Ansehen bei den Menschen steht. Der pseudoreligiöse Kapitalismus unserer Gegenwart kann zur Gefahr für unser menschliches Leben und unsere Welt werden. Die Konzilsväter haben ausdrücklich auf Mt 16,25f. hingewiesen, um die notwendige Ausrichtung auf Gott auch für die Wirtschaft festzuhalten: „Alle wirtschaftliche Tätigkeit ist ... immer im Rahmen der sittlichen Ordnung so auszuüben, daß das verwirklicht wird, was Gott mit dem Menschen vorhat." (Gaudium et spes Nr. 64)

Schon Franz Jägerstätter hatte zu seiner Zeit über die Gefahren einer zu deutlichen Bevorzugung wirtschaftlicher Werte auf Kosten der Menschen und einer Vergötzung des Geldes nachgedacht. Als er bald nach seiner Einberufung im Juni 1940 von seiner Frau erfuhr, dass sie kurz nach der Entbindung ihres dritten Kindes und angesichts einer bettlägerigen Mutter mit der Arbeit am Bauernhof nur noch schwer zurecht kam, tröstete er sie mit dem Hinweis, dass die wirtschaftlichen Sorgen niemals die Sorge um die Menschen behindern dürfe: „Also nur wieder Mut, liebe Fanny und vertiefe Dich nicht zu sehr an die Arbeit und weltlichen Sorgen, laßt nur stehen, was nicht leicht geht, denn Deine erste Sorge muß unsern Kindern gelten, und beides, die Kinder und die Wirtschaft könntest Du ja doch nicht auf die Dauer bewältigen, darum bevorzuge die Kinder und Mutter, denn sie müssen Dir und mir mehr gelten als die Wirtschaft.“ (Brief vom 23. Juni 1940; zit. nach Putz, Franz und Franziska 67f.) Diese Briefstelle erinnert uns an Mt 6,25–34, in der Jesus uns vor den falschen Sorgen der Heiden warnt. Genau auf diese Stelle bezog sich Jägerstätter dann auch später im Berliner Gefängnis, als er die gefährliche Vergötzung des Geldes unmissverständlich zum Ausdruck brachte: „Jeder ist vor die Entscheidung gestellt, ob er Gott dienen will oder nicht. Geht er im Diesseits auf, so wird das Geld sein Götze.“ (GBA 185)

Literatur:

Albright, Madeleine K.: Der Mächtige und der Allmächtige. Gott, Amerika und die Weltpolitik. Aus dem Englischen von R. Kreissl und M. Zybak. München 2006.

Arendt, Hannah: Elemente und Ursprünge totaler Herrschaft. München 1986.

Bärsch, Claus-Ekkehard/Berghoff, Peter/Sonnenschmidt, Reinhard (Hrsg.): „Wer Religion verkennt, erkennt Politik nicht.“ Perspektiven der Religionspolitologie. Königshausen 2004.

Böhm, Thomas H.: Religion durch Medien – Kirche in den Medien und die „Medienreligion“. Eine problemorientierte Analyse und Leitlinien einer theologischen Hermeneutik. Stuttgart 2005.

Bonhoeffer, Dietrich: Nachfolge (Dietrich Bonhoeffer Werke 4). Hrsg. von M. Kuske und I. Tödt. Gütersloh 2002.

Doderer, Heimito von: Die Dämonen. Nach der Chronik des Sektionsrates Geyrenhoff. München 1995.

Dostojewskij, Fjodor M.: Der Spieler. Späte Romane und Novellen. Aus dem Russischen übertragen von E. K. Rahsin. München 1996.

Dostojewskij, Fjodor: Aufzeichnungen aus dem Kellerloch. Aus dem Russischen von S. Geier. Frankfurt am Main 2006.

Galen, Bischof Clemens August Graf von: Akte, Briefe und Predigten 1933–1946. Bearbeitet von P. Löffler. 2 Bände. Mainz 1988.

Girard, René: Der Sündenbock. Aus dem Französischen von E. Mainberger-Ruh. Zürich 1988.
Girard, René: Resurrection from the Underground: Feodor Dostoevsky. Translated and foreword by J. G. Williams. New York 1997.
Girard, René: Figuren des Begehrens. Das Selbst und der Andere in der fiktionalen Realität. Aus dem Französischen von E. Mainberger-Ruh. Münster 1998.
Habermas, Jürgen: Glauben und Wissen. Friedenspreis des Deutschen Buchhandels 2001. Frankfurt am Main 2001.
Hank, Rainer: Arbeit – Die Religion des 20. Jahrhunderts. Auf dem Weg in die Gesellschaft der Selbständigen. Frankfurt am Main 1995.
Hintermeier, Hannes: Der Bauer versagte dem „Führer" die Gefolgschaft. In: Frankfurter Allgemeine Zeitung Nr. 186 (13. August 2003) 40.
Jägerstätter, Franz: Gefängnisbriefe und Aufzeichnungen. Franz Jägerstätter verweigert 1943 den Wehrdienst. Hrsg. von E. Putz. Linz 1987.
Joas, Hans: Braucht der Mensch Religion? Über Erfahrungen der Selbsttranszendenz. Freiburg 2004.
Kepel, Gilles: Die Rache Gottes. Radikale Moslems, Christen und Juden auf dem Vormarsch. Aus dem Französischen von Th. Schmidt. München 1991.
Monzel, Nikolaus: Katholische Soziallehre. Erster Band: Grundlegung. Aus dem Nachlaß hrsg. von T. Herweg unter Mitarbeit von K. H. Grenner. Köln 1965.
Palaver, Wolfgang: René Girards mimetische Theorie. Im Kontext kulturtheoretischer und gesellschaftspolitischer Fragen. Münster ²2004.
Palaver, Wolfgang: Die katholische Soziallehre angesichts eines religiösen Kapitalismus. In: Spannungsfelder praktischer Philosophie. Expertenreferate und Statements zur Ethik und ihrer Begründung. Symposienreihe zum Projekt ‚Naturrecht und angewandte Ethik 2001–2003'. Hrsg. von P. Kampits und J. M. Schnarrer. St. Pölten 2004, 197–211.
Platon: Der Staat/Politeia. Griechisch-Deutsch. Übersetzt von R. Rufener, Einführung, Erläuterungen, Inhaltsübersicht von T.A. Szlezák. Düsseldorf 2000.
Postman, Neil: Das Technopol. Die Macht der Technologien und die Entmündigung der Gesellschaft. Aus dem Amerikanischen von R. Kaiser. Frankfurt am Main ²1992.
Prantl, Heribert: Kein schöner Land. Die Zerstörung der sozialen Gerechtigkeit. München 2005.
Putz, Erna: Franz Jägerstätter: „... besser die Hände als der Wille gefesselt ..." Linz 1985.
Putz, Erna: Franz und Franziska. Auszüge aus ihrem Briefwechsel. In: Franz Jägerstätter. Christlicher Glaube und politisches Gewissen. Hrsg. von A. Riedl und J. Schwabeneder. Thaur 1997, 63–75.
Rougemont, Denis de: Journal aus Deutschland 1935–1936. Aus dem Französischen von T. Scheffel. Mit einem Nachwort von J. Altwegg. Wien 1998.
Scheuer, Manfred: Franz Jägerstätter. Ein Leben aus dem Glauben. In: Franz Jägerstätter. Christlicher Glaube und politisches Gewissen. Hrsg. von A. Riedl und J. Schwabeneder. Thaur 1997, 42–62.
Schwager, Raymund: Für Gerechtigkeit und Frieden. Der Glaube als Antwort auf die Anliegen der Gegenwart. Innsbruck: Tyrolia, 1986.
Stirner, Max: Der Einzige und sein Eigentum. Mit einem Nachwort hrsg. von A. Meyer. Stuttgart 1981.

Texte zur katholischen Soziallehre. Hrsg. vom Bundesverband der Katholischen Arbeitnehmer-Bewegung Deutschlands – KAB. Bornheim, Kevelaer [8]1992.
Ulrich, Peter: Der entzauberte Markt. Eine wirtschaftliche Orientierung. Freiburg 2002.
Voegelin, Eric: Hitler und die Deutschen. Hrsg. von M. Henningsen. München 2006.
Weil, Simone: Schwerkraft und Gnade. Übersetzt und mit einem Nachwort versehen von F. Kemp. München [3]1981.
Weil, Simone: Zeugnis für das Gute. Traktate, Briefe, Aufzeichnungen. Aus dem Französischen übersetzt und herausgegeben von F. Kemp. München 1990.
Weil, Simone: Cahiers. Aufzeichnungen. Zweiter Band. Hrsg. und übersetzt von E. Edl und W. Matz. München 1993.
Weil, Simone: Cahiers. Aufzeichnungen. Dritter Band. Hrsg. und übersetzt von E. Edl und W. Matz. München 1996.
Weil, Simone: Cahiers. Aufzeichnungen. Vierter Band. Hrsg. und übersetzt von E. Edl und W. Matz. München 1998.
Weil, Simone: Oppression and Liberty. Translated by A. Wills and J. Petrie. London 2002.
Werfel, Franz: „Leben heißt, sich mitteilen.“ Betrachtungen, Reden, Aphorismen. Frankfurt am Main 1992.

„Nicht von dieser Welt …“ Eine systematisch-theologische Annäherung an Franz Jägerstätters gelebtes Credo

Roman A. Siebenrock

Mit der Anerkennung des Opfertodes von Franz Jägerstätter am 9. August 1943 als Martyrium durch die Kongregation für die Selig- und Heiligsprechungen und Papst Benedikt XVI. am 1. Juni dieses Jahres und der offiziellen Feier seiner Seligsprechung im Linzer Mariendom am Österreichischen Nationalfeiertag dieses Jahres hat für mich als Theologe das Nachdenken über ihn eine neue Dimension bekommen, die Dimension einer ernsthaften Herausforderung.[142] Karl Rahner warnte ja in seinem Aufsatz über das Martyrium davor, dieses Äußerste christlicher Existenz „zum Gegenstand leeren Geschwätzes oder billiger Begeisterung zu machen.“[143] Auf vielerlei Weise aber kann solches geschehen; und die Gnade des Herrn möge uns heute davor bewahren. Deshalb kann ein Theologe dem gelebten Credo Franz Jägerstätters nur in Ehrfurcht und Achtsamkeit nach-denken, dessen eingedenk, dass eine Differenz bleibt, ein anderer in Vollendung ihm entgegentritt und ihm deshalb eine Spur vorgegeben bleibt. Gelebter, vollendeter Heiligkeit nähere ich mich mit einer Hermeneutik der Ehrfurcht und Hochachtung.

Mein Nachdenken kann ich mit Ihnen nur in dem Bewusstsein teilen, dass ich von ihm noch zu lernen habe. Darin kann uns allen deutlich werden, dass die gesamte lehrende Kirche immer zuerst und zuletzt eine Lernende ist, eine Lernende in der Schule der Heiligen, insbesondere jener Zeuginnen und Zeugen, die – weil sie ihre Taufe mit dem Leben frei und in Nachfolge Christi ratifiziert haben – uns immer nahe bleiben. Denn im Martyrium ereignet sich eine doppelte Gleichzeitigkeit: die Gleichzeitigkeit der Jünger und Jüngerinnen zu Christus und die Gegenwart Christi zu ihnen; und so durch sie vermittelt auch zu uns. Deshalb ist das Martyrium die Aufhebung aller Sakramente. In ihm wird Hoffnung und Vollendung, Zeugnis und Gestalt, Wahrheit und Leben eins. Deshalb ist der Märtyrer das lebendige Sakrament Christi in unserer Geschichte – hautnah, ja beängstigend und verunsichernd nah. Wahrlich: hier ist heiliger Boden. Ehrfurcht und Anerkennung, mit der wir uns hier allein nähern können, weiß aber auch darum, dass einerseits das Denken das Leben niemals einholt, aber andererseits unser denkendes Erinnern dieses Leben Franz Jägerstätters im Gedächtnis unserer Kirche und unseres Landes wach hält.[144]

1 Ein Blick zurück: Wie trat Franz Jägerstätter in mein Leben ein?

Beginnen möchte ich aber mit einer kurzen Selbstbesinnung darauf, wie ich selber seiner Persönlichkeit begegnet bin. Meine erste Erinnerung an Franz Jägerstätter war, wenn ich mich nicht täusche, indirekter Art. In der Schülerjugend der Schönstattbewegung war uns ein wirkliches Vorbild ein junger Pallotinerpater aus Tirol, der ein Jahr vor Franz Jägerstätter aus gleichem Grund in Berlin hingerichtet worden ist: P. Franz Reinisch.[145] An seinem Grab neben der Marienkapelle in Schönstatt/Vallendar hatten wir Nachtwache gehalten und in unserer Jugendzeitschrift „Parallele" war uns selbstverständlich, dass Christen keine Konformisten sein konnten, dass sie eine gute Differenz in und zu ihrer Zeit leben sollen und können. Dass zudem der Gründer dieser Bewegung, P. Josef Kentenich, jahrelang in Dachau im KZ einsaß, wie jener münsteraner Schönstattpriester, Karl Leisner, der am Sonntag Gaudete 1944 (17.12.) im Priesterblock geweiht wurde, ließ uns nach anderen Christinnen und Christen im Widerstand Ausschau halten. In diesem Kontext trat Franz Jägerstätter in mein Leben zunächst eher am Rande ein; gestützt auch durch den Film von Axel Corti.[146]

Als zweites ist meine in der Schule grundgelegte Hochachtung jenen Personen gegenüber hier zu erwähnen, die politisch-geistig und militärisch Widerstand gegen den Nationalsozialismus geleistet haben. Ich erinnere mich noch sehr gut, was uns ein eher konservativer Lehrer, unser Oberstudiendirektor Dr. Schmid, nahezubringen versuchte. Als Neonazis in den 70er Jahren in Deutschland wieder laut wurden, meinte er: „Wenn Sie wirklich etwas für Ihr Vaterland übrig haben, dann dürfen Sie die nationalsozialistischen Verbrecher und Totengräber des deutschen Volkes nicht verharmlosen. Als Patriot können Sie kein Nazi sein." So war es mir selbstverständlich, dass die große Kaserne in Sigmaringen – ich stamme aus dieser Gegend – nach Graf von Stauffenberg benannt ist und dass wir die Texte der Studenten der Weißen Rose schon in der Schule gelesen haben.[147] Gewiss liegt auch etwas an schwäbischem Regionalpatriotismus darin, dass wir stolz darauf waren, dass keiner der führenden Nazis aus Schwaben kam, hingegen nicht wenige Widerständler aus Schwaben stammten; so nicht nur Stauffenberg und Rommel sowie die Geschwister Scholl, sondern auch Georg Elsner, der das Attentat auf Hitler im Bürgerbräukeller in München am 9. November 1939 im Alleingang plante.[148] Kurzum: Als wir auf unserer Maturafahrt nach Berlin die „Gedenkstätte Deutscher Widerstand"[149] besuchten, war das Geschichtsbild geprägt. Auf der anderen Seite ist mir später klar geworden, dass der linke, auch kommunistische Widerstand (sieht man von der Gruppe „Die rote Kapelle" ab) nicht in der gleichen Weise gewürdigt wurde und die Situation Österreichs im Geschichtsunterricht nicht wirklich vorkam. Von dieser Voraussetzung her bleibt mir bis heute der Umgang der Republik Österreich mit ihren Widerstandskämpfern fremd; ja ich bin der Meinung, dass es teilweise beschämend ist, wie mit ihnen umgegangen worden ist und teilweise wird.[150]

Als dritter Aspekt fließt in diesen Vortrag die historische und theologische Auseinandersetzung mit den christlichen Kirchen im Nationalsozialismus ein; vor allem in der Frage ihres Verhältnisses zur Judenverfolgung und in der Frage der Gehorsamspflicht gegenüber dem Staat; Paulus' Römerbrief (Kap. 13) wirft hier ja seinen langen Schatten. Dietrich Bonhoeffer, Alfred Delp SJ und P. Augustin Rösch, Pfarrer Metzger und die Verhaltensweise der Bischöfe wurden studiert und analysiert, aber auch der Kreisauer Kreis um den Pazifisten James Graf von Moltke in Erinnerung gerufen. In diesem Kontext habe ich die Zeugnisse Franz Jägerstätters gelesen. Dabei ist mir aufgegangen, dass er wie die Studenten der Weißen Rose den Russlandfeldzug als Verbrechen einschätzte, dass er wie Dietrich Bonhoeffer die Gehorsamspflicht gegenüber der Obrigkeit an das Recht, und zwar das Lebensrecht aller Völker, zurückband, dass er wie so viele sein Leben und seine Entscheidung in die Gestalt Jesu Christi eintauchte und von dieser Orientierung her seine Klarheit und Entschiedenheit in der Nachfolge des Herrn gewann. Und ich musste aber auch erkennen, dass wir von der theologischen Zunft Franz Jägerstätter als Märtyrer des Gewissens wohl hoch schätzen, aber ihn als eine Herausforderung gelebter Theologie an uns noch nicht wahrgenommen haben.[151]

So wage ich es mit diesem Aufsatz meine Erfahrungen in der Schule seiner Praktik des Glaubens mit Ihnen zu teilen. Folgende Schritte möchte ich in seiner Spur mit Ihnen gehen. Zuerst möchte ich im Rückblick auf die traditionelle, altkirchliche Theologie des Martyriums verdeutlichen, dass das Zeugnis Franz Jägerstätters manche Unklarheiten und Ambivalenzen in dieser Tradition einerseits zu klären und anderseits weiter zu entwickeln vermag. Er gibt uns deshalb für unser gegenwärtiges öffentliches Gerede vom Martyrium eine höchst wichtige Orientierung. Er gehört zu jenen Glaubenszeugen des 20. Jahrhunderts, die wie Dietrich Bonhoeffer, Alfred Delp, P. Christian de Cherge, Edith Stein und nicht so wenige andere heute das christliche Martyrium der einen Menschheit als Orientierung nahebringen können.

In einem zweiten Schritt frage ich danach, wie er als einfacher Bauer zu einem solch klaren Urteil und geradlinigen Entscheidung in einer Zeit kommen konnte, in der viele nicht nur in ihrem Urteil getrübt waren. Wie kam Franz Jägerstätter zu seiner von klarer Erkenntnis und präzisem Urteil getragenen Überzeugung? Was oder wer stärkte ihn darin, seinem Gewissen treu zu folgen? Ich glaube, dass ich mit Hilfe des englischen Kardinals John Henry Newman (1801–1890) darauf hinweisen kann, dass wir aus seinen Lebenszeugnissen die Entwicklung und Realisierung des Glaubenssinns eines Glaubenden in einer seltenen Klarheit beobachten können. An ihm können nicht allein wir akademisch ausgebildeten Theologen lernen, was die Kirchenkonstitution (Lumen Gentium 12) meinte, wenn sie lehrt, dass der Glaubenssinn der Glaubenden unfehlbar sei. Ich meine, dass solch gelebte ‚Unfehlbarkeit eines gewissenhaften Glaubenszeugnisses' jenen Fels darstellt, auf dem die Kirche letztlich gebaut ist.

In einem dritten Schritt gehe ich davon aus, dass Märtyrer Zeitgenossen sind, nie nur historische Gestalten musealen Erinnerns. Eines Märtyrers sich zu erinnern bedeutet vielmehr, sich einer gefährlichen Erinnerung (wie es Johann Baptist Metz einmal formulierte) auszusetzen. Niemand kann sich ohne Rückfrage an sich selbst der Gestalt eines solchen Zeugnisses nähern. Was er mir aufgegeben hat und aufgibt, möchte ich an einigen Beispielen abschließend verdeutlichen. Mit meiner ganzen Rede aber möchte ich nur verdeutlichen, dass wir erst begonnen haben in die Schule Franz Jägerstätters zu gehen.

2. *Wer ist ein Märtyrer? Die Klärung eines verschütteten Ideals durch das Zeugnis Franz Jägerstätters*

Fragen wir in einem ersten Schritt, was Franz Jägerstätter zur Klärung und Entwicklung der Theologie des christlichen Martyriums beiträgt. Dazu ist es wichtig sich sowohl den aktuellen Kontext als auch die klassische Theologie des Martyriums zu vergegenwärtigen.

Mit der Rückkehr des Religiösen in die Öffentlichkeit erlangen scheinbar längst abgelegte Begriffe wieder öffentliche Reputation. In den unterschiedlichsten Kontexten ist heute wieder vom Martyrium die Rede. Da die öffentliche Sprache immer auch eine pragmatische Seite kennt und daher mit der Absicht verbunden ist, die öffentliche Meinung für sich zu vereinnahmen, bedarf sie einer kritischen Klärung. Was nennt man heute ein „Martyrium"? Was sollte „Martyrium" genannt werden?

Folgende Aspekte können unterschieden werden: Eine horrende, unverschuldete Leidensgeschichte kann gemeint sein, wenn vom Martyrium eines Kindes oder eines Menschen in qualvollen Umständen zu lesen ist. Der Aspekt der unschuldig Gequälten dominiert in dieser Bedeutung. Als Märtyrer werden heute wie ehedem auch Menschen bezeichnet, die wegen ihren Überzeugungen verfolgt und getötet werden. Ja, es ist kaum ins Bewusstsein gedrungen, dass das 20. Jahrhundert nicht nur ein Jahrhundert der Menschenvernichtung war, sondern umfassender Christenverfolgungen und Morden aus weltanschaulichen Gründen; welch ein horribles Jahrhundert.[152]

Säkulare Abkömmlinge des Begriffs tauchen in der Rede von Helden und Heroen auf. Während in den säkularen Gesellschaften von Helden gesprochen wird, verwenden Gesellschaften mit religiösem Kulturhintergrund eher den Begriff des Märtyrers, um die Selbsthingabe eines Menschen für die Gesellschaft oder die „Nation" erinnerungswirksam zu erhalten. Auch Selbstmordattentäter erheben den Anspruch auf diesen Titel; oder werden als solche zu den Ehren (nicht allein) medialer Altäre erhoben. Menschen, die ihr Leben nicht schonen, verbreiten dann abgründige Angst, wenn der bewusst in Kauf genommene Tod als Waffe verwendet wird, und vielfacher Tod anderer nicht allein nüchtern einkalkuliert, sondern beabsichtigt wird: Die Tat als bloßer Schrecken. Dadurch wird die scheinbar unbesiegbare militärische Gewalt einer Weltmacht bloßgestellt. Denn diese, wie jede menschliche Macht und Gewalt, basiert auf der Fähigkeit, zu töten. Jede Tötungsmacht aber wird durch den Akt vorbehaltloser Sterbebereitschaft unterlaufen. Welche Abschreckung zählt noch, wenn der eigene Tod nicht schreckt?

Hier eröffnet das Martyrium einen Blick auf den seltsam verschlungenen Knoten von Macht und Ohnmacht in ihrer wechselseitigen Verstrickung und Rivalität. Ein Knoten, der immer wieder zur Nachahmung und zu mimetischem Heroismus angeregt hat.[153] Mit dem Begriff bleibt aber bis heute der Versuch verbunden, das Gedächtnis zu besetzen und die öffentliche Meinung für sich einzunehmen. Jüngst hat die älteste Tochter von Saddam Hussein mit folgender Bemerkung auf einer Trauerkundgebung diesen Aspekt des Themas in Erinnerung gerufen: „Danke für die Solidarität und Unterstützung für den Märtyrer“[154]. Mit einer solchen Sprechweise sollen die anderen ins Unrecht gesetzt werden.

In diesem Kontext hat die Kongregation für die Heilig- und Seligsprechungen vom Martyrium Franz Jägerstätters gesprochen. Wenn dieses Wort seine Wahrheit nicht verlieren soll, dann müssen wir kritisch nach den Kriterien des christlichen Martyriums fragen. Der Begriff des Märtyrers, so wie er – vor allem durch die englische Sprache vermittelt – heute weltweit verwendet wird, ist jüdisch-christlichen Ursprungs. Deshalb haben wir Christen eine besondere Verantwortung für die Kultivierung dieses Wortes. Wir sind nicht einfach dem pragmatischen Sprachgebrauch ausgeliefert. Denn sind Märtyrer Fanatiker, Spinner, todessehnsüchtig oder schlicht auf diese oder jene Weise pathologisch? Franz Jägerstätter hat ja seinen eigenen Weg oftmals mit dem Zeugnis der Märtyrer der frühen Kirche verglichen. Diese Sprachkultivierung ist deshalb von hoher Bedeutung, weil durch Nivellierung oder Verschiebung des Märtyrerbegriffs auch das Wort „Gott“ ins Zwielicht gerät.

Es gibt die Möglichkeit, in einer Art Archäologie das missbrauchte Ideal freizulegen, um zu versuchen, es in seiner Würde gegen die Zerstörung zu bewahren. Wir können versuchen, von der eigenen Tradition her, Kriterien dafür zu entwickeln, wer zu Recht Märtyrer genannt und damit verehrt zu werden verdient. Gerade im Zwielicht dieses Phänomens hat sich eine religiöse Tradition, insbesondere das Christentum zu bewähren. Wenn das Evangelium eine Heilsbotschaft, eine gute Nachricht für alle Menschen haben sollte, dann hat sich das Kriterium des Evangeliums an diesem Phänomen zu bewähren.[155]

Worin diese Herausforderung besteht, können wir begreifen, wenn wir die oben eher locker aneinander gereihten Sprachbeobachtungen zusammenfassen. Es scheinen sich folgende Bedeutungskomponenten im Begriff des Martyriums unterscheiden zu lassen: Ein Märtyrer ist ein Opfer, das (unschuldig) nach langer oder erheblicher Leidens- und Qualzeit zumeist wegen seinen Überzeugungen stirbt und den Anspruch erhebt, im Gedächtnis der Gemeinschaft bewahrt zu bleiben. Mit diesem Selbstopfer ist der Anspruch verbunden, die Überzeugungen eben dieser Gemeinschaft zu bestätigen. Der Märtyrer wird als Lebensbeweis für die Gültigkeit des Wahrheitsanspruchs der ihn tragenden Überzeugungsgemeinschaft in Erinnerung behalten. Von seinen Gegnern her ist er eine Person, die Hochverrat begeht, die Grundlagen der Macht untergräbt und daher aus dem Gedächtnis gelöscht zu werden verdient.

Im Martyrium wird die Praktik zum Wahrheitskriterium. Für den christlichen Glauben ist eine kritische Sichtung des Phänomens und dadurch eine Reinigung des Gedächtnisses deshalb unverzichtbar, weil die Rede vom Martyrium seine Würde immer aus der Repräsentanz des Todes Jesu Christi gewinnt. Im Martyrium wird der Tod Jesu gegenwärtig. Gerade deshalb hat die christliche Tradition um das wahre Martyrium gerungen und es gegen seine Verunstaltungen schon im Ursprung zu schützen versucht. Dass dieser Versuch nicht ohne Erfolg war, zeigt sich schon allein daran, dass die erste umfassende Kriteriologie des Martyriums, wie sie uns in der Akte des Polykarpmartyriums vorliegt, den Sprachgebrauch bis heute definierte. Es ist deshalb unsere Pflicht, diesen urchristlichen Begriff heute neu zu klären.

2.1 Das altkirchliche Martyrium: erster Zugang

Mit dem Text des Polykarpmartyriums wurde nicht nur eine Gattung „erfunden", sondern auch der spezifische Sprachgebrauch bis heute festgelegt. Während zuvor mit dem Wort ‚martyr' ein Zeuge bezeichnet wurde[156], heißt von nun an Martyrium Blutzeugnis.[157] Deshalb gehören zum Begriff des Martyriums zwei Mindestbedingungen: der gewaltsame Tod; und die Ursache für diesen Tod „wegen des Glaubens". Von außen gesehen beinhaltet das Martyrium ein „Opfer", von der zu Tode gekommenen Person impliziert dieser Vorgang einen Akt der „Lebenshingabe". In dieser doppelten Perspektive wird uns ein Ringen um die höchste Macht offenbar. Sowohl die Macht, zu töten, als auch die Macht der Bereitschaft, das Leben hinzugeben, implizieren einen absoluten Anspruch und einen höchsten Wert. Daher, das sei hier schon vermerkt, geht es im Martyrium immer um den Konflikt „Gott oder die Götzen". Deshalb stellt sich die Frage, wer tatsächlich als Vorbild und Orientierung im Gedächtnis kultisch bewahrt werden darf. Die Kirche hat von Anfang an sich dieser Pflicht gestellt und bis heute eine starke und hilfreiche Kriteriologie entwickelt.

Es kann hier nicht die gesamte Entwicklung der Geschichte und Theologie des Martyriums dargestellt werden. Es ist aber im Blick auf Franz

Jägerstätter notwendig auf folgende Veränderung im letzten Jahrhundert eigens noch hinzuweisen. Im 20. Jahrhundert erkennen wir den Versuch nicht nur des totalitären Staates, den Opfern ihre Ehre zu nehmen. Das Gedächtnis soll dadurch strukturell enteignet werden, dass die Getöteten und Verfolgten offiziell nicht mehr wegen ihres Glaubens, sondern wegen allfälligen Strafdelikten oder politischem Verrat angeklagt werden und anonym verscharrt werden.[158] Bei Franz Jägerstätter heißt der Verurteilungsgrund „Wehrkraftzersetzung". Lassen wir uns dadurch nicht täuschen. Weil dieses Regime sich nicht an Recht und Gerechtigkeit hielt und seine Legitimation mit neomythischen Religionskonstrukten begründete, erscheinen Nation, Rasse und der Führer selbst als „der höchste Gott" der Gesellschaft.[159] Im christlichen Martyrium steht daher letztlich immer Gott gegen die Götzen.[160]

2.2 *Die starken Kriterien des Polykarpmartyriums*

Die Akte des Martyriums des heiligen Polykarps, der den Prototyp des nachbiblischen Blutzeugen darstellt, wird als Ermutigungsschreiben an die benachbarten Gemeinden überliefert und geht auf das Jahr 160 n. Chr. zurück. Polykarp repräsentiert in seinem hohen Alter von ca. 86 Jahren die zweite Generation der apostolischen Tradition, weil er als ein Schüler des Evangelisten Johannes gilt. Damit ist eine doppelte Kriteriologie durch ihn verkörpert: Er ist Märtyrer und als Bischof in einer authentischen Nachfolge eines Apostels. Der Konflikt, der zur Verurteilung führt, findet sich im Prozess und kommt im folgenden Dialog zwischen dem Bischof und den Prokonsul zum Ausdruck:

„Der Prokonsul ermahnte ihn dringend und sprach: ‚Schwöre, und ich lasse dich frei, lästere Christus!' Polykarp antwortete: ‚Sechsundachtzig Jahre diene ich ihm, und er hat mir kein Unrecht zugefügt; wie kann ich da meinen König lästern, der mich gerettet hat?'" (MartPol 9,3)[161]

Nur auf den ersten Blick ist diese Aufforderung harmlos. Bei Lichte besehen wird der Bischof aufgefordert, seine gesamte Lebensorientierung zu ändern. Die Aufforderung zum Schwur betrifft ja die maßgebliche Orientierungsinstanz. Damit aber wäre der Bischof gezwungen seine ihn tragende Lebensbeziehung zu verraten. Es geht also nicht darum, wie viele heute unterstellen, die Macht des Kaisers abzulehnen. Seit dem Römerbrief des heiligen Paulus wissen die Christinnen und Christen um ihre prinzipielle Loyalität zum Staat, auch gegenüber jenem Staat, der sie verfolgt.[162] Der Konflikt geht vielmehr darum, ob der Staat das Recht hat, die innerste Bindung des Christen an seinen Herrn aufzulösen. Im hier geschilderten Konflikt geht es bereits um die Frage der Grenze weltlicher Macht und staatlicher Gewalt.

Andererseits zeigt sich das Christsein als Beziehung, die stets dem Herrn die höchste Ehre erweist. Daher kann es nicht darum gehen für Christus oder gar für Gott zu sterben. Das Motiv, das Polykarp anführt, darf nicht übersprungen werden: Er hält an dieser Beziehung fest, weil er darin nur Gutes erfahren hat und weil er mit seinem König auf immer leben möchte. Im Martyrium zeigt sich daher die klassische Theologie der Taufe als Einheit von Kreuz und Auferstehung, als Leben und Sterben des Christen mit Christus. Das letzte Motiv des Martyriums ist daher nicht eine nihilistische Todessehnsucht, sondern die Sehnsucht, mit Christus in Leben und Tod für das ewige Leben verbunden zu sein. Daher kann das Martyrium auch als höchste Vergegenwärtigung des „Mysterium paschale" kraft des Heiligen Geistes in der Geschichte der Kirche verstanden werden. Aus dieser Grundüberzeugung heraus werden im Text des Polykarpmartyriums die beiden klassischen Kriterien des wahren Martyriums entwickelt.

Als erstes Kriterium ist das Wort von der „Gnade des Martyriums" zu nennen. Das Martyrium darf nicht selbst inszeniert, provoziert, oder gar aus eigener Initiative gewählt werden. Dazu werden zwei Aspekte angeführt, die als Gattungsmerkmale der Märtyrerakten angesehen werden können. Zunächst wird die „Zwei-Wege-Theorie" mit dem Beispiel des Quintus (MartPol 4) illustriert. Dieser hat sich selbst gestellt und so die Staatsmacht provoziert. Doch er hält nicht stand, sondern fällt im Laufe des Prozesses ab. Als zweite Illustration kann das Fluchtmotiv gedeutet werden. Polykarp entzieht sich auf ausdrückliche Bitten seiner Gemeinde zweimal der Verhaftung (MartPol 5,1f). Die „Gnade des Martyriums" beinhaltet zwar die Bereitschaft zum Bekenntnis, aber nicht mit allen Mitteln. Aber es fordert auch nicht zu endloser Flucht auf, wodurch der Märtyrer ein Gejagter würde. Vielmehr beendet Polykarp, obwohl er noch einmal hätte fliehen können, die Situation mit den Worten Jesu im Garten: „Der Wille Gottes geschehe" (MartPol 7,1). Das Martyrium ist ein Charisma, das aus der Beziehung zu Christus erwächst. Es ist daher freie Gnade für eine freie Person, keine Leistung, noch viel weniger eigenwillige Tat und kann daher nie befohlen werden. Undenkbar ist, dass es eine Ausbildung zum Martyrium geben könnte. Die Gnade impliziert durchgehend die

Freiheitstat des Märtyrers, weil er jederzeit die Möglichkeit behält, teilweise von der verhörenden Instanz ausdrücklich eingeräumt, von seinem Bekenntnis zurückzutreten.[163]

Als zweites Kriterium ist das Wort vom „gottgewollten Martyrium" auszulegen. Gottgewollt ist jenes Martyrium, das dem Evangelium gemäß ist.[164] Dieses habe der Herr selbst gezeigt (MartPol 1,1). Jesus in seinem Sterben ist der Protoyp des Märtyrers. Daher ist, wie schon die Vergegenwärtigung des Sterbens Jesu in der Geschichte des ersten christlichen Märtyrers Stephanos (Apg 7, 54–60), die Gattung durchgehend als Passionserzählung gestaltet. Polykarp steht in einer ausdrücklichen Leidensgemeinschaft mit Christus, so dass „... der Herr ihnen zur Seite stand und mit ihnen redete" (MartPol 2,2). Diese Leidensgemeinschaft fordert nach dem Beispiel Jesu die grundsätzliche Gewaltlosigkeit. Polykarp wendet nicht nur keine Gewalt an, mehr noch: er bewirtete bei seiner Verhaftung noch jene Soldaten, die ihn verhaften wollten (MartPol 7,2). Wie in der johanneischen Passionsgeschichte bleibt der Bischof Subjekt des Handelns.

Zur christlichen Kriteriologie gehört natürlich das öffentliche Bekenntnis zu Jesus Christus: „Christianus sum – Ich bin ein Christ!" Der Grund der Anklage liegt im Bekenntnis. Dadurch aber wird die Beziehung zur Identitätsbestimmung des Angeklagten. Was hat Polykarp getan, was er nicht schon immer getan hätte, und bei seiner Verhaftung auch tut: Er betet und gibt so seinem Herrn die Ehre. So will Polykarp sein Leben nur weiterführen. Er ist nicht der Heroe des letzten Augenblicks, der ultimativen Tat. Sein ganzes Leben zählt, und vor allem sein Dienst als Bischof. So sieht er auch seinen Tod, dem er ruhig entgegengeht, voraus (MartPol 5,2).

In seiner gewaltfreien Souveränität kann er den tiefgreifenden Machtkonflikt austragen. Wenn Macht bedeutet zu wirken und etwas zu bewirken, dann erweist sich in der Souveränität des greisen Bischofs die Überlegenheit des eschatologischen Reiches Gottes in der Heiterkeit seines Zeugens gegenüber der bis an die Zähne bewaffneten Weltmacht. Wie grotesk solche Ungleichheit wirkt, fällt bereits den Soldaten in der Szene der Verhaftung auf. Muss man sich gegen einen alten Mann bis an die Zähne bewaffnen, der zudem uns zum Mahl einlädt und nur noch sein Gebet vollenden möchte? Diese Überlegenheit setzt sich im Verhör fort und findet ihren Höhepunkt in der Heiterkeit angesichts der Folter; ja im Gebet selbst noch auf dem Scheiterhaufen.[165] In dieser Dialektik von

Macht und Ohnmacht (denn der Märtyrer ist nur scheinbar ohnmächtig) kommt wie in der johanneischen Passionsgeschichte der eschatologische Vorbehalt des Evangeliums vom Reich Gottes aller weltlichen Macht gegenüber zum Ausdruck. Schon Jesus hatte vor Pilatus alle weltliche Tötungsmacht durch seine Freiheit, die aus der Bindung an den Willen seines Vaters folgte, entmächtigt. Nicht nur dass sein Reich nicht von dieser Welt wäre, ist damit gemeint. Sondern auch der Anspruch, dass sein Reich nie vergehen werde. Die Macht Gottes kommt daher (nur!) in der Ohnmacht seiner Zeugen zum Ausdruck. Nur in der scheinbaren Ohnmacht kann sich die Wirkmacht des wahren Gottes in dieser Geschichte ausdrücken, wie es vor allem im Gebet aus dem Feuer zum Ausdruck kommt (MartPol 14,1). „Mein Reich ist nicht von dieser Welt" – aber es bricht in und für diese Welt an. Die Allmacht des rettenden und erlösenden Gottes kommt in dieser Welt nur im Zeichen der Ohnmacht, der Verletzbarkeit und Entäußerung, kurz: im Zeichen des Kreuzes an.

2.3 Verschüttungen im Ursprung: das vergessene, ganze Evangelium

Auch wenn der Charakter der Ermutigungsschrift in einer extremen Situation in Betracht gezogen wird, meine ich dennoch bereits in diesem Urtext Verschüttungen feststellen zu können, die sich in der späteren Geschichte des Martyriums teilweise verheerend ausgewirkt haben. Zum einen ist die heroische Schmerzunempfindlichkeit zu nennen, die eine außerbiblische Begründung erfährt. Nicht allein die in Aussicht gestellten Tötungsmethoden schrecken den Bischof nicht, vielmehr wird von standhaften Märtyrern gesagt, dass sie „außerhalb des Körpers weilten" (MartPol 2,2). Dieser Aspekt wird zwar in anderen Märtyrergeschichten zurückgenommen, doch bei Laurentius z. B. wird dieser Aspekt so ausgefaltet, dass geradezu von einer „Lust-Schmerz-Symbiose" gesprochen werden muss.

Schwerer wiegen jedoch zwei andere Verzerrungen. Der ihn anklagenden Menge gegenüber behält er aristokratischen Abstand. Er spricht nicht mit ihr (MartPol 9,2; 10,2). An zwei Stellen (MartPol 13,1; 18,1) kommt deutlich ein frühchristlicher Antijudaismus zum Ausdruck.[166] Die Juden wären besonders eifrig am Aufbau des Scheiterhaufens beteiligt. Sie wären von Bosheit durchdrungen. Die eschatologische Ermutigung und Unterscheidung kippt bisweilen in einen Gut-Böse-Dualismus um, der dämonische Mächte am Werke sieht. Das Martyrium stellt den Sieg über den Teufel dar (MartPol 3,1). Auffallend ist aber vor allem, im Gegensatz zu

Jesus und zu Stephanos, dass in der Akte Polykarp nicht für seine Verfolger betete, oder Gott gar um Vergebung für ihre Sünden bat. Dies ist deshalb besonders eindrücklich, weil – wie oben schon gesagt – Polykarp in seinen Briefen ausdrücklich zum Gebet für die Verfolger auffordert.

Diese zwei Hauptverzerrungen werden im Text des Polykarpmartyriums deshalb besonders deutlich, weil es mit seiner episkopalen Autorität eine starke Kriteriologie aufbaut. Der christliche Märtyrer antwortet in seiner Lebenshingabe in Freiheit auf die freie Gnade Christi. Er wird Opfer der Gewalt, ohne selber Gewalt anzuwenden oder diese ungehörig zu provozieren. Er ist also ein gewaltfreies Opfer im Zeichen des Lammes. Im Blick auf die Passion Christi vermisse ich aber die Todesangst Christi im Garten und das Gebet um Vergebung für seine Mörder. Erst mit diesen beiden Aspekten wäre das Ideal dem Evangelium gemäß. Diese Verschüttungen sind in der Geschichte des Christentums nicht immer überwunden worden. Ich kann hier nicht allen Aspekten nachgehen, sondern möchte nur verdeutlichen, was Franz Jägerstätter durch sein Zeugnis zur Reinigung des verschütteten Ideals und zur Neubestimmung des Martyriums beitragen kann.

2.4 *Die Reinigung des Gedächtnisses des christlichen Martyriums durch das Lebenszeugnis von Franz Jägerstätter*

Franz Jägerstätter steht in der Tradition des christlichen Martyriums[167] und nimmt sie in der Annahme seines Weges nicht nur bewusst auf, sondern er schreibt sie weiter. Zunächst muss jedoch festgehalten werden, dass die zwei klassischen Kriterien des Martyriums für Franz Jägerstätter zutreffen.[168] Er hat sich nicht darum gerissen[169], sondern weiß um die „Gnade des Martyriums“, wenn er schreibt: „Hätte mir Gott nicht die Gnade und Kraft verliehen für meinen Glauben auch zu sterben, wenn es verlangt wird, so würde ich halt vielleicht dasselbe tun, wie die Mehrzahl es tut. Gott kann eben jedem soviel Gnaden geben, wie er will. Hätten andre diese vielen Gnaden empfangen, wie ich sie schon erhalten habe, sie hätten vielleicht schon weit mehr Gutes geleistet wie ich.“[170] Damit steht er in seinem Gewissen „coram Deo“, ohne billig über andere herzuziehen. Im Gegenteil, wir werden es noch hören.

Franz Jägerstätter steht im Glanz des von Gott selbst gezeigten Martyriums, das kein anderes ist als der durch das Evangelium bezeugte Tod Jesu. Der Märtyrer lebt entschieden die Gebote Gottes, die in der Thoraregel Jesu ihre Mitte haben. Er schreibt: „Deshalb hab ich Euch nichts dringenderes ans Herz zu legen als, nehmet Euch den festen Entschluß alle Gebote zu halten und jede Sünde zu meiden. Du sollst Gott Deinen Herrn lieben und den Nächsten wie Dich selbst, auf diesen beiden Geboten ruht das ganze Gesetz".[171] Es muss gerade heute betont werden, dass das christliche Martyrium die Verwirklichung dieses dreifachen Liebesgebots unter den extremsten Bedingungen darstellt. Denn in einer Welt der Sünde und der Gewalt bringt die Verwirklichung der armen und gewaltlosen Liebe Gottes immer die Passion, das Leiden mit sich. Die Realisierung des Liebesgebots erscheint bei Jägerstätter aber nicht zuerst als eine moralische Anweisung, sondern als Ausdruck seiner Lebensgemeinschaft mit Gott in und durch Jesus Christus. Hören wir ihm zu: „Offensichtlich zeigt Gott manchmal seine Kraft, die er den Menschen zu geben vermag, die ihn lieben und nicht das Irdische dem Ewigen vorziehen. Nicht Kerker, nicht Fesseln auch nicht der Tod sind es imstande, einen von der Liebe Gottes zu trennen, ihm seinen Glauben und den freien Willen zu rauben. Gottes Macht ist unbesiegbar."[172]

Solche Gewaltlosigkeit ist keine Passivität und bloßes Erdulden, und noch viel weniger Feigheit oder gar Schwachheit. Wie könnte denn die Liebe zu den Feinden anders durchgehalten werden und das Beispiel Jesu in einem Leben anders realisiert werden? Nein diese Gewaltlosigkeit ist Widerstand gegen das Böse, der in sich den Keim der Erlösung trägt – auch für die anderen: für jene, die seinen Weg nicht gehen konnten und sogar als Angebot für jene, die ihn zu Tode gebracht haben. Er schreibt: „Feindesliebe ist nicht charakterlose Schwäche, sondern heldische Seelenkraft und Nachahmung des göttlichen Vorbildes. (Vgl. Mt 5, 43ff.)."[173] Und der eigentliche Grund dieser Haltung wird in der Aussage erkenntlich: „Wenn wir bedenken, daß jede Stunde, in der wir in Feindschaft leben, für die ewige Glückseligkeit verloren ist, denn wer mit den Menschen in Feindschaft lebt, kann nicht mit Gott in Freundschaft sein. Christus hat ja gesagt, gehe hin, versöhne dich mit deinem Bruder, dann komm und opfere deine Gabe."[174] Die Aussagen des Evangeliums, das Böse mit dem Guten zu überwinden[175], sind ihm Orientierung. Die Feindesliebe ist für ihn das Charakteristikum des Christen.[176] Da Jägerstätter sein eigenes Schicksal mit dem großen traditionellen Begriff der Versöhnung und Sühne[177] gedeutet hat, darf die Frage nach der christologischen Dimension seines Todes nicht übergangen werden.

Es scheint mir möglich zu sein, einen großen theologischen Begriff, mit der wir die Existenz Jesu beschreiben, auf ihn anzuwenden: Stellvertretung. Er ersetzt dabei meine Entscheidung nicht, sondern weist uns darauf hin, wo wir stehen sollen und wo wir in der Kraft der Gnade Gottes stehen können. Daher eröffnet der wahre Märtyrer allen eine Möglichkeit der Umkehr, der Trauer über die eigene Sünde und Schwäche und gibt so die Ermutigung zu neuem Leben. Dabei ist nicht nur an die große, außerordentliche Tat gedacht. Die Haltung, die zum Martyrium führt, ist nicht der Heroismus des letzten Augenblicks. Franz Jägerstätter drückt es in seiner Auslegung der dritten Vater-unser-Bitte sehr präzise aus: „Das Gottesreich zieht ein auf Erden und in meine Seele nur dann, wenn der Wille Gottes erfüllt wird. Das ist, kurz gesagt, der Inbegriff aller Gebete. Was will Gott von uns? Daß wir seinen Willen tun. Sein Wille wird erkannt, nicht bloß in seinen Geboten, auch in unserem Leben, in unserem Beruf und Stand, daß wir stets erfüllen auch unsere Berufs- und Standespflichten, seien wir auch Helden des Jetzt!“[178] Helden des Jetzt: Jede Gegenwart steht unter dem Anruf des Willen Gottes.

Seine Grundhaltung kann daher als Ernsthaftigkeit im Alltag angesehen werden. Da die Maxime des Willen Gottes im dreifachen Liebesgebot der Thoraregel Jesu für Jägerstätter zusammengefasst ist, darf gefragt werden, was dieses Gebot konkret bedeutet. Die Verwirklichung des Liebesgebots zeigt sich bei ihm in ganz konkreten, ja alltäglichen Lebensvollzügen, die von einer ursprünglichen christlichen Tugend zeugen: der Kraft und Fähigkeit zur Vergebung: „Wenn man *gegen niemanden Rachegedanken* hat und allen Menschen verzeihen kann, wenn auch manchmal einem ein hartes Wort zugeworfen wird, so bleibt das Herz in Frieden und was gibt es Schöneres auf dieser Welt als den Frieden, bitten wir Gott darum, daß ein wahrer und dauernder Friede recht bald in diese Welt einziehen möge.“[179]

Als Sühne zur Versöhnung versteht er daher seinen Tod im Abschiedsbrief an seine Frau. Die Bitte um Vergebung in diesem Testament darf nicht als Floskel übergangen werden. Sie ist die Voraussetzung von Versöhnung und der Anfang des richtigen Verstehens und der richtigen Wirksamkeit seiner Handlung.[180] Den letzten Grund des Verzeihens, der Feindesliebe und die Weise, wie diese göttliche Tugend im eigenen Leben Wirklichkeit zu werden vermag, drückt er in aller theologischen Klarheit in folgenden Worten aus: „Es ist viel besser für alle zu beten, als über andre zu richten, denn Gott will, daß alle selig werden.“[181] Im Dienst des universalen

Heilswillens Gottes zu sein, ist die letzte theologische Radikalität seines Lebenszeugnisses. Daher kann nicht deutlich genug betont werden: Ein Märtyrer ist keine Waffe. Niemanden greift er an. Denn er richtet sich nicht gegen Menschen, sondern gegen die Sünde.

Und eben hier liegt meiner Ansicht nach die erste bewegende Weiterentwicklung des christlichen Martyriumsbegriffs durch Franz Jägerstätter – gegen die Zerstörung der Freiheit und der wahren Aufklärung. Ja, ich meine, dass wir von ihm lernen können, dass die Märtyrer (er auf alle Fälle) die großen Aufklärer des 20. Jahrhunderts waren und sind. Oftmals beklagt er, dass es keine Glaubensfreiheit gebe und wahrlich kostbar ist ihm, die Freiheit eines Christenmenschen zu leben: „Wenn ich sie [diese Worte] auch mit gefesselten Händen schreibe, aber immer noch besser, als wenn der Wille gefesselt wäre."[182] Hellsichtig durchschaut er die Struktur totalitärer Herrschaft, die nur Pflichten, aber keine Rechte für den Einzelnen kennt und alle traditionellen Kommunikationsorte (wie z. B. den Stammtisch) aushöhlt, ja dass das Wesen totalitärer Herrschaft darin liegt, die alltägliche Kommunikation der Menschen zu zerstören. Vor allem aus diesem Grunde hat sich das Ehepaar Jägerstätter abgesondert, ja absondern müssen. Er fühlte sich in Feindesland.[183]

Das aber führte ihn dazu, sich seines eigenen Verstandes zu bedienen. So hieß ja Kants Antwort auf die Frage „Was heißt Aufklärung?"[184] Die selbst verschuldete Unmündigkeit hätte ihren eigentlichen Grund nach Jägerstätter darin, dass wir unsere Verantwortung abgegeben haben. Dass zu dieser Form von Aufklärung stets Mut gehört, kann nicht nur an Jägerstätter abgelesen werden. Nur ist für ihn, im Gegensatz zu Kant und unseren Spätaufklärern heute, das vorzügliche Objekt solcher Aufklärung nicht die Religion, sondern die gesellschaftliche und politische Ideologie. Motiv für seine Form der Aufklärung aber ist nicht die eigene Entschließung einer sich als autonom vorkommenden Vernunft, sondern schlicht eine Passage aus der Pfingstsequenz, die er ironisch im Blick auf den Führergehorsam anführt: „Die Gabe der Weisheit und des Verstandes dürfen wir dann bei den sieben Bitten, um die wir zum Hl. Geist beten, gleich streichen. Denn wenn wir ohnedies blindlings dem Führer zu gehorchen haben, zu was brauchen wir da viel Weisheit und Verstand?"[185] Ist Aufklärung dann aber eine Gabe und Aufgabe des Heiligen Geistes?

Der Märtyrer verweigert jeder menschlichen Instanz den absoluten Gehorsam: „Keiner irdischen Macht steht es zu, die Gewissen zu knechten."[186] Damit zieht er jeglicher menschlichen Macht eine klare Grenze. Keine Macht der Welt darf das Gewissen und die Freiheitsentscheidung des Einzelnen missachten: „Keiner irdischen Macht steht es zu, die Gewissen zu knechten. Gottes Recht bricht Menschenrecht".[187] Damit verpflichtet Jägerstätter den Staat nicht nur auf die Anerkennung der personalen Freiheit, sondern noch mehr (besonders im Bereich der zentralen Auseinandersetzung um Gehorsam und Krieg) auf Gerechtigkeit gegenüber allen Menschen. Was später „Verbrechen gegen die Menschheit" genannt worden ist, hat er in seiner Analyse der nationalsozialistischen Kriegsführung klar erkannt.[188]

Die aufklärerische Kraft dieses einfachen Bauern ist mir am nachdrücklichsten nahegekommen in der Auseinandersetzung um die Gehorsamspflicht gegenüber dem Staat und in der Sicht der Verantwortlichkeit. Klar ist die Grundorientierung, Gott mehr zu gehorchen als den Menschen. Seine immer wieder betonte Entschließung, den Glauben nicht preiszugeben, bezieht sich dabei nicht so sehr auf ein Ensemble weltanschaulicher Sätze, sondern auf die Nachfolge Christi, in der für ihn die Gottesbeziehung konkret wird. Weil der Nationalsozialismus gerade diese Bindung, und dann konkret in der Auseinandersetzung mit der Kirche, zu zerstören sucht, ist er gottlos und seine Anordnungen nicht anders. Der Militärdienst ist deshalb glaubensfeindlich, weil dadurch ein gottloses Regime und seine Ziele unterstützt werden.[189] Ich meine, dass bis heute seine Klarsichtigkeit in der Verquickung von Wehrmacht und nationalsozialistischem Staat (wir schreiben das Frühjahr 1943) kaum überboten und eingeholt worden ist.[190] Diese Gott- und Glaubensfeindlichkeit erfährt Jägerstätter an eher, für uns heute, banalen Erfahrungen. Er wird z. B. in der Ausbildungszeit durch den Dienstplan absichtlich schikaniert, so dass er über lange Zeit nicht am Gottesdienst teilnehmen kann. Mit seiner Analyse aber passt er nicht in das Schema der damaligen Verantwortungsanalyse und stellt auch viele der Analysen in Frage, die nach dem Krieg Hitler alle Verantwortung zuschreiben wollten.[191] Es beginnt der einsame Weg eines wirklich mündigen Christen, der sich seine Verantwortung nicht abnehmen ließ.

Wenn wir die Weiterentwicklung des Martyriumsbegriffs durch Franz Jägerstätter zusammenfassen, dann können wir sagen: Er führt die traditionelle Frage nach den sittlichen Konsequenzen des Glaubens auf die Verantwortlichkeit jedes einzelnen Christen für die politische und gesellschaftliche Kultur weiter – und zwar im Blick auf den Frieden im umfassenden Sinne in der einen Menschheit. Der Friede ist für ihn höchstes Gut. Dieser impliziert das Lebensrecht der anderen Völker. Deshalb dürfen die Loyalität und Treue zur eigenen Gruppe und zum eigenen Staat nicht zur Unterdrückung oder gar Vernichtung anderer Menschen als Ziele des Handelns missbraucht werden.

3. *Die Kultivierung des Glaubenssinns eines Glaubenden: Franz Jägerstätters gelebte „Erkenntnislehre"*

Um die verstreuten Aussagen Jägerstätters besser zu verstehen, mit denen er seine Erkenntnisse und seine Entscheidung begründet, möchte ich auf die Glaubensanalyse von John Henry Kardinal Newman (1801–1890) zurückgreifen[192] und auf einen wesentlichen Aspekt der Pastoralkonstitution des Zweiten Vatikanischen Konzils verweisen. Dadurch versuche ich, mich der theologischen Herausforderung der impliziten Theologie[193] seines gelebten Glaubens zu nähern.

In seinem theologisch-philosophischen Hauptwerk „Essay in aid of a grammar of assent" stellt Newman sich die Fragen, wie Menschen ihre Glaubenszustimmung entwickeln und ausbilden; wie also Menschen so glauben, als ob sie sehen würden. Ich kann nicht alle Aspekte hier darstellen, sondern nur auf jene eingehen, die mir für die hier gestellte Aufgabe als wichtig erscheinen. Im rationalistischen Kontext seiner Zeit sagt Newman gegen den Trend des beginnenden wissenschaftlichen Zeitalters, dass Denken keine Rechenmaschine, sondern ein Vollzug der gesamten menschlichen Person mit allen ihren Fähigkeiten sei. Zustimmendes Denken geschieht auf der einen Seite mittels der Wahrnehmungsfähigkeit des Menschen, andererseits mit seiner Kraft zu folgern. Je nach Art der Wahrnehmung und des Folgerns ist dann auch die Zustimmung „notional" oder „real". „Notional" nennt er eine Zustimmung in der Weise, wie Jägerstätter die „Namenchristen" charakterisiert: Lippenbekenntnisse ohne existenziellen Ernst. „Real" ist eine Zustimmung, wenn die ganze Person im Spiel ist.

Newman unterscheidet dabei ein formelles, ein natürliches und ein formloses Folgern. Unter formellem Folgern versteht er ein Denken, das akademisch gebildet und der Logik gemäß vorgeht. Dieses ist nach Newman vor Barbarei nicht geschützt. Rationalität ist eine zutiefst ambivalente Fähigkeit des Menschen. Wissenschaft ist nicht nur ein Segen, sondern auch eine Last und bedeutet eine riesengroße Verantwortung, die aber nicht mit der gleichen Art des formellen Folgerns geleistet werden kann. Als natürliches Folgern bezeichnet er hingegen jenes Denken, mit dem die Menschen ihr Leben orientieren und bewältigen. Ein Bauer weiß, wann er säen muss, er spürt das Wetter. Dazu bedarf es langer Erfahrung aus unmittelbarer Beziehung zu diesen Dingen. Daher ist die hier genannte Fähigkeit stark bereichsbezogen. Doch ist diese Art des Folgerns durch Vorurteile („Idole") und religiös durch Aberglaube gefährdet. In seiner „Grammatik" möchte er ein sogenanntes formloses Folgern entwickeln, das die Fähigkeiten des natürlichen Denkens mit dem kritischen Sinn formellen Folgerns zu verbinden versucht. Dies soll dazu führen, einen gebildeten Folgerungssinn, von ihm „illative sense" genannt, zu entwickeln.

Dieses Folgern hängt von ersten Prinzipien ab, die stets wertorientiert sind und ihren letzten Maßstab am Gewissen finden. Ein christliches Gewissen aber bildet sich nach Newman auf der Basis der „imagination" (Vorstellungskraft) in drei wesentlichen Orientierungen aus: Das erste Prinzip des Christen ist es, nach Jesus Christus Ausschau zu halten, also in der Beziehung mit ihm zu leben. Für Franz Jägerstätter ist diese Beziehung vor allem durch das Wort der Schrift und das Sakrament der Eucharistie lebendig. Nach Newman verbindet sich der Blick auf das Evangelium mit dem Hören und Wahrnehmen des eigenen Gewissens als Echo der Stimme Gottes. Beide Bewegungen entwickeln erst zusammen ihre eigentümliche Kraft. Dass das Gewissen der ursprüngliche Statthalter Christi ist und selbst der Papst auf diesem Fundament steht ist für Newman eine Kernüberzeugung nach der Erklärung über die Unfehlbarkeit.[194]

Als zweites Kriterium führt er die alte Kirche und die lange Tradition der Kirche, einschließlich des Lehramtes der Bischöfe an. Im Leben mit und aus dem Gedächtnis der universalen Kirche schöpfen die Christen Orientierung.

Das dritte Kriterium möchte ich das Prinzip des „realize", der Realisierung nennen. Christentum ist wesentlich eine gelebte Beziehung, ein Handeln, durch die eigene Existenz ratifizierte Überzeugung. Dieses Kriterium fordert nach Newman das Prinzip der Heiligkeit, zu der alle Getauften gerufen und berufen sind. Heiligkeit aber impliziert Wagnis.

Was aber bedeutet imagination? Es ist die Fähigkeit, die Worte des Glaubens in ihrer Realität zu ergreifen. Ich habe den Eindruck, dass Franz Jägerstätter in vorzüglicher Weise uns verdeutlichen kann, wie solche Glaubenszustimmung wächst und wie sie ihre Gestalt gewinnt. Vielleicht darf ich ihn als ein „Genie des illative sense" bezeichnen. Versuchen wir nun mit dieser Orientierung, Franz Jägerstätters implizite Theologie aufzudecken.

Die Voraussetzung für die Entwicklung des „illative sense" ist nicht nur ein Leben in und mit der Kirche, sondern die Entschließung zur christlichen Ernsthaftigkeit: „Um die Berufung zum Christsein ist es etwas bitter Ernstes."[195] Diese Entschließung impliziert die ernsthafte Nachfolge Christi, in der ich vor der Wahl stehe, mich für Gott zu entscheiden,[196] das Himmlische oder das Irdische zu wählen. Wie Newman und später Blondel fragt Jägerstätter nach der Grundentscheidung, der Fundamentaloption eines Lebens. Seine Exzerpte und seine prägnanten Bibelkommentare scheinen mir in diese Richtung zu zielen. Die Fundamentaloption seines Lebens besteht darin, den Willen Gottes zu suchen und ihm zu gehorchen.

Jede menschliche Erkenntnis aber hat einen Sitz im Leben, einen lebensweltlichen Ort, der mit bestimmten Optionen versehen ist. Keine Erkenntnis kommt aus dem Nichts. Ich möchte vor allem auf drei Dimensionen hinweisen: die besondere Kirchlichkeit Jägerstätters, seine ihn bestimmenden und tragenden Beziehungen und seine im Gewissen geprüfte geistige Auseinandersetzung mit den Sachproblemen.

Beginnen wir mit der letzten Fragestellung. Das gewichtigste Sachproblem habe ich schon genannt: Es ist die Frage nach dem Gehorsam gegenüber der Obrigkeit im Kontext der Tradition des „bellum iustum".[197] Mir ist aufgefallen, dass Jägerstätter das 38er-Jahr nicht nur religiös sehr ernst nimmt, sondern auch die völlige Aufgabe einer eigenen österreichischen Identität entschieden zurückweist. Wie kann etwas, was bis 1938 abgelehnt wurde und verboten war, heute ohne Einschränkung möglich oder gar gefordert sein?[198] Seine Auseinandersetzung mit dieser Kernfrage führt Jägerstätter hauptsächlich im Gespräch mit drei Referenzen („loci"[199]): mit den Schriften des Neuen Testamentes, den beispielhaften Heiligen[200] und der kirchlich-lehramtlichen Verlautbarung der Gegenwart. Besonders bedeutsam erscheint mir seine Lektüre und Auslegung eben dieser lehramtlichen Verlautbarungen – gerade auch aufgrund und gegen die Zurückhaltung des eigenen Bischofs. Seine Fragenkataloge sind ebenso frappierend wie klar.[201] Zwar nimmt er Priester und Bischöfe wegen der aktuellen Gefahrensituation in Schutz,[202] doch lässt er sich seine eigene Verantwortung nicht abnehmen. Ja, er meint, es läge etwas Providentielles darin, dass die aktuellen Bischöfe und Priester in ihrer Orientierungsfunktion nun durch das Schriftapostolat ersetzt würden.[203]

Die dritte Dimension, die personalen Beziehungen, erweisen seinen Glauben bei aller Einzigartigkeit und Einsamkeit seines Weges doch in einem kleinen Netz verankert; letztlich in der Beziehung zu seiner Frau. Zum einen sind einige Freunde zu erwähnen, vor allem wohl Rudolf Mayer. Sein Eintritt in den Dritten Orden des heiligen Franziskus am 8. Dezember 1940 verbindet ihn mit einer ausdrücklichen Tradition, die ihn mit der Gewaltfreiheit unmittelbar in Berührung bringen musste. Sein Cousin Hans Huber, der Zeuge Jehovas geworden ist, darf hier nicht übersehen werden[204] und auch der Mut des früheren Pfarrers von St. Radegund, Karobath.

In dieser Hinsicht aber kann seine Frau nicht hoch genug gewürdigt werden. Mit großer Bewegung habe ich folgende Briefpassage vom April 1943 gelesen: „Liebste Gattin, heute waren es sieben Jahre, da wir uns vor Gott und dem Priester Liebe und Treue versprochen und ich glaube, wir haben dies Versprechen auch bis heute treu gehalten und ich glaube, daß uns Gott auch weiterhin die Gnade verleihen wird, wenn wir auch jetzt getrennt leben müssen, dieses Versprechen bis zum Ende unseres Lebens treu zu halten. Wenn ich so Rückschau halte und all dies Glück und die vielen Gnaden, die uns während dieser sieben Jahre zuteil geworden sind, die manchmal sogar an Wunder grenzten, betrachte und es würde jemand sagen, es gibt keinen Gott oder Gott hat uns nicht lieb und würde dies glauben, wüßte ich schon nicht mehr, wie weit es mit mir gekommen wäre. Liebste Gattin, weshalb sollte uns für die Zukunft so bange sein, denn der uns bis jetzt erhalten und beglückt hat, wird uns auch weiterhin nicht verlassen, wenn wir nur auf das Danken nicht vergessen und im Streben nach dem Himmel nicht erlahmen. Dann wird unser Glück fortdauern bis in alle Ewigkeit.“[205]

Ich kenne keine schönere und bewegendere Theologie des Ehesakraments als diesen kurzen Brief: Ich habe zuvor nirgends gelesen, dass die Ehe als Beweis der Liebe Gottes erfahren werden kann. Welch schöne Deutung dieses Sakraments. Die beiden Eheleute stärken sich wechselseitig im Glauben: Ich stimme Bischof Manfred zu, wenn er sagt, dass der Weg Franz Jägerstätters ohne seine Frau nicht möglich gewesen wäre. Deshalb ist seine Seligsprechung auch eine Anerkennung dieser Ehe als „ecclesiola“, einer wahren Kirche im Kleinen. Daher ist es sehr stimmig, wenn Franz sein Schicksal und das seiner Frau mit jenem Schmerz vergleicht, den Jesus seiner Mutter zumuten musste, als er die Passion auf sich nahm.[206] Ich habe diese Passage als wahren Ausdruck dessen gelesen, was ohne Kitsch „Heilige Familie“ genannt werden darf.

Die entscheidende religiöse Fähigkeit, die Vorstellungskraft („imagination“) ist bei Jägerstätter in besonderer Weise, wie ich sage möchte, als „eschatologische Vorstellungskraft“ ausgebildet.[207] Dies ist einerseits die Konsequenz seiner Klarheit in der Analyse der Bedeutung der Fundamentaloption eines Lebens, andererseits aber durch den unvorstellbar hohen Druck, dem er ausgesetzt war, verständlich. Erstaunlich aber ist, dass er immer wieder mahnt, aus verschiedenen Gründen, andere nicht zu verurteilen.[208] Nicht nur der Gedanke an das Gericht, sondern Newmans „realize“ ist hier deutlich zu erkennen. Deshalb lehnt er jede Lüge ab und geht keinen Kompromiss[209] ein. Dies ist einer der wichtigsten Gründe für seine Wehrdienstverweigerung. Was tun wir angesichts der Realität des ewigen Lebens wirklich? Setzen wir uns so ein, wie die illegalen Nazis vor 1938?[210] Wie viele lassen sich nicht von der Masse mitreißen?[211]

4. Eine gefährliche Erinnerung: Franz Jägerstätters Herausforderung heute

Ich habe gesagt, dass es gefährlich sei, sich eines Märtyrers zu erinnern. Immer stellt er uns in Frage, weil in ihm Christus selber in unserer Geschichte gegenwärtig geworden ist. So erlaube ich mir abschließend ein paar Punkte anzusprechen, die mich bewegt haben.

Das Zeugnis Franz Jägerstätters und die Erinnerung an ihn hat mir in doppelter Weise im Blick auf die traditionelle Frömmigkeit und religiöse Bildung zu denken aufgegeben. Einerseits ist seine christliche Frömmigkeit und Bildung ganz in der traditionellen Schule des Volkskatholizismus und der nachtridentinischen religiösen Bildung verwurzelt: die Bedeutung der regelmäßigen Messfeier, die Hochschätzung der Herz-Jesu-Frömmigkeit, der Gewissenspiegel sowie die Orientierung an den kirchlichen Verlautbarungen. Dies bedeutet für mich, dass es keinen Grund gibt, auf sogenannte ‚vorkonziliare‘ Formen herabzublicken, zumal gerade bei ihm sehr deutlich zu sehen ist, dass das Zweite Vatikanische Konzil in hohem Maße seine Kraft dadurch erhält, dass es bereits gelebte Entwicklungen und Zeugnisse gesamtkirchlich anerkennt.

Andererseits aber hat es doch sehr lange, fast zu lange gedauert (und diese Entwicklung ist noch lange nicht am Ziel), dass er auch von seiner näheren Umgebung als Zeuge Christi anerkannt wird. Vielfach habe ich, um nur ein Beispiel zu nennen, gehört, er sei ein Spinner.

Ich finde, dass diese Qualifikation, auch wenn sie ganz anders gedacht ist, an eine urchristliche Erfahrung rührt, die Paulus berichtet: „Wir sind Narren um Christi willen“ (1 Kor 4,10). Damit war immer ein Nonkonformismus, auch im ‚aggiornamento‘ von Johannes XXIII., gemeint. Wir Christen können nicht zu allem Ja und Amen sagen, und segnen, was ohne uns abläuft. Eben daher ist es für mich erschreckend, dass eine sogenannte christliche Kultur nicht wirklich einen authentischen christlichen Sensus ausgebildet hat, sondern ihn fast widerstandslos von säkularen Größen wie Gehorsam, Nation und Vaterland unterlaufen ließ. Menschen machen Götzen, wenn sie Endliches absolut setzen. Absolut wird etwas gesetzt, wenn es alles kosten darf.

Deshalb scheint mir eine der wichtigsten Aufgaben der sogenannten „Neuevangelisation“ darin zu bestehen, einen christlichen Sinn, Instinkt, ja Urteilsvermögen zu bilden. Solches ist aber nur möglich, wenn Leben mit Leben in Berührung kommt. Vielleicht liegt hier die besondere Bedeutung künftiger Heiligenverehrung. Franz Jägerstätter sollte daher nicht aufs Podest gestellt, sondern als „Reiseführer“[212] für christliche Orientierung oder als Lehrer eines christlichen Wahrnehmungsvermögens lebendig bleiben.

Wir reden heute viel von der Möglichkeit postmoderner Vielfalt der Optionen. Ich war immer skeptisch. Die Entschiedenheit, mit der Jägerstätter auf die Bedeutung der Fundamentaloption verweist, hat mir gezeigt, dass dies gar nicht möglich ist, weil wir auf diese oder andere Weise durch die scheinbare Pluralität der Optionen die tatsächliche Macht bestärken. Wir sind vor die Wahl gestellt. Im Letzten gibt es keinen Pluralismus, sondern ein Ja oder ein Nein. Nicht lau sollen wir sein.[213] In diesen Zusammenhang gehört auch die Rede, dass nichts zu machen sei. Jägerstätter, als Patron der eigenen Verantwortung, würde uns diese Meinung auszutreiben versuchen.[214]

In einer Zeit der allgemeinen, stark diffusen Religiosität, die jegliche Entschiedenheit auf ein Bekenntnis mit Misstrauen belegt, sehe ich in Jägerstätter die Herausforderung der Entschließung, in der konkreten Tradition der Kirche den Willen Gottes zu suchen. Religiöse Pluralisten suchen vielleicht letztlich doch nur die Bestätigung des Eigenen. Wir sollten uns daher nicht wundern, dass Franz Jägerstätter das gemeinsame Priestertum betont[215] und das Laienapostolat – gerade beim Versagen der Bischöfe – hervorhebt.[216]

Ist es zu gewagt, eine berühmte Aussage von John Henry Newman, die er 1859 im Zusammenhang mit seiner Untersuchung über den Glaubenssinn der Glaubenden (und dass dieser konsultiert werden müsste) für Gemeinden im arianischen Streit nach dem Konzil von Nizäa (325) aussprach, auf Franz Jägerstätter anzuwenden und auf alle jene, die mit ihm Zeugnis gaben? „Doch betrachten wir die Geschichte von einem umfassenden Blickwinkel aus, so müssen wir im großen und ganzen feststellen, daß die Führungsschicht der Kirche versagte und die Geführten sich in Glaube, Eifer, Mut und Treue hervortaten. Das ist eine sehr bemerkenswerte Tatsache, hinter der sich eine Moral verbirgt. Vielleicht wurde das zugelassen, um der Kirche, die gerade zu jener Zeit aus ihrer Situation des Verfolgtwerdens im Übergang war zu ihrem langen weltlichen Aufstieg, die großartige evangelische Lektion zu erteilen, daß nicht die Weisen und Mächtigen, sondern die Unbeachteten, die Unwissenden und Schwachen ihre eigentliche Stärke ausmachen.“[217] Könnte es sein, dass am Ende dieser sogenannten konstantinischen Epoche uns wieder gezeigt und gelehrt werden soll, dass die Kirche primär nicht auf Instanzen, Gelehrsamkeit und Macht gegründet ist, sondern auf Personen, die in der Einfalt des Herzens Christus nachfolgen?

Eine solche Einsicht aber führt zu einer Selbstbesinnung, wie sie z. B. Karl Rahner in seinem eingangs genannten Aufsatz anführt. Diese Fragen können uns daran erinnern, dass nicht nur das 20. Jahrhundert, sondern auch das 21. bislang eine Zeit der zu einem guten Teil verkannten und verschwiegenen Märtyrer ist: „Fast kann man denken, dass man das christliche Leben nur begreift, wenn man den christlichen Tod schlechthin, das Martyrium, versteht. Fast kann man meinen, daß man die Ärmlichkeit und Dürre unseres Christseins daran erschreckt ablesen könne, dass so wenig Mut zu solcher Berufung in uns lebt. Es ist darum geziemend, dass wir aufschauen zu Jesus, dem Anführer und Vollender des Glaubens, der anstatt der ihm greifbaren Freude ungeachtet der Schmach das Kreuz erduldete (Hebr 12, 2), daß wir unsere Herzen stärken (betend um die Gnade eines getreuen Herzens) im Blick auf die, die uns in aller Wahrheit und Greifbarkeit im Zeichen des Glaubens vorangegangen sind, auf die Zeugen der alten und der jungen Tage der Kirche. Heute, da wir bloß reden, leiden unzählige um des Namen Jesu willen, leiden glaubend und duldend, unbekannt und ungerühmt, sühnend auch unsere Schuld der feigen Gleichgültigkeit, der Glaubensschwäche und der genusssüchtigen Mittelmäßigkeit. Sie sind die Opfer, von denen wir leben, sie gehen den Weg, der plötzlich auch für uns der einzige werden kann, der zum Leben führt, sie erfahren, welche Berufung in der Tiefe der Wirklichkeit auch uns zuteil wurde, da wir in der Taufe in den Tod Christi hineingetauft wurden und im Sakrament des Altares den Lebenden empfangen, der für uns in den Tod dahingegeben wurde. Sie sind die wahren Nachfolger des Herrn, in denen er selbst leidet und stirbt, die Nachfolger der wahren Liebe (wie schon Polykarp sagte). Dass man doch auch heute und hier sagen könne, was einst der große Origenes in seiner Gemeinde sagte: ‚Ich zweifle nicht, daß es in dieser Gemeinde eine Anzahl von Christen gibt – Gott allein kennt sie –, die vor ihm nach dem Zeugnis ihres Gewissens schon Märtyrer sind, die bereit sind, sobald man es von ihnen verlangt, ihr Blut für Christus zu vergießen.‘ Ich zweifle nicht, dass unter uns solche sind, die ihr Kreuz schon auf sich genommen haben und ihm folgen.“[218]

Heute ergeht durch das Zeugnis Franz Jägerstätters der Ruf an uns in die Ernsthaftigkeit des Lebens und des Glaubens, ein Ruf in die alltägliche Nachfolge Jesu in der Bildung des eigenen Gewissens. Dazu schenke er uns auf die Fürbitte seines Dieners Franz Jägerstätters seine Gnade.

Anmerkungen

I. Wenn Glaube zum Matyrium führt

1 Grundlegend: Erna Putz, Franz Jägerstätter: „… besser die Hände als der Wille gefesselt …“, Grünbach [3]1997 (Linz [2]1987; [1]1985).

2 Manche zweifeln an der Christlichkeit des Innviertler Bauern und Mesners, weil er seine Familie im Stich gelassen hat. Vgl. dazu die Presseberichte im Umfeld der 4. Braunauer Zeitgeschichtetage vom 22. bis 24. 9. 1995: Kirchenzeitung der Diözese Linz vom 28. 9. 1995, 10.31; Oberösterreichische Nachrichten vom 27. 9. 1995, 3; Salzburger Nachrichten vom 19. 9. 1995.

3 Johann Hoffmann-Herreros, Franz Jägerstätter. In: Constantin Pohlmann (Hg.), Sie widerstanden den Mächtigen, Mainz 1983, 101–110, hier 110.

4 Erna Putz, Gefängnisbriefe und Aufzeichnungen. Franz Jägerstätter verweigert 1943 den Wehrdienst, Linz-Passau 1987 (=GBA), 66.

5 Martin Buber, Zwei Glaubensweisen, Gerungen 1994 (Erstausgabe 1950).

6 Die Struktur erinnert an die Betrachtung zur Erlangung der Liebe in den ignatianischen Exerzitien: Ignatius von Loyola, Geistliche Übungen und erläuternde Texte (ed. P. Knauer), Graz 1978, Nr. 230–237.

7 Vgl. Klaus Demmer, Gebet, das zur Tat wird. Praxis der Versöhnung, Freiburg i. Br. 1989.

8 Zitiert nach Erna Putz, Franz Jägerstätter: „… besser die Hände als der Wille gefesselt …“, Linz 1987, 190.

9 Zitiert nach Josef Stierli (Hg.), Cor Salvatoris. Wege zur Herz-Jesu-Verehrung, Freiburg i. Br. 1954, V.

10 Vgl. dazu Erna Putz, Franz Jägerstätter 135.

11 Die Apologetik des Ersten Vatikanischen Konzils nennt als Glaubwürdigkeitsmotive Christus und die Kirche, dabei besonders die Einlösung der Prophetien, die Wunder Jesu und die wunderbare Ausbreitung der Kirche (DH 2779).

12 Gordon Zahn verweist darauf, dass Jägerstätter das Studium der Heiligenleben in seiner Haltung gegenüber dem Schweigen der konkreten Kirche bestärkt hat: „Diese Gemeinschaft der Heiligen hatte er an Stelle der nationalsozialistischen Volksgemeinschaft gewählt, denn sie repräsentierte für ihn den wahren Geist des Christentums.“ (Er folgte seinem Gewissen. Das einsame Zeugnis des Franz Jägerstätter, Graz 1967, 205)

13 Erna Putz, Franz Jägerstätter 110. Gordon Zahn verweist auf Hans Hümmeler, Helden und Heilige, eine Sammlung kurzer Biografien. Zahn meint, dass dieses Buch ein Lieblingsbuch von Franz Jägerstätter gewesen sein dürfte (155).

14 Hinweise auf Exerzitien finden sich im Brief an Hans Rambichler vom 30. 11. 1941 in GBA 20 sowie 158. Die Zeit der Haft beschreibt er als „schönste Exerzitien“ (GBA 50). Bei Gordon Zahn findet sich der Hinweis auf Exerzitien im Jahre 1934 in Altötting. Zahn beschreibt sie als Zäsur für Jägerstätter. Er berichtet, dass Jägerstätter „in seinen jungen Jahren sehr lebendig war und wohl auch über die Schnur sprang; nach seinen Exerzitien in Altötting 1934 aber nahm er es mit seiner Religion in jeder Hinsicht ernst.“ (308) Zahn bezieht sich dabei auf Jakob Fried, Nationalsozialismus und katholische Kirche in Österreich, Wien 1947, 82f.

15 Zitiert bei Erna Putz, Franz Jägerstätter 61.
16 Zur Dimension der Nachfolge als zentraler theologischer Kategorie vgl. Søren Kierkegaard, Einübung ins Christentum, Ges. WW 26. Abt., München 1951, 229–247; Dietrich Bonhoeffer, Nachfolge. Mit einem Nachwort von E. Bethge, München 1985; Johann Baptist Metz, Zeit der Orden? Zur Mystik und Praxis der Nachfolge, Freiburg i. Br. 1977.
17 Ähnliche Gedanken finden sich bei Alfred Delp, Gesammelte Schriften I–IV (hg. von R. Bleistein) Frankfurt 1982–1984; vgl. dazu Gotthard Fuchs, Missionsland Deutschland. Zur theologischen Ambivalenz der bürgerlichen Gesellschaft. Alfred Delp als Herausforderung, in: ders. (Hg.), Glaube als Widerstandskraft, Frankfurt a. M. 1986, 120–143, bes. 128–134.
18 Albert Camus, Le mythe de Sisyphe (1943). Essais. Hg. von R. Quillot/L. Faulcon, Paris 1965, 89ff.; dt.: Das Absurde und der Selbstmord, in: Der Mythos von Sisyphos. Ein Versuch über das Absurde. Das Frühwerk. Mit Nachwort von Francois Bondy, Düsseldorf 1967, 397–403, hier 397f.
19 Abraham Joschua Heschel, Who is Man?, Stanford, California 1965, 45 u. 92.
20 Abraham Joschua Heschel, Der Mensch fragt nach Gott. Untersuchungen zum Gebet und zur Symbolik, Neukirchen-Vluyn 1989, 50. Vgl. auch Verena Lenzen, Jüdisches Leben und Sterben im Namen Gottes, München 1995.
21 „Christi martyrem non facit poena sed causa." (Augustinus, Contra Cresconium Donatistam 3,47, in: PL 43,525).
22 Es geht dabei keineswegs um eine Vergötzung des Leidens: „Ich glaube an den Wert des Leidens in dem Maße, in dem man alles (was anständig ist) getan hat, um es zu vermeiden." (Simone Weil, Oeuvres Complètes VI, 1, 139, Paris 1994).
23 Zweites Vatikanisches Konzil, Lumen gentium 42.
24 Karl Rahner, Art. Martyrium, in: LTHK [2]7, 136. Vgl. ferner: Karl Rahner, Theologie des Todes. Mit einem Exkurs über das Martyrium (QD 2), Freiburg i. Br. 1958; Karl Rahner, Dimensionen des Martyriums. Plädoyer für die Erweiterung eines klassischen Begriffs, in: Schriften zur Theologie XVI, 295–299; ferner Schriften zur Theologie: VI, 215–237; VII, 404–434; VIII, 322–326; X, 164–180; XIII, 188–203.
25 Vgl. Erik Peterson, Zeuge der Wahrheit, Leipzig 1937; ders., Apostel und Zeuge Christi, Freiburg 1952; Hans Urs von Balthasar, Martyrium, in: ders., Neue Klarstellungen, Einsiedeln 1979, 158–173; Edmund Arens, Bezeugen und Bekennen, Düsseldorf 1989; Leonardo Boff, Martyrium: Versuch einer systematischen Reflexion, in: Conc 19 (1983), 176–181; Gotthard Fuchs (Hg.), Glaube als Widerstandskraft. Edith Stein – Alfred Delp – Dietrich Bonhoeffer, Frankfurt a. M. 1986.
26 Origenes, Comment In Joan. 11, in: PG 14, 176.
27 Thomas von Aquin, Summa Theologiae II-II, 124, 5.
28 Die thomanische Begrifflichkeit geht in die Lehre Benedikts XIV. ein. Ihr gemäß muss der Begriff ‚Märtyrer' verstanden werden als „voluntaria mortis perpessio sive tolerantia propter fidem Christi, vel alium virtutis actum in Deum relatum." (Benedikt XIV., De Servorum Dei beatificatione et Beatorum canonizatione, Prato 1839–1841, Lib. III, cap. 11,1). – Darauf verweist die Mitteilung der ‚Congregazione delle Cause dei Santi' an die Vorsitzenden der Bischofskonferenzen vom 28. 12. 1999.
29 Vgl. auch die zehn (elf) Fragen in: GBA 177; Jägerstätter bezieht sich bei dieser Unvereinbarkeit auf den Hirtenbrief des Linzer Bischofs Gföllner gegen den

Nationalsozialismus aus dem Jahre 1933 und auf die Enzyklika von Pius XI., Mit brennender Sorge (1937).

30 Lucien Weyland, geb. 24. 8. 1923 in Metzingen/Frankreich, war mit Franz Jägerstätter von März bis Mai 1943 im Wehrmachtsuntersuchungsgefängnis in Linz. Protokoll der Zeugenaussage vom 22. 10. 1991, Bekräftigung am 17. 11. 1999.

31 Vgl. ferner GBA 75.126.132.138–140.144.150.160.

32 Der Angriffskrieg der Nationalsozialisten ist schon auf Grund der traditionellen Kriterien für eine mögliche Rechtmäßigkeit eines Krieges (Legitimität der Autorität, ultima ratio für ein friedliches Zusammenleben, gerechter Grund, rechte Intention, gewaltbeschränkende Maßnahmen, Proportionalitätsprinzip) als Unrecht zu qualifizieren. Vgl. G. Beestermöller, Art. Krieg, in: LTHK [3]6, 475–479.

33 Der Aufhebungsbeschluss des Landgerichtes Berlin ist publiziert in: Franz Jägerstätter. Zur Erinnerung seines Zeugnisses. Eine Handreichung. Hg. von Pax Christi Oberösterreich, Linz 1999, 23–30. Zur juridischen Bedeutung der Aufhebung sowie zum Verbrechenscharakter des konkreten Krieges vgl. Reinhard Moos, Die Rehabilitierung Franz Jägerstätters durch das Landgericht Berlin, in: Franz Jägerstätter. Zur Erinnerung seines Zeugnisses. Eine Handreichung. Hg. von Pax Christi Oberösterreich, Linz 1999, 31–40; ders., Die Aufhebung der Todesurteile der NS-Militärgerichtsbarkeit, in: Journal für Rechtspolitik 5 (1997), 253–265.

34 Vgl. dazu Hans Urs von Balthasar, Martyrium, in: ders., Neue Klarstellungen, Einsiedeln 1979, 158–173.

35 Zitiert nach: Erna Putz, Franz Jägerstätter 191f.

36 Erna Putz, Franz Jägerstätter 192.

37 Vgl. zur Frage Selbstmord oder Martyrium auch den Brief an Franziska Jägerstätter vom 18. 4. 1943 in: GBA 41.

38 Erna Putz, Franz Jägerstätter 147; zur Haltung Fließers gegenüber Jägerstätter vgl. Anton Naderer, Dr. Josef Cal. Fließer, Bischof von Linz. Kirchengeschichtl. Diss. (Maschinenschrift), Wien 1972; Rudolf Zinnhobler, Der Linzer Bischof Joseph C. Fließer – Kollaboration oder Widerstand, in: Jan Mikrut (Hg.), Österreichs Kirche und Widerstand 1939–1945, Wien 2000, 105–134, bes. 112–117.

39 Im Original des Schreibens an das Pfarramt St. Radegund heißt es „ebenso“, in der Kopie, die im Ordinariat verblieben ist, wurde handschriftlich korrigiert: „ebenso wenig“. Josephus C. Fließer hatte in seinem handschriftlichen Vermerk vom 7. August 1945 „ebenso wenig“ geschrieben.

40 Schreiben vom 11. August 1945 mit Zahl 329, DAL, Pers. Akt Jägerstätter; Kopie aus Pfarrarchiv St. Radegund.

41 Zum Schweigen der Bischöfe und Priester vgl. auch GBA 162.

42 Eberhard Schockenhoff, Wesen und Funktion des Gewissens aus der Sicht der katholischen Moraltheologie, in: Werner Tzscheetzsch (Hg.), Zwischen Exodus und Exil. Religionspädagogik in der Pluralität, Ostfildern 2000, 49–69, hier 50f.

43 Johannes XXIII., Pacem in terris, Roma 1963.

44 Vgl. Hannah Arendt, Adolph Eichmann in Jerusalem. A Report on the Banality of Evil, New York 1963; Karl Popper, Die offene Gesellschaft und ihre Feinde, Bern 1958; Theodor W. Adorno, Studies in the Authoritarian Personality, in: Ges. Schriften 9.1, 143–508; auch: Ges. Schriften 8, 307–433.

45 Martin Heidegger, Sein und Zeit, Tübingen 1980, 128.

46 Jürgen Habermas, Theorie des kommunikativen Handelns, Bd. 2: Zur Kritik der funktionalistischen Vernunft, Frankfurt a. M. 1981, 522ff.

47 Denzinger Hünermann 3679.
48 Peter Sloterdijk, Kritik der zynischen Vernunft, Bd. 1, Frankfurt a. M. 1983, 249f.
49 Vgl. auch Gottfried Bachl, In der Wahrheit leben. Gedanken über falsche Demut, Selbstverwirklichung und Moralismus, in: Herder Korrespondenz 43 (1989) 356–362.
50 Günther Anders, Mensch ohne Welt. Schriften zur Kunst und Literatur, Wien 1984, XVI–XVII.
51 Vgl. dazu Fritz Riemann, Grundformen helfender Partnerschaft, München 1982, 40–47.
52 Vgl. dazu Franz Kamphaus, Entschieden leben. Was ich im Taufbekenntnis verspreche. Mit einem Beitrag von Gotthard Fuchs, Freiburg i. Br. 1991; Art. Krisis, in: ThWNT III, 943.
53 Erläuterungen zu den von Jägerstätter verwendeten Abkürzungen: N.S.W. (müsste wahrscheinlich N.S.V. heißen): Nationalsozialistische Volkswohlfahrt; N.S.F.: Nationalsozialistische Frauenschaft, diente als Gliederung der NSDAP der ideologischen Schulung und karitativen Aufgaben; H.J.: Hitlerjugend; W.H.W.: Winterhilfswerk.
54 Johann Baptist Metz / Tiemo Rainer Peters, Gottespassion. Zur Ordensexistenz heute, Freiburg i. Br. 1991, 22ff.
55 In diesem Sinn ist das Gebet für Jägerstätter wie für Dietrich Bonhoeffer nicht mit einer „Verdrängung Gottes aus der Welt, aus der Öffentlichkeit der menschlichen Existenz" verbunden (Dietrich Bonhoeffer, Widerstand und Ergebung. Briefe und Aufzeichnungen aus der Haft. Hg. von Eberhard Bethge, Gütersloh 1985, 172). Gott wird nicht zum Lückenbüßer und Kammerdiener degradiert (Widerstand und Ergebung 155 u. 172). Gebet ist geprägt von einer tiefen Diesseitigkeit (183). „Christus aber fasst den Menschen in der Mitte seines Lebens." (167).
56 Vgl. dazu Ignatius von Loyola, Geistliche Übungen, in: ders., Gründungstexte der Gesellschaft Jesu (DWA II), Würzburg 1998, Nr. 313–336.
57 Zu guten und schlechten Früchten im Anschluss an Gal 5 und Kol 3 vgl. auch GBA 155 u. 197.
58 Vgl. dazu Michael Rissmann, Hitlers Gott, Zürich 2001, 80.
59 A.a.O. 88f.
60 Vgl. dazu Odo Marquard, Schwierigkeiten mit der Geschichtsphilosophie, Frankfurt 1973, 76.
61 Vgl. dazu Michael Rissmann, Hitlers Gott.
62 Dagegen schreibt Pius XI. im März 1937: „Wer nach angeblich altgermanisch vorchristlicher Vorstellung das düstere unpersönliche Schicksal an die Stelle des persönlichen Gottes rückt, leugnet Gottes Weisheit und Vorsehung ... Ein solcher kann nicht beanspruchen, zu den Gottgläubigen gerechnet zu werden." (Enzyklika „Mit brennender Sorge")
63 Akten dt. Bischöfe über die Lage der Kirche 1933–1945, Bd. 1, hg. von B. Stasiewski, Mainz 1968, 102.
64 Josef Kurz, Wofür? Die Kriegsjahre 1942–1945 – Opfer und Täter. Briefe/Erinnerungen/Tagebuchaufzeichnungen des Soldaten Sepp Kurz, München 2000.
65 Dietrich Bonhoeffer, Ethik. Zusammengestellt und herausgegeben von Eberhard Bethge, München 1985, 69.
66 So leider noch nach dem Krieg von Bischof Fließer im Schreiben an das Pfarramt St. Radegund vom 11. 8. 1945 sowie an Pfarrer Leopold Arthofer in Kronstorf

vom 27. 2. 1946. Vgl. weitere Belege bei Thomas Breuer, Gehorsam, pflichtbewusst und opferwillig. Deutsche Katholiken und ihr Kriegsdienst in der Wehrmacht, in: StdZ 217 (1999) 37–44.

67 Martin Buber, Gottesfinsternis. Betrachtungen zur Beziehung zwischen Religion und Philosophie, in: ders., Werke, Bd.1: Schriften zur Philosophie, München-Heidelberg 1962, 503-603, hier 508–510.

68 Robert Nozick hat Auschwitz – in Umkehrung der Heilsgeschichte zur Unheilsgeschichte – zum mundanen Wendepunkt gemacht, dessentwegen die Menschheit es verdient hätte, unterzugehen: Robert Nozick, Der Holocaust, in: Robert Nozick, Vom richtigen, guten und glücklichen Leben, München 1991, 262–269.

69 Emmanuel Lévinas, zitiert nach Klaus Berger, Wie kann Gott Leid und Katastrophen zulassen?, Stuttgart 1996, 95.

70 Simone Weil, Cahiers. Aufzeichnungen 1, München-Wien 1993, 298.

71 Simone Weil, Schwerkraft und Gnade. Übersetzt und mit einem Nachwort versehen von F. Kemp, München 1952, 104.

II. In der Spur der Seligpreisungen

72 Franz Kafka, Eine kaiserliche Botschaft, in: ders., Gesammelte Werke (hg. von M. Brod) Bd. 4, Frankfurt 1976, 128f.

73 Therèse von Lisieux will in einer im 19. Jh. beliebten Allegorese zusammen mit einigen Novizinnen „acht Tage lang den Duft der Blumen tief einatmen und damit die fehlende Sorgfalt von Priestern und Ordensleuten für die kleinen Dinge sühnen." (Pri. 5) Vgl. Andreas Wollbold, Klarer als Kristall? Priesterliches Leben nach Therese von Lisieux, in: R. Marx / P. Schallenberg (Hg.), Ihr seid der Brief Christi. Priestersein im Zeugnis von Therese von Lisieux, Johannes XXIII. und Romano Guardini, Paderborn 1999, 23–41, hier 32f.

74 Vgl. den Art. Totenkopfverbände der SS, in: Enzyklopädie des Holocaust. Die Verfolgung und Ermordung der europäischen Juden. Hg. von Israel Gutman, München [2]1998, Bd. III, 1416–1419.

75 Vgl. z. B. Theodor W. Adorno, Studies in the Authoritarian Personality, in: Soziologische Schriften 11/1 (GW 9,1 hg. von Rolf Tiedemann) Frankfurt 1975, 142–509, bes. 191–210; Karl R. Popper, Die offene Gesellschaft und ihre Feinde II. Falsche Propheten: Hegel, Marx und die Folgen, München [6]1980, 36–101 (Hegel und der neue Mythos der Horde), bes. 80f.

76 „Einmal glaub ich, hätten wir (wohl) noch ein Verteidigungsrecht gehabt und zwar als wir vor 4 Jahren noch Österreicher waren." (GBA 180)

77 Lucien Weyland, geb. 24. 8. 1923 in Metzingen/Frankreich, war mit Franz Jägerstätter von März bis Mai 1943 im Wehrmachtsuntersuchungsgefängnis in Linz. Protokoll der Zeugenaussage vom 22. 10. 1991, Bekräftigung am 17. 11. 1999.

78 Vgl. ferner GBA 75.126.132.138–140.144.150.160.

79 Dietrich Bonhoeffer, Nachfolge. Mit einem Nachwort von Eberhard Bethge, München 1986, 87f.

80 Johannes XXIII., Pacem in terris, in: AAS 55 (1963), 265–266.

81 Zur Thematik im Alten Testament vgl. Norbert Lohfink (Hg.), Gewalt und Gewaltlosigkeit im Alten Testament (QD 96), Freiburg i. Br. 1983. Vgl. dazu be-

sonders Gert Theißen, Gewaltverzicht und Feindesliebe (Mt 5,38–48/ Lk 6,27–38) und deren sozialgeschichtlicher Hintergrund, in: ders., Studien zur Soziologie des Urchristentums, Tübingen (2) 1983, 160–197. Vgl. Hildegard Goss-Mayr, Der Mensch vor dem Unrecht. Spiritualität und Praxis gewaltloser Befreiung, Wien 1976, 41ff.

82 Gisbert Greshake, Erlöst in einer unerlösten Welt?, Mainz 1987, 106.

83 Simone Weil, Vorchristliche Schau. Übers. von Fritz Werle, München-Planegg 1959, 54.

84 Vgl. die Zusammenfassung in: Kathpress-Tagesdienst Nr. 042/18. 2. 2007, 4.

85 Vgl. dazu Bernhard Welte, Über das Wesen und den rechten Gebrauch der Macht, Freiburg i. Br. 1960, 51.

86 Bernhard Welte, Über das Wesen und den rechten Gebrauch der Macht 59.

87 Den zu entwaffnen, der töten will, ist rechtens, in: Osservatore Romano (deutsch) 14. 8. 1992.

88 Wo sind wir vom Evangelium abgewichen?, in: Osservatore Romano (deutsch) 12. 11. 1993.

89 Osservatore Romano (deutsch) 15. 4. 1994.

90 Osservatore Romano (deutsch) 17. 11. 1995.

91 Nikolaus von Kues, De visione Dei/Die Gottesschau, in: Philosophisch-Theologische Schriften. Hg. und eingef. von Leo Gabriel. Übersetzt von Dietlind und Wilhelm Dupré, Wien 1967, Bd. III, 105–111.

92 Dt.: Totalität und Unendlichkeit. Versuch über die Exteriorität. Übersetzt von W.N. Krewani, Freiburg/ München 1987.

93 Vgl. dazu: Emmanuel Lévinas, En découvrant l'existence avec Husserl et Heidegger, Réimpression conforme à la première suivie d'Essais nouveaux, Paris [4]1982, 165–178; dt.: Die Spur des Anderen. Untersuchungen zur Phänomenologie und Sozialphilosophie. Übersetzt, herausgegeben und eingeleitet von Wolfgang Nikolaus Krewani, Freiburg/München 1983, 185–208.

94 Katechismus der katholischen Kirche Nr. 1717.

95 Walter Benjamin, Geschichtsphilosophische These IX, in: Zur Kritik der Gewalt und andere Aufsätze. Mit einem Nachwort von Herbert Marcuse, Frankfurt a. M. 1965, 84f.

96 Wolfgang Welsch, Grenzgänge der Ästhetik, Stuttgart 1996, 204.

97 Peter Brown, Die Heiligenverehrung. Ihre Entstehung und Funktion in der lateinischen Christenheit. Übers., bearb. und hg. von J. Bernard, Leipzig 1991, 69.

98 Elie Wiesel, Die Weisheit des Talmud. Geschichten und Portraits. Aus dem Französischen von Hanns Bücker, Freiburg i. Br. [2]1996, 187

99 Sr. Maria-Theresia Smith, Maria Regina Martyrum Berlin-Charlottenburg (Schnell Kunstführer 1703), Regensburg [2]1995, 45.

100 Der Gedanke von den Heiligen als Inspirationsträgern findet sich z. B. bei Augustinus und Thomas von Aquin: „Wie der Heilige Geist in der Hl. Schrift spricht, so auch in den Haltungen und Taten der Heiligen" (Thomas von Aquin, Super Epistolas Sancti Pauli Lectura II, ad Hebraeos Nr. 658).

101 Vgl. dazu Jürgen Werbick, Bilder sind Herausforderungen. Gottebenbildlichkeit – Imitatio Christi – Nachfolgebilder, in: Vor-Bilder. Realität und Illusion. Hg. von Heinrich Schmidinger. Graz-Wien-Köln 1996, 165–197.

102 Tertullian, Apologie 50,13.

103 Alfred Delp, Brief an M. vom 11. Januar 1945, in: Ges. Schriften IV, 110.

104 Vgl. dazu Søren Kierkegaard, Die Wiederholung (Ges. Werke III, ed. E. Hirsch). Düsseldorf 1968, 173; Johann Baptist Metz, Glaube in Geschichte und Gesellschaft. Studien zu einer praktischen Fundamentaltheologie, Mainz 1977, 165.

105 Johannes Paul II., Gebet im KZ Mauthausen am 24. Juni 1988.

106 Dietrich Bonhoeffer, Widerstand und Ergebung. Briefe und Aufzeichnungen aus der Haft. Hg. von Eberhard Bethge, Gütersloh [13]1985, 109f.

107 Vgl. dazu Christoph Münz, Der Welt ein Gedächtnis geben. Geschichtstheologisches Denken im Judentum nach Auschwitz, Gütersloh 1995.

108 Zur Kritik der Gewalt und andere Aufsätze, Frankfurt a. M. 1965, 78–94. Vgl. dazu Helmut Peukert, Wissenschaftstheorie – Handlungstheorie – Fundamentale Theologie. Analysen zu Ansatz und Status theologischer Theoriebildung, Düsseldorf 1976, 278–280.

109 Emil L. Fackenheim, Die gebietende Stimme von Auschwitz, in: Wolkensäule und Feuerschein. Jüdische Theologie des Holocaust. Hg. von Michael Brocke und Herbert Jochum, Gütersloh 1993, 73–110, hier 95.

110 Immanuel Kant, Die Religion innerhalb der Grenzen der bloßen Vernunft (1793), B 94.

111 Fjodor M. Dostojewskij, Die Brüder Karamasow, München 1958, 331.

112 Thomas Pröpper, Fragende und Gefragte zugleich. Notizen zur Theodizee, in: Tiemo Rainer Peters u. a. (Hg.), Erinnern und Erkennen (FS für Johann Baptist Metz), Düsseldorf 1993, 61–72, hier 70.

113 Vgl. Theodor W. Adorno, Erpreßte Versöhnung, in: ders., Noten zur Literatur. Frankfurt a. M. 1974, 174ff.

114 Jacques Derrida, Jahrhundert der Vergebung. Verzeihen ohne Macht – unbedingt und jenseits der Souveränität, in: Lettre international 48 (2000) 10–18, hier 11.

115 Jacques Derrida, Jahrhundert der Vergebung 14.

116 Jan-Heiner Tück, Versöhnung zwischen Tätern und Opfern? Ein soteriologischer Versuch, in: Theologie und Glaube 89 (3/1999), 364–381, hier 380. Tück verweist auf Franz Rosenzweig, Jehuda Halevi. Fünfundneunzig Hymnen und Gedichte, Den Haag-Boston-Lancaster 1983, 183.

117 Die Verfolgung des Eigeninteresses ist innerhalb von ökonomischen Transaktionen ethisch legitim. Adam Smith sah den Menschen wesentlich differenzierter, als es vielen Kritikern und vorschnellen Anhängern der klassischen Theorie lange Zeit schien. Der ökonomische Egoismus bleibt nämlich eingebunden in die Gefühle der Sympathie für den Mitmenschen. Aber nicht diese Gefühle und keine menschliche Tugend verursachen die Transformation des Egoismus in eine gerechte Gesellschaft, sondern das unbeeinflussbare Tun einer unsichtbaren Hand. Diese metaphysische Annahme hat die spätere Ökonomie sukzessive überwunden.

118 Hans Magnus Enzensberger, Die große Wanderung: 33 Markierungen; mit einer Fußnote „Über einige Besonderheiten bei der Menschenjagd“. Frankfurt a. M. 1992.

119 Dag Hammarskjöld, Zeichen am Weg, München 1965, 51.

120 Erich Fromm, Anatomie der menschlichen Destruktivität, Stuttgart (2) 1974, 18.

121 Carl Friedrich von Weizsäcker, Der Garten des Menschlichen, München 1977, 152f.

122 Bernhard Verbeek, Die Anthropologie der Umweltzerstörung. Die Evolution und der Schatten der Zukunft, WBG Darmstadt 1994, 65.
123 Hans Magnus Enzensberger, Aussichten auf den Bürgerkrieg, Frankfurt a. M. 1993, 11.
124 Hannah Arendt, Eichmann in Jerusalem. Ein Bericht von der Banalität des Bösen. Mit einem Essay von Hans Mommsen, München 1964, 16.
125 Vgl. Alfons Riedl, Art. Mut, in: LThK [3]7, 555.
126 Gotthard Fuchs, Und alle Fragen offen?, in: ders. (Hg.), Angesichts des Leids an Gott glauben? Zur Theologie der Klage, Frankfurt 1996, 264.
127 Johann Baptist Metz, Mit der Autorität der Leidenden. Compassion – Vorschlag zu einem Weltprogramm des Christseins, in: Feuilleton-Beilage der Süddeutschen Zeitung, Weihnachten 1997.
128 Lumen gentium 39–40 (DH 4165).
129 Gaudium et spes 22 (DH 4322).
130 Zur Wirkungsgeschichte vgl. Erna Putz, Franz Jägerstätter: Reibebaum einer alleingelassenen Generation, in: Manfred Scheuer (Hg.): Ge-Denken. Mauthausen/ Gusen – Hartheim – St. Radegund, Edition Kirchen-Zeit-Geschichte: Linz 2002, 88–129; Gerhard Lehrner, Franz Jägerstätter. Ein seliger Auf- und Anreger, in: Pax. Die Zeitung der Friedensbewegung Pax Christi Österreich 2/2007, 4–5.
131 Linzer Diözesanblatt 1. November 1997 [10/143], 2–3.
132 Vgl. Linzer Diözesanblatt 1. Juli 2001 [6/146], 1–2.
133 Congregatio de Causis Sanctorum, Beatificaionis seu Declarationis Martyrii Servi Dei Francisci Jägerstätter viri laici in odium fidei, uti fertur, interfecti (+1943), Relatio et vota congressus peculiaris super martyrio die 31 martii an. 2006 habiti, Roma 2006.
134 Hg. vom Bischöflichen Ordinariat Linz 2001.
135 Hg. vom Bischöflichen Ordinariat Linz 2007.

Anhang: Vorträge zum 9. August

136 Vgl. Erna Putz, Franz Jägerstätter: „... besser die Hände als der Wille gefesselt ...“, Linz 1985, 83.
137 Hier und im Folgenden: Franz Jägerstätter: Gefängnisbriefe und Aufzeichnungen (=GBA). Hg. von Erna Putz. Linz 1987.
138 In Dostojewskijs Roman *Der Spieler* zeigt sich, wie sich hinter der modernen Vergötzung des Geldes letztlich der Stolz des Menschen verbirgt (vgl. Girard, Resurrection 73–78). Aus stolzer Rivalität mit unseren Mitmenschen häufen wir Geld an, um die anderen zu beeindrucken: „Nein, nicht um das Geld war es mir zu tun! Damals wollte ich nur, daß morgen alle diese Hinzes, alle diese Oberkellner, alle diese pompösen Badener Damen, daß sie alle von mir sprechen, daß sie alle von meinem Glück erzählen, daß sie sich über mich wundern, mich loben und beneiden und alle sich vor der Macht meines neuen Reichtums beugen sollten.“ (Dostojewskij, Spieler 205f.)
139 Jägerstätter weist in seinen Aufzeichnungen darauf hin, dass „Luzifer“ einer der „gescheitesten Engel“ war (GBA 90).

140 Arendt, Elemente 502: „Der Ausdruck ‚Masse' ist überall da zutreffend, und nur da, wo wir es mit Gruppen zu tun haben, die sich entweder weil sie zu zahlreich oder weil sie zu gleichgültig für öffentliche Angelegenheiten sind, in keiner Organisation strukturieren lassen, die auf gemeinsame Interessen an einer gemeinsam erfahrenen und verwalteten Welt beruht, also in keinen Parteien, keinen Interessenverbänden, keinen lokalen Selbstverwaltungen, keinen Gewerkschaften, keinen Berufsvereinen." – 513: „Das Hauptmerkmal der Individuen in einer Massengesellschaft ist nicht die Brutalität oder Dummheit oder Unbildung, sondern Kontaktlosigkeit und Entwurzeltsein."

141 Vielleicht wusste Jägerstätter sogar um den Zusammenhang von Firmsakrament und Menschenfurcht, denn das Kreuzzeichen auf die Stirn des Firmlings dient der Überwindung der Menschenfurcht.

142 Der vorliegende Text möchte den Vortragscharakter nicht verschleiern. Aus diesem Grunde mögen sich auch die Leserinnen und Leser angesprochen fühlen. Es ist etwas Einzigartiges, wenn Leben mit Leben kommuniziert und, wie Newman es in seinem Kardinalsmotto ausdrückt, das Herz zum Herzen spricht oder es wenigstens versucht: Cor ad cor loquitur. Die wesentlichen Quellen für diesen Vortrag bilden: Erna Putz, Franz Jägerstätter: „... besser die Hände als der Wille gefesselt...", Linz 1985; Franz Jägerstätter: Gefängnisbriefe und Aufzeichnungen. Hg. von Erna Putz, Linz 1987 (im Folgenden: GBA).

143 Zur Theologie des Todes. Exkurs: Über das Martyrium, in: Karl Rahner, Sämtliche Werke. Bd. 9. Maria, Mutter des Herrn. Mariologische Schriften. Bearbeitet von Regina Pacis Meyer. Freiburg i. Br. 2004, 418–441, hier 418.

144 Daher gilt Dank jenen, die diese Erinnerung bis heute wesentlich getragen haben. Es liegt mir am Herzen, wenigstens einige Personen ausdrücklich zu nennen: die Seele der jährlichen Erinnerungstage in Ostermiething, Frau Dr. Erna Putz, Bischof Schwarz, dem derzeitigen Bischof der Diözese Linz und seinem Vorgänger Maximilian Aichern, der den Seligsprechungsprozess aufnahm, dem Postulator meinem Heimatbischof Manfred; und – last but not least – der Familie von Franz Jägerstätter, vor allem seiner Frau, Franziska Jägerstätter. Es ist mir nicht möglich diesen Text zu veröffentlichen, ohne mich vor Ihr zu verneigen. Wie Tradition entsteht und wie sein Leben fast weltweit andere Leben bewegt, bezeugen Briefe, die an Frau Jägerstätter zum 90. Geburtstag geschrieben worden sind (Erna Putz / Manfred Scheuer (Hg.), Wir haben einander gestärkt. Briefe an Franziska Jägerstätter zum 90. Geburtstag, Linz 2003). Auch dass sein Grab in Erinnerung behalten worden ist, obwohl nichts an ihn erinnern durfte, zeigt uns, wie sehr sein Leben noch über den Tod hinaus dem urkirchlichen Martyrium gleicht.

145 Durch den Gefängnisseelsorger, Pfarrer Kreutzberg, kannte er das Schicksal des jungen Priesters. Er fühlte sich innerlich gestärkt in seiner einsamen Entscheidung, da er nicht der Erste und auch kaum der Letzte sei (GBA 72). In einem Brief des Pfarrers an seine Frau vom 18. 2. 1946 heißt es: „Ich habe kaum einen glücklicheren Menschen gesehen im Gefängnis als Ihren Mann nach den wenigen Worten über Franz Reinisch" (GBA 233).

146 Hilfreich war sicherlich der Fernsehfilm von Axel Corti: Der Fall Jägerstätter (1971). Da ich mich mit der NS-Geschichte schon als Jugendlicher sehr beschäftigte und ich besonders die Kriegserzählungen meines Vaters aufarbeiten musste, waren mir andere Schicksale sehr bedeutsam.

147 Zu Beginn des Studiums wurde mir ein Büchlein wichtig, das die letzten Briefe vieler Personen enthält, die während dieser Zeit hingerichtet wurden: Helmut Gollwitzer / Käthe Kuhn / Reinhold Schneider (Hg.), Du hast mich heimgesucht bei Nacht. Abschiedsbriefe und Aufzeichnungen des Widerstandes 1933 bis 1945, München 1954 (Taschenbuch [5]1977).

148 Kritisch betrachtet dürfte dies so nicht zutreffen. Während der Tage in Ostermiething habe ich erfahren, wie viele Priester gerade im Innviertel durch die Nazis verhaftet und getötet wurden. Es wäre an der Zeit, alle diese Geschichten ins allgemeine Gedächtnis zurückzurufen.

149 Siehe: http://www.gdw-berlin.de

150 Gewiss hatte Österreich eine andere, verschiedene Geschichte. Es wäre längst an der Zeit, nicht nur einen Militärstandort, sondern vielleicht sogar die Adresse des Verteidigungsministeriums mit einer Erinnerung an einen dieser Menschen zu benennen. Es scheint mir in der Kritik an Jägerstätter vielfach übersehen worden zu sein, dass er ein überzeugter Österreicher war, der sich durch 1938 dieses Land nicht nehmen ließ.

151 Es wäre daher an der Zeit, die Theologie der Menschen im Widerstand herauszuarbeiten. Nicht nur am Beispiel Franz Jägerstätters könnte gelernt werden, was eine wirkliche Laientheologie ist: in welcher Lebenswelt sie wurzelt, welche Referenzen sie bevorzugt und wie sie ihre Erkenntnisse ausdrückt und realisiert. Einen ersten Ansatz werde ich unten in Kapitel zwei versuchen.

152 Siehe z. B.: Helmut Moll, Die katholischen deutschen Martyrer des 20. Jahrhunderts. Ein Verzeichnis. Im Auftrag der Deutschen Bischofskonferenz, Paderborn u. a. 1999.

153 Girards Analyse der Mimesis kann auf die scheinbar irrationale Nachahmung der Selbsttötung ein Licht werfen. Seine Analytik der christlichen Begriffsbestimmung des Martyriums im Kontext der gesellschaftlichen Sündbockstruktur im antiken Rom sieht deutlich die Anerkennung des unschuldig Verfolgten. Damit wird das Phänomen des unschuldig Verfolgten nach Girard nicht erstmals erkannt. Sokrates, Antigone und andere sprechen für sich. Doch diese Erkenntnis hatte nur punktuelle Bedeutung, keine weitere Bedeutung für das allgemeinen Bewusstsein. Mit dem christlichen Martyrium wird die Gesellschaft als Ganze betroffen, weil z. B. die mimetischen Implikationen der Alltagssprache ins Bewusstsein dringen. Girard verweist auf den Terminus „persequere“, der im frühen Latein die Verfolgung durch die Behörden meinte, ohne Wertimplikation. Jetzt aber hat „Verfolgung“ einen klaren Klang. Die Kanonisierung der Märtyrer kann deshalb nicht als Sakralisierung interpretiert werden, auch wenn Elemente des primitiven Heiligen in der Legendenbildung mitspielen. Die scheinbar paradoxe Struktur des Martyriums gleicht der Passio Christi, die den mythologischen Vorgang wiederholen muss, um „ihn so ans Licht zu bringen und grundlegend umzustürzen“ (René Girard, Der Sündenbock, Zürich 1988, 283).

154 Raghad Saddam, zitiert nach: Tiroler Tageszeitung vom 2. 1. 2007, S. 9.

155 Weil dieses Kriterium vom wahren Märtyrer zunächst gelebt und dann erst bedacht wird, haben wir hier ein Musterbeispiel gelebter Theologie vor uns.

156 Dieser Sprachgebrauch ist im Neuen Testament und in der frühchristlichen Tradition bis einschließlich Justin dem Märtyrer oder Ignatius von Antiochien zu finden. Aus der Fülle der Literatur zum altchristlichen Martyrium, die in den

letzten Jahren eher zugenommen hat, darf ich verweisen auf: Theofried Baumeister, Genese und Entfaltung der altkirchlichen Theologie des Martyriums, Traditio Christiana VIII, Bern u. a. 1991; N. Brox, Zeuge und Märtyrer. Untersuchungen zur frühchristlichen Zeugnisterminologie, StANT 5, München 1961; Hans Freiherr von Campenhausen, Die Idee des Martyriums in der alten Kirche. Göttingen 1936 (²1964); W.H.C. Frend, Martyrdom and Persecution in the Early Church. A Study of Conflict from the Maccabees to Donatus, Oxford 1965; Th. Klauser, Christlicher Märtyrerkult, heidnischer Heroenkult und die spätjüdische Heiligenverehrung, Köln 1969; Anna M. Schwemmer, Prophet, Zeuge und Märtyrer. Zur Entstehung des Märtyrerbegriffs im frühen Christentum, in: Zeitschrift für Theologie und Kirche 96 (1999) 320–350; Friedrich Vittinghoff, Christianus sum. Das „Verbrechen" von Außenseitern der römischen Gesellschaft, in: Historia 33 (1984) 331–357. Als Überblick: Gerlitz, Kanarfogel, Slusser, Christen, Martyrium I–III, in: TRE 22 (1992), 196–220.

157 Daher erweitert der Begriff die klassischen Zeugnisbegriffe wie: Apostel, Evangelist, Theologe, Prophet. Der frühere Wortgebrauch könnte heute mit dem Terminus „BekennerIn" wiedergegeben werden. Es ist bemerkenswert, dass der Begriff in dieser Form als ‚Fremdwort' in allen europäischen Sprachen rezipiert worden ist. Von hier aus findet er auch seinen Weg in den allgemeinen Sprachgebrauch heute. Deshalb könnte man von einer Universalisierung der biblischen Tradition sprechen. Wenn dabei noch beachtet wird, wie selbstverständlich gegen jede religionsgeschichtliche Plausibilität der Maxime der späten Lehrverkündigung von Papst Johannes Paul II. zugestimmt wird, dass Gewalt kein Name Gottes sein könne, wäre es vielleicht berechtigt, von einer Jesuanisierung der Gottesgeschichte zu sprechen. Zumindest wäre der unausdrücklichen Wirkungsgeschichte des Evangeliums nicht nur im säkularen Kontext, sondern auch im ausdrücklich religiösen eingehender nachzugehen.
Aus diesem Grund empfiehlt es sich nicht, den Begriff „Martyrium" für einen allgemeinen Bekenntnisvorgang zu verwenden (z. B. Religionsunterricht als Martyrium). Die Bezeichnung eines der Grundvollzüge der Kirche als „Martyría" wird vor diesem Missverständnis allein durch die ausdrücklich fremdsprachliche Sprechweise geschützt.

158 Hier kann nicht die Frage diskutiert werden, ob – wie bisweilen mit guten Gründen gesagt – die Shoah als jüdisches Martyrium anzusehen sei.

159 Siehe: C.-E. Bärsch, Die politische Religion des Nationalsozialismus. Die religiösen Dimensionen der NS-Ideologie in den Schriften von Dietrich Eckart, Joseph Goebbels, Alfred Rosenberg und Adolf Hitler, München ²2002.

160 Darauf hat die offizielle Begründung des Martyriums durch die Kongregation dadurch hingewiesen, als sie von der antichristlichen Haltung eines neoheidnischen Staates spricht.

161 Siehe: G. Buschmann, Das Martyrium des Polykarp. Kommentar zu den Apostolischen Vätern 6, Göttingen 1998. Den Text zitiere ich im Haupttext mit der entsprechenden Abkürzung (MartPol).

162 In seinem Brief fordert Polykarp ausdrücklich dazu auf, für die Könige, Machthaber und Fürsten, selbst für jene, die Christen verfolgen und hassen, zu beten (J.B. Bauer, Die Polykarpbriefe. Kommentar zu den Apostolischen Vätern, Göttingen 1995, 69 (Kap XII). An anderer Stelle führt Polykarp ausdrücklich für diese Haltung die Mahnung der Bergpredigt an (ebd., 42, Kap. II).

163 Andererseits wird daraus auch der ‚tolerante' Umgang mit den Schwachen in der Großkirche verständlich; also mit jenen, die während der Verfolgungszeit nicht standhaft geblieben sind.
164 Buschmann, a. a. O., 56 sieht darin die antimontanistische Tendenz des Textes.
165 MartPol 14, 1–3. Buschmann vertritt die These, das sich in diesem Gebet die Tradition des jüdischen Dankopfergebets in ein eucharistisches Märtyrergedächtnisgebet der frühchristlichen kleinasiatischen Gemeinden gewandelt habe (ebd., 226–257).
166 Buschmann, a. a. O., 222.
167 Es ist vielleicht überinterpretiert, aber mir ist aufgefallen, dass der Chor der kleinen Kirche in St. Radegund mit Glasfenstern ausgestattet ist, die frühchristliche Märtyrer zeigen. Auch die Pietà und die Madonna, mit dem Schwert im Herzen, sind dargestellt.
168 Die offizielle Erklärung des Martyriums klärt auf diesem Hintergrund die Frage, ob Franz Jägerstätter tatsächlich für den Glauben gestorben sei.
169 Die Einberufung erging nicht auf seine Initiative. Ebenso ist der Entschluss nicht von vornherein unerschütterlich gewesen, sondern hat sich in und nach der ersten Wehrzeit herausgebildet. Das Fluchtmotiv kommt im Kontext der Zeit natürlich nicht in Frage.
170 GBA 75.
171 GBA 63.
172 GBA 74.
173 GBA 184.
174 GBA 115.
175 GBA 206; bzw. das Böse nicht mit Bösem vergelten (GBA 142).
176 GBA 116.
177 Vor allem in seinem Abschiedsbrief (GBA 59).
178 GBA 96.
179 GBA 48 (auch 59f. u. 65). Seine Frau ermahnt er sogar, nicht zu zürnen (GBA 25). Dass er dabei eine wirkliche Vergebung meint und keine Strategie zeigt seine Auslegung der Vater Unser-Bitte (GBA 115f.).
180 Viele Vorwürfe an ihn übersehen diese Bitte und kehren sie faktisch dadurch um, dass sie in Jägerstätters Tat einen Vorwurf an sie selbst oder eine Verurteilung ihres Lebens sehen. Darin zeigt sich auf der einen Seite die Unauslöschlichkeit der Kriegserfahrung, auf der anderen Seite aber auch jene psychologische Charakterisierung dieser Generation, die das Ehepaar Mitscherlich als die Unfähigkeit zu trauern bezeichnet hat (Mitscherlich, Alexander und Margarete, Die Unfähigkeit zu trauern. Grundlagen kollektiven Verhaltens [1967]. München [18]2004).
181 GBA 64.
182 GBA 74.
183 Putz, Franz Jägerstätter 178.
184 Immanuel Kant, Beantwortung der Frage: Was ist Aufklärung?, in: Ders., Akademie-Ausgabe, Bd. VIII, Berlin 1968, 33–42. Kant definiert Aufklärung als Weg aus der selbstverschuldeten Unmündigkeit (35), die er vor allem in Religionssachen ansiedelt (ebd., 41).
185 GBA 161.
186 Und er fügt hinzu: „Gottes Recht bricht Menschenrecht" (GBA 191).
187 GBA 191.

188 Siehe die Zusammenfassung seiner Analysen bei: Putz, Franz Jägerstätter 136–139.
189 Ebd., 100.
190 Siehe die Zusammenfassung seiner Analysen bei: Putz, Franz Jägerstätter 130. Im Vergleich die Sicht der kirchlichen Autorität hierzu: ebd., 147–175.
191 Zunächst hält er fest, dass die Ziele des Regimes klar und verständlich verkündet worden sind (GBA 139), dann schreibt er: „An der Diebesbeute wollen wir uns zwar fast alle ergötzen, die Verantwortung über das ganze Geschehen wollen wir nur einem in die Schuhe schieben“ (GBA 140).
192 Ausführlich dazu meine Studie: Wahrheit, Gewissen und Geschichte. Eine systematisch-theologische Rekonstruktion des Wirkens John Henry Kardinal Newmans. Internationale-Cardinal-Newman-Studien, Folge XV. Hg. von Heinrich Fries u. Günter Biemer. Sigmaringendorf: regio Verlag Glock und Lutz 1996.
193 Zu diesem Begriff siehe: Nikolaus Wandinger, Zur Rede von einer ‚impliziten Theologie‘. Versuch einer Begriffsklärung, in: Christoph Drexler / Matthias Scharer (Hg.), An Grenzen lernen. Neue Wege in der theologischen Didaktik, Mainz (= Kommunikative Theologie 6), 18–212.
194 Wie Jägerstätter schreibt Newman, dass er niemandem absoluten Gehorsam leisten würde; das würde die Grenzen der Sittlichkeit überschreiten (J.H. Newman, Polemische Schriften. Abhandlungen zu Fragen der Zeit und der Glaubenslehre. Mainz 1959, 157.
195 Dies fordert die Abkehr vom Namenschristentum (GBA 195).
196 GBA 185.
197 Für mich bedeutet dieser Begriff, dass damit nicht gemeint sein muss, dass ein Krieg gerecht und daher irgendwie gut sei, sondern dass er, auch als kleineres Übel, rechtfertigbar ist.
198 Hier räumt er ein mögliches Verteidigungsrecht ein (GBA 167 u. 180).
199 Unter den „loci“ versteht man Orte, die für die theologische Wahrheitsfindung von Bedeutung, ja notwendig sind. „Loci“ sind Instanzen, mit denen ein Gespräch geführt werden kann, auf die zu hören ist, die aber in ihrer Wahrheitskraft die eigene Überzeugung bilden, nicht ersetzen.
200 Im Austausch mit Rudolf Mayer wird auch eine Heiligenbiografie über Thomas Morus erwähnt (Putz, Franz Jägerstätter 110). Auf die frühen Märtyrer verweist er im unmittelbaren Vergleich mit seiner eigenen Situation. Waren ihre Vergehen (Verweigerung des Weihrauches) nicht viel geringer als seine Aussicht, an einem Raub- und Mordzug sich zu beteiligen? (vgl. GBA 179f.; allgemein zu Heiligen als Vorbild: GBA 76).
201 GBA 177–183.
202 Den Bischof nimmt er in Schutz (GBA 147).
203 GBA 120.
204 Putz, a. a. O., 118f.
205 Ebd., 37.
206 Ebd., 59f.
207 Über Zeit und Ewigkeit macht er sich Gedanken (ebd., 36), schreibt eine kleine Eschatologie (ebd., 99–120) und es finden sich einige Gedanken zum Tod (ebd., 171f.).
208 Siehe: Ebd., 164f.
209 Ebd., 66f.

210 GBA 3.
211 GBA 28f.
212 Ein Ausdruck, den er selber verwendete in seiner Einsamkeit (siehe: Putz, Franz Jägerstätter 178).
213 Den Text aus Offb 3,16 zitiert er öfters (GBA 142 u. 171).
214 Siehe: GBA 144–147.
215 GBA 204.
216 GBA 162.
217 Zitiert nach: G. Biemer / D. Holmes, Leben als Ringen um die Wahrheit. Mainz 1984, 261.
218 Rahner (Anm. 143), 440. Das Zitat von Origenes: Hom. In Num. 10, 2; GCSB 30, 72, 21–24).

ANDICS, Helmut / CORTI, Axel, Der Fall Jägerstätter. Kriegsdienstverweigerung im Dritten Reich. Eine Gemeinschaftsproduktion von ORF und ZDF. Begleitheft zur Videokassette hg. von der Landesbildstelle Berlin, Zentrum für audio-visuelle Medien, Berlin 1996.

BENESCH, Kurt: Die Suche nach Jägerstätter. Ein biographischer Roman, Graz-Wien-Köln 1993.

BERGER, Johann: Franz Jägerstätter. Versuch einer Annäherung an sein theologisches und philosophisch-politisches Denken, [Aspekte – Beiträge – Berichte], Institut für Militärische Sicherheitspolitik an der Landesverteidigungsakademie Wien, Wien 1989.

BERGMANN, Georg: Franz Jägerstätter. Ein Leben vom Gewissen entschieden, Stein a. Rhein [2]1988 ([1]1980).

Franz Jägerstätter. Christlicher Glaube und politisches Gewissen. Hg. von Alfons Riedl und Josef Schwabeneder, Thaur 1997.

Franz Jägerstätter. Zur Erinnerung seines Zeugnisses. Eine Handreichung. Hg. von Pax Christi Oberösterreich (Schriftenreihe der Abteilung Gerechtigkeit – Friede – Schöpfung im Pastoralamt der Diözese Linz, Bd. 1), Linz 1999.

Franz Jägerstätter. Gedenken und Gebet. Novene. Hg. von der Diözese Linz, Linz 2000.

Franz Jägerstätter – Christ und Märtyrer. Hg vom Bischöflichen Ordinariat der Diözese Linz, Linz 2007.

Pax Christi Österreich und Ökumenische Landesgruppe Pax Christi OÖ (Hg.), Dokumentation zum 50. Todestag von Franz Jägerstätter, Linz 1993.

PUTZ, Erna: Franz Jägerstätter: „... besser die Hände als der Wille gefesselt ...“, Grünbach [3]1997 (Linz [2]1987; [1]1985).

PUTZ, Erna: Gefängnisbriefe und Aufzeichnungen. Franz Jägerstätter verweigert 1943 den Wehrdienst, Linz 1987.

PUTZ, Erna: „Er folgte seinem Gewissen ...“ Franz Jägerstätter, St. Radegund/OÖ, Salzburg [2]1993.

PUTZ, Erna / SCHEUER, Manfred (Hg.): Wir haben einander gestärkt. Briefe an Franziska Jägerstätter zum 90. Geburtstag, Edition Kirchenzeitung, Linz 2003.

SCHEUER, Manfred (Hg.): Ge-Denken. Mauthausen/Gusen – Hartheim – St. Radegund, Edition Kirchen-Zeit-Geschichte, Linz 2002.
SCHLAGER-WEIDINGER, Thomas: Jägerstätter CD-Rom, edition ein.blick 2003.
STEENSEN-LETH, Bodil: Ikke som en Spottefugl. Roman om en idealist under 2. Verdenskrig, Aschehoug 1998.
WINKLBAUER, Martin: Das Vermächtnis. Ein authentisches Stück nach dem Leben des Franz Jägerstätter, Grafenau 1991.
ZAHN, Gordon C.: In Solitary Witness. The life and death of Franz Jägerstetter, Illinois [3]1986 ([1]1964). Dt.: Er folgte seinem Gewissen. Das einsame Zeugnis des Franz Jägerstätter. Graz 1979. (Übersetzungen in franz. u. ital.)
ZAHN, Gordon C.: Franz Jaegerstaetter. Martyr for Conscience, Erie USA 1984.

Ausstellung

Fotos und Texte zur Lebensgeschichte Franz und Franziska Jägerstätters, Friedensbibliothek Berlin, Jochen Schmidt, Heiligenberger Str. 25, D–10318 Berlin.

Hörbild

„Besser die Hände gefesselt, als der Wille". Das Vermächtnis des Kriegsdienstverweigerers Franz Jägerstätter. Ein Feature von Klaus Ihlau, Radio Brandenburg 1995, Preis der internationalen Hörspieltagung in Rust 1995, UNDA-Preis 1996; Klaus Ihlau, Journalist Tel. und Fax. 0049/304245736

Filme

Der Fall Jägerstätter. Dokumentation, 90 Minuten, Regie: Axel Corti (26. 10. 1971, ORF).

Das Gewissen des Franz Jägerstätter. Dokumentation, 12 Minuten, Regie: Michael Cencig.

Besser die Hände gefesselt als der Wille, 45 Minuten, Regie: Andreas Gruber (1988).

Franz Jägerstätter. Un contadino contro Hitler, 27 min, in italienischer Sprache von Fulvio De Martin Pinter.